한 권으로 마스터하는

사주타로

한 권으로 마스터하는 **사주타로**

김동완 · 이서 공동 구성 및 집필

Mastering in One Volume

SAJU TAROT

동학사

머리말

운명학(運命學)은 크게 세 가지로 구분할 수 있다. 첫째가 명학(命學), 둘째가 운학(運學), 셋째가 점학(占學)이다.

명학(命學)은 태어날 때부터 결정되어 있는 것을 말한다. 예를 들어 타고난 사주팔자에 목(木)이 5개이거나 금(金)이 7개라고 한다면, 이것은 이미 결정되어 있어서 바꿀 수 없는 것이다.

운학(運學)은 살아가면서 흘러가고 변화하는 것을 말한다. 사주명리학은 대운과 대운, 하락이수는 대상운행과 세운봉지, 관상학은 상정·중정·하정이 운학을 분석하는 것이다.

마지막으로 점학(占學)은 명학과 운학으로 분석할 수 없는 1년 이내의 순간적인 판단을 말한다.

점(占)은 「점 복(卜)」과 「입 구(口)」가 합쳐진 글자로 복(卜)은 「점을 치다」, 「선택과 판단을 묻다」라는 뜻이다. 즉, 하늘의 뜻을 본인의 입을 통하여 전한다고 하여 점(占)이라 하였다.

점은 미래를 예측하거나 운명을 분석하기 위해 먼 고대에서부터 지금까지 오랫동안 사용되어왔다. 정치적으로는 통치 방법으로, 종교적으로는 제례 의식의 일부로 활용되었으며, 국가의 중대사를 결정하는 데 중요한 역할을 하였다.

점과 관련된 기록은 동서고금 어디에서나 찾아볼 수 있다. 춘추전국시대(기원전 770년~기원전 221년) 이전 은(殷)나라 갑골문(甲骨文)은 점을 친 결과를 기록한 것이며, 춘추시대 유학자 공자(孔子)는 책을 엮은 가죽끈이 세 번이나 끊어질 정도로 주역을 탐독하였다. 조선왕조실록에는 세종대왕이 주역을 연구하고 강론하였다는 기록이 있으며, 『난중일기』에는 이순신 장군이 하늘의 뜻을 알기 위해 주역점과 척자점(일명 윷점)을 쳤다고 전해진다. 세계적인 정신과 의사이자 심리학자인 칼 융도 점에 대한 글을 남겼으며, 노벨문학상 수상자 헤르만 헤세는 『유리알 유희』에서 주역점을 치고 해석하는 장면을 묘사하였다.

점학에는 다양한 종류가 존재한다. 서양에 점성술과 타로카드가 있다면, 동양에는 자미두수와 주역점이 있다. 또한 현대에 와서는 서양의 타로카드와 동양의 주역이나 사주명리학을 결합한 새로운 형태의 타로카드가 나오고 있다.

이 책에서는 사주명리학의 기본 요소인 오행·천간·지지·육십갑자·신살·육친을 활용한 사주타로 점학을 소개한다. 타로카드는 젊은이들 사이에서 많은 관심을 끌고 있고, 사람들이 많이 모이는 홍대, 압구정, 이태원, 연남동은 두 집 건너 타로샵이 존재할 정도로 타로 상담이 유행하고 있다. 여러 연예 관련 방송에서도 타로전문가들이 연예인들의 연애운이나 궁합을 봐주는 프로그램이 자주 등장할 정도로 인기가 많다.

참고로 이 책에서는 기존의 서양 타로인 마르세유 타로카드와 라이더 웨이트 타로카드를 사용하지 않고, 사주타로를 볼 수 있게 개발한 오행카드(5장), 천간카드(10장), 지지카드(12장), 육십갑자카드(60장)를 사용한다.

차례

일러두기

1. 이 책은 사주명리학의 오행·천간·지지·육십갑자·육친·합충·신살을 활용하여 카드점을 칠 수 있도록 체계화하였다.

2. 기존의 마르세유 타로카드와 라이더 웨이트 타로카드는 그림의 길과 흉이 뚜렷하여 내담자가 카드를 보고 직접 해석하는 경우가 많았다. 사주명리 타로카드(사주타로)는 사주명리학 지식이 있어도 사주명리 전문가가 아니면 카드 그림만 보고 해석할 수 없다는 특징이 있다.

3. 지금까지의 타로카드가 가벼운 상담 위주였다면, 사주타로는 사주명리학 지식을 점학에 접목하여 전문가의 지식을 바탕으로 상담하므로 내담자가 신중하고 진지한 태도로 상담에 임하게 된다.

4. 오행·천간·지지·육십갑자로 이루어진 카드를 가지고 내담자의 과거, 현재, 미래의 삶을 통찰할 수 있다는 점에서 내담자에게 신비로운 경험을 선사할 수 있다.

5. 사주타로를 공부하면서 사주명리학 지식이 확장되므로, 하나의 학문으로 두 가지 학문을 알게 되는 장점이 있다.

6. 명학·운학으로 해석하기 어려운 순간적 판단을 사주타로를 활용해 점학으로 해석하는 특별한 경험을 할 수 있다.

7. 사주명리학의 전문지식을 활용하여 상담하기 때문에 내담자에게 사주타로 전문가로서 신뢰감을 줄 수 있다.

8. 서양 위주의 타로카드 점학이 동양의 운명학과 결합하여 새로운 형태의 점학으로 발전·확장되는 과정을 직접 경험할 수 있다.

• 오행카드

木 火 土 金 水

• 천간카드

甲 乙 丙 丁 戊

己 庚 辛 壬 癸

• 지지카드

子 丑 寅 卯 辰 巳

午 未 申 酉 戌 亥

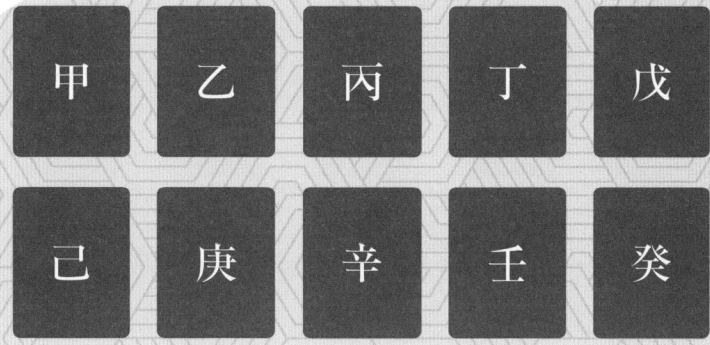

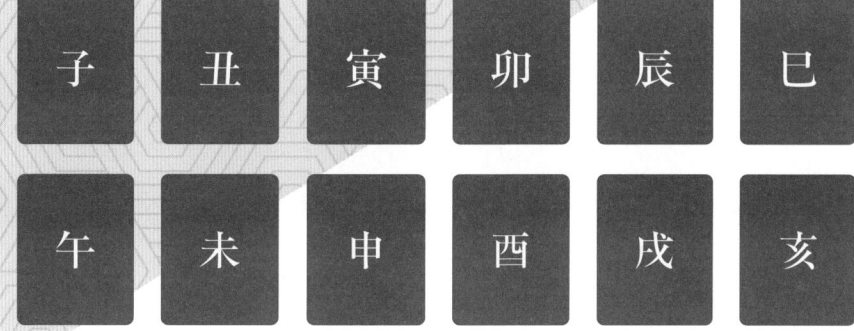

• **육십갑자카드**

甲子	甲寅	甲辰	甲午	甲申	甲戌
乙丑	乙卯	乙巳	乙未	乙酉	乙亥
丙子	丙寅	丙辰	丙午	丙申	丙戌
丁丑	丁卯	丁巳	丁未	丁酉	丁亥
戊子	戊寅	戊辰	戊午	戊申	戊戌

己丑	己卯	己巳	己未	己酉	己亥
庚子	庚寅	庚辰	庚午	庚申	庚戌
辛丑	辛卯	辛巳	辛未	辛酉	辛亥
壬子	壬寅	壬辰	壬午	壬申	壬戌
癸丑	癸卯	癸巳	癸未	癸酉	癸亥

타로마스터의 상담순서

1. 내담자 맞이하기

내담자를 맞이한다. 타로마스터마다 내담자를 맞이하는 방법이 제각각 다르다. 때론 가볍게, 무겁게, 편하게, 상냥하게, 신비하게 맞이할 수 있다.

2. 내담자에게 질문이 무엇인지 묻기

타로상담에서 가장 중요한 것 중 하나는 내담자의 질문을 타로상담에 적합하도록 이끌어내는 것이다. 타로마스터(상담자)는 내담자에게 질문이 무엇인지 물어보고, 질문의 형태가 잘 갖추어지도록 부족한 내용을 구체적으로 확인해야 한다.

① 명확하고 구체적으로 질문한다

모호한 질문은 구체적이고 명확한 질문으로 바꾸어줘야 한다.

Q 앞으로 잘될까요?

→ 앞으로 6개월 동안 매달 어떤 일이 있을까요?

Q 제 미래는 좋을까요?

→ 올해 1년 동안의 문제를 알려주세요.

Q 아파트를 부동산 중개업소에 내놓았는데 팔릴까요?

→ 10월 30일까지 지금 살고 있는 마포구 공덕동 아파트가 팔릴까요?

Q 주식이 있는데 올해 안에 오를까요?

→ 현재 주식 가격이 27,000원인데 올해 12월 31일 종가로 현재 가격보다 오를 수 있을까요?

② 자기 자신에게 초점을 맞추어 질문한다

타로상담은 타인의 행동이나 감정에 대한 질문보다는 자신이 통제할 수 있는 내면과 자신의 선택에 초점을 맞추는 것이 좋다. 상대의 감정에 대해 간단하게 질문할 수는 있다. 그러나 반복적인 질문은 하지 않는 것이 좋다.

Q 그 사람이 나를 어떻게 생각할까요?

→ 그 사람과의 관계에서 내가 어떻게 대하면 좋을까요?

③ 부정적인 질문보다는 긍정적인 방향으로 질문한다

Q 암에 걸린 건 아닐까요?

→ 현재 건강상태에 대해 알아보고 싶습니다.

Q 내가 정말 싫어하는 사람이 있는데 올해 안에 죽을 수 있을까요?

→ 이런 질문은 하지 말아야 한다.

Q 이번 프로젝트가 실패할까요?

→ 이번 새로운 프로젝트가 성공할 수 있을까요?

④ 자신이 직접 확인할 수 있는 것은 질문하지 않는다

Q 현재 임신했을까요?

→ 임신테스트기를 사용해서 확인하거나 병원에 가서 확인하면 되는 것은 타로점으로 질문하지 않는 것이 좋다.

Q 어제 대학 합격발표가 있었는데 떨려서 확인하지 못하고 있어요. 합격했을까요?

→ 합격 여부는 대학에 직접 확인하는 것이 옳다.

⑤ 시간 범위를 구체적으로 명시하여 질문한다

질문에 시간 범위를 설정하지 않으면 정확한 답을 얻을 수 없다. 정확한 시간을 설정하여 질문할 때 더욱 정확한 답을 얻을 수 있다.

Q 썸을 타는 여자친구와 잘될까요?

→ 앞으로 3개월 안에 여자친구와 좋은 관계로 발전할 수 있을까요?

Q 친구에게 돈을 빌려줬는데 받을 수 있을까요?

→ 친구에게 빌려준 돈을 이번 달 안에 돌려받을 수 있을까요?

3. 사주타로 배열법 정하기

사주타로 배열법은 점을 치기 위해 카드를 바닥에 펼치는 것을 말하며 스프레드(Spread)라고도 한다. 스프레드 방법은 매우 다양하며, 상담자가 내담자에게 질문하기 전에 미리 정해놓을 수도 있고 질문을 끝내고 정할 수도 있다.

카드를 1장 뽑을 것인가, 2장 뽑을 것인가, 5장 뽑을 것인가에 따라서 타로마스터(타로리더)가 읽어내는 스토리 구성이 완전히 달라질 수 있고, 이야기 전개가 풍성해질 수도 있다.

4. 셔플과 스프레드 진행하기

질문과 배열법이 정해지면 배열을 위한 셔플과 스프레드를 진행한다.

① 카드의 순서를 바꾸기 위해 카드를 섞는다. 이것을 셔플(Shuffle)이라고 하며, 자세한 방법은 아래와 같다.

카드를 합하여 뒷면이 보이도록 가지런히 놓는다. 한 무더기로 산모양으로 쌓아도 되고, 두 무더기나 세 무더기로 나누어도 된다.

카드를 바닥에서 손바닥으로 시계방향 또는 시계반대방향으로 자유롭게 마음 가는 대로 섞는다. 손바닥으로 섞으면서 질문의 주제를 마음속으로 되뇌이며 새긴다.

② 카드를 충분히 섞은 후 카드를 천천히 모아서 하나로 합친다.

③ 카드에 두 손을 올리고 깊게 호흡하며 점으로 알고 싶은 주제(질문)를 생각한다. 카드를 두 손으로 잡고 가슴이나 이마에 대고 명상하듯이 주제(질문)를 생각할 수도 있다.

④ 합친 카드를 뒷면이 보이게 바닥에 놓고, 내담자가 무더기로 나누게 한다.

⑤ 카드를 합친 후 가지런하게 펼쳐 놓는다.

⑥ 배열법에 맞게 카드를 뽑는다. 내담자가 직접 뽑을 수도 있고, 상담자가 대신 뽑을 수도 있다.

⑦ 카드를 리딩(Reading)한다. 카드를 배열한 후 카드의 의미를 읽고 해석해 나간다.

⑧ 사주타로를 다 본 후에는 카드를 모두 모은 후 소중하게 모아 보관한다.

사주타로 상담 구성요소

1. 카드와 상담자(타로마스터)
2. 내담자(질문자)의 질문
3. 카드 셔플
4. 카드 선택
5. 카드 배열(스프레드)
6. 카드의 키워드
7. 상담자의 종합분석 해설

중심카드와 답변카드

사주타로에는 중심카드와 답변카드가 있다. 중심카드는 질문카드라고도 부르고, 답변카드는 해석카드라고도 부른다.

중심카드에는 내담자가 직접 뽑은 카드, 내담자의 사주팔자 일간 또는 일주, 사주타로를 보러 온 시간의 사주팔자 시천간 또는 시주가 있다.

답변카드는 중심카드 이외의 카드이다. 즉, 내담자가 직접 뽑은 중심카드나 내담자 사주팔자의 일간 또는 일주를 제외한 카드, 내담자가 사주타로를 보러 온 시천간 또는 시주를 제외한 타로마스터(상담자)가 셔플하고 내담자가 선택하여 배열한 카드를 말한다.

중심카드(질문카드)	답변카드(해석카드)
• 내담자의 사주팔자 일간 • 내담자의 사주팔자 일주 • 내담자가 점을 보러 온 시간의 사주팔자 시간(時干) • 내담자가 점을 보러 온 시간의 사주팔자 시주(時柱) • 내담자가 직접 뽑은 오행·천간·지지 카드 • 내담자가 직접 뽑은 육십갑자카드	• 내담자가 직접 뽑은 중심카드 이외의 오행·천간·지지 카드 • 내담자가 직접 뽑은 중심카드 이외의 육십갑자카드

오행과
천간지지를
활용한
사주타로

1

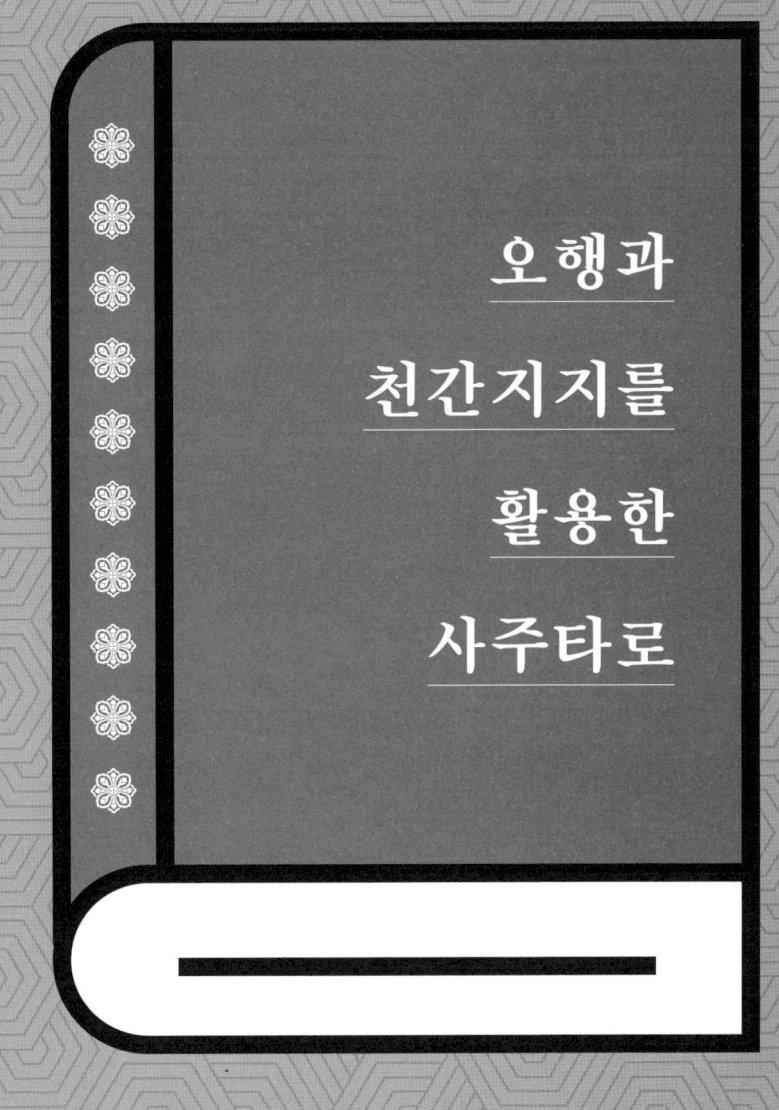

CHAPTER

1 오행의 특징

KEY POINT

오행 목화토금수(木火土金水)를 통해 계절, 시간, 방향, 색상 등의 주변 환경은 물론, 한 사람의 건강과 성격을 포함해 직업적성과 직무역량 등 삶의 다양한 모습을 분석할 수 있다.

1 오행이란

오행은 목(木)·화(火)·토(土)·금(金)·수(水) 다섯 가지를 말한다. 오행 목화토금수(木火土金水)로 계절, 시간, 방향, 색상, 성격, 직업적성, 직무역량, 건강 등 인간의 다양한 삶을 분석할 수 있다.

• 오행의 계절과 하루

오행	목(木)	화(火)	토(土)	금(金)	수(水)
계절	봄	여름	환절기	가을	겨울
하루	아침	점심	사이	저녁	밤

• 오행의 색상과 방향

오행	목(木)	화(火)	토(土)	금(金)	수(水)
색상	청(파랑)	적(빨강)	황(노랑)	백(하양)	흑(검정)
방향	동	남	중앙	서	북

※ 색상과 방향도 계절과 하루와 작용이 같다.

• 오행의 육체적 건강

오행	목(木)	화(火)	토(土)	금(金)	수(水)
건강	간 담 뼈	소장 심장 순환기내과(혈관)	비장 위장 비뇨기과	대장 폐 뼈	신장 방광 산부인과

2 오행의 성격

목화토금수(木火土金水)의 성격 특성을 파악하면 각각의 직업적성을 알 수 있다.

1) 목(木)

① 성격 분석

장점	간섭을 거부하는, 경청하는, 고요한, 교육적인, 긍정적인, 너그러운, 단순한, 더불어 사는, 도와주는, 따뜻한, 매너가 있는, 명예를 추구하는, 문과 성향이 강한, 미래지향적인, 배려하는, 보호하는, 봉사하는, 부드러운, 사람 중심적인, 사랑하는, 섬기는, 섬세한, 성장에 관심이 큰, 순수한, 예의 바른, 온유한, 온정적인, 용서하는, 이상주의적인, 이타적인, 인간에 대한 애정이 있는, 인정욕구가 강한, 자비로운, 자유로운, 자유를 추구하는, 착한, 치유하는, 친절한, 칭찬하는, 편안한, 함께하는, 헌신적인, 희생적인
단점	거절을 못하는, 계획성이 부족한, 관리가 부족한, 구속을 거부하는, 권위적인, 규칙이 깨지는, 끈기가 부족한, 뒷심이 부족한, 디테일을 거부하는, 뛰쳐나가는, 마무리가 부족한, 맺고 끊음이 약한, 반복을 싫어하는, 반항하는, 보증을 서는, 비계획적인, 비규칙적인, 비실용적인, 쉽게 포기하는, 원칙을 깨는, 인정에 좌우되는, 자유분방한, 자제력이 부족한, 저항하는, 정에 이끌리는, 조언을 거부하는, 즉흥적인

직업적성	강연, 강의, 광고, 교육, 기획, 문학, 미술(전위), 미술(회화), 복지, 상담, 순수예술, 아이디어, 예술, 인문, 인사, 정치, 창조, 철학, 컨설팅, 코칭, 패션, 홍보
별명(애칭)	도우미, 천사, 봉사하는 사람, 평강공주, 콩쥐, 마더(마더테레사)
상징동물	강아지, 애완견

② 성격 특성

목(木)은 땅에 뿌리를 내린 상태에서 뻗어가고자 하는 활기찬 기질을 가지고 있다. 다만 땅, 즉 토(土)에 뿌리를 내린 상태에서 활기차게 지상으로 뻗어 올라가기 때문에 기본을 벗어나지 않으면서 자신의 욕망과 명예를 추구하고자 하는 타입이다.

목(木)은 화(火)와 같이 뻗어가고자 하는 성분, 활동성을 가지고 있다는 점은 같다. 그러나 목(木)은 땅에 뿌리를 두고 뻗어가고자 하므로 안정감이 있고, 화(火)는 사방으로 튀는 폭탄이나 불꽃, 폭죽을 연상할 수 있다. 나무 또한 가지가 동서남북 사방으로 뻗어가지만, 일정한 방향이 정해지면 천천히 뻗어간다. 이는 근본(뿌리)을 땅에 굳게 내리고 자신을 찾아간다는 의미이다. 그러나 화(火)란 것은 언제 어떻게 튈지 모르는 불꽃처럼 안정감이 떨어진다.

목(木)이란 것은 기본을 지킬 줄 아는 것, 근본을 지킬 줄 아는 것이니 예절과 도덕의 상징이라고 볼 수 있다. 그래서 본성을 인(仁)이라 했다. 목(木)은 뻗어가고 싶어하면서도 자신의 욕망과 명예욕, 자존심도 가능하면 쉽게 드러내지 않으면서 자신의 목적을 성취해 나간다고 보면 된다. 다만 목(木)이 발달인가 과다인가에 따라 차이가 존재한다.

목(木)은 시작을 먼저 하고 매사에 앞장선다. 진취적이고 적극적인 사람이며 전체를 폭넓게 관조하고 이해하며 적재적소에 일을 배치하거나 큰 틀에서 구조화시키는 데 탁월하다.

다만 한 분야에서 섬세하게 연구하고 꼼꼼하게 분석하는 것은 어렵다고 볼 수 있다. 목(木)은 꼼꼼하고 치밀한 부분에는 흥미가 없다. 단순하고 솔직한 마음을 가지고 있고, 복잡하고 꼼꼼하게 분석하고 연구하는 것에는 재능을 발휘하기 어렵다.

③ 직업적성

목(木)의 장점 중 하나가 착하다는 점이다. 이렇게 착한 유형은 타인을 보호하거나 돌보거나 가르치거나 하는 직업에서 가장 우선적으로 적성을 발휘한다.

- **전공 분야_** 교육계열, 인문계열, 의약계열, 인문사회계열, 사회과학계열, 고고학, 미학과, 법학과, 사회복지학과, 상담학과, 언론정보학과, 의상학과, 정신과, 한의학
- **직업_** NGO, 사무직, 가구, 산림, 상담, 약초, 원예, 음악, 의류, 의약, 인테리어, 임업, 조경, 지물, 창작, 청과, 출판, 침술, 통신, 피복, 간호사, 강연가, 교사, 교수, 교육, 기자, 농장, 디자인, 문구, 문화, 방송, 법, 비서, 사회복지, 사회복지사, 상담가, 섬유, 소설가, 승려, 시인, 아나운서, 의사, 작가, 정치인, 연예, 연예인 매니저, 예술 등 타인의 조명을 받는 일, 커플 매니저, 컨설턴트, 행정공무원

2) 화(火)

① 성격 분석

장점	감각이 뛰어난, 결단력이 있는, 결합하는, 과감한, 꾸미는, 끼가 있는, 도전적인, 독창적인, 돌진하는, 동시에 하는, 드러내는, 듬직한, 따뜻한, 매너 있는, 매력적인, 모험적인, 발산하는, 배짱 있는, 변화하는, 보여주는, 부드러운, 불의에 저항하는, 상상력이 풍부한, 새로운, 세련된, 솔직한, 순간적인, 신비로운, 실천하는, 아름다운, 에너지가 넘치는, 역동적인, 열정적인, 예술적인, 의협심이 강한, 자신감이 넘치는, 재치 있는, 적극적인, 적응하는, 정열적인, 종합적인, 주도적인, 창조적인, 책임감이 강한, 통섭적인, 통찰적인, 특별한, 파격적인, 판단력이 뛰어난, 패션감각이 있는, 표현적인, 행동하는, 혁신적인, 화려한, 확장하는, 활동적인, 효율적인, 희생하는

단점	ADHD 성향이 있는, 감수성이 예민한, 강압적인, 공허한, 과격한, 급한, 다혈질적인, 뒷심이 부족한, 마무리하지 못하는, 무례한, 무질서한, 복잡한, 불규칙적인, 비판적인, 산만한, 쉽게 분노하는, 앞뒤가 없는, 외로운, 욱하는, 인내심이 부족한, 일을 벌이는, 자기주장이 강한, 자제력이 부족한, 조울적인, 중도 포기하는, 폭력적인, 허무한, 화를 내는, 흥분하는
직업적성	강연, 강의, 건축, 경영, 경찰, 군인, 디자인, 모델, 무용, 문화, 방송, 뷰티, 비보이, 사업, 스튜어디스, 영업, 예술, 운동, 창조, 체육, 패션
별명(애칭)	여왕벌, 로맨티스트, 예술가, 사차원, 폼생폼사, 공주, 장미꽃
상징동물	고양이, 공작새, 반려견

② 성격 특성

화(火)란 오행은 작은 바람에도 불씨가 쉽게 살아나서 활활 타오르는가 하면, 큰 불도 한순간에 꺼져버릴 수 있다. 불이란 것은 작은 불씨가 온 산을 태울 수도 있고, 커다란 대형건물을 한순간에 잿더미로 만들어버릴 수도 있다. 실제로 작은 불씨가 전국 각지의 울창한 산림을 태워 엄청난 피해를 입힌 적도 있다.

나무는 땅에 뿌리를 내린 상태에서 천천히 자라며, 기본은 변하지 않으면서 자신의 고집을 피워 나가는 타입이다. 웬만한 바람이 불어와도 자신을 굽히지 않고, 웬만한 물에도 썩지 않는 성질이 있다. 그와 달리 불이란 것은 작은 바람에도 쉽게 꺼져버리고 물에도 쉽게 사라져버리는가 하면, 어느 때는 작은 불씨 하나가 커다란 불이 되어 무섭게 타오르기도 한다.

불꽃놀이를 한번 연상해보라. 하늘로 치솟아 올라 사방으로 퍼져가는 것이 있는가 하면, 불꽃이 한 방향으로 터지는 경우도 있고 직선으로 올라가는 것, 곡선으로 올라가는 것, 원형으로 터지는 것 등 다양하고도 복잡한 모습을 연출한다. 불이란 것은 감정기복이 심한 것이 특징이다. 그만큼 어떤 상황에 처하게 되면 자신의 감정을 그대로 표현하게 된다.

불은 밝게 빛나고 뜨겁다. 어떠한 상황에서도 분명하고 명확하다. 어린 사람이 웃어른에게 불손하거나 부하직원이 상사에게 불량스럽게 대하면 그냥 넘기지 못하는 타입이기에 예(禮)를 상징한다고 보면 된다. 다만, 화(火)가 발달된 사람은 옳고 그름을 정확하게 판단하지만, 화(火)가 과다한 사람은 앞뒤 가리지 않고 급하게 자신을 표현하거나 행동하게 된다. 그러므로 화(火)가 발달된 사람은 예의가 있고, 과다한 사람은 타인을 무시하게 되고 자기 성격을 자제하지 못해 오히려 무례한 사람이라 볼 수 있다.

불 즉 화(火)는 나무의 땔감을 통해서만 자신을 살려 나간다. 다시 말해서 불은 나무(木)를 희생시켜서 불로 승화된다. 나무는 불에 타서 재가 된다. 나무가 불꽃에 타 들어갈 때 겉모습은 화려하고 뜨겁게 달아오르지만, 불꽃이 타오를수록 불 속에서 검은 재는 늘어나고 빈 공간이 커져간다. 이렇듯 화(火)는 겉모습은 화려하고 다혈질이며 급해 보이지만, 속은 허하고 여리고 허전함이 항상 존재한다.

③ 직업적성

- **전공 분야_** 법조계, 약학계, 언론계, 인문계, 의학계, 이공계열, 공군, 무용학과, 방사선과, 섬유학과, 신경외과, 안과, 의상학과, 정신과
- **직업_** 방송인(아나운서 · MC), 연예인(탤런트 · 영화배우 · 가수), 예술가(음악 · 미술 · 무용 · 연주), 교사, 극작가, 시인, 소설가, 시나리오 작가, 언론인(기자 · PD), 상담가(심리학자 · 정신과 의사), 건축설계, 경호, 공무원, 교육, 교육자, 극장, 메이크업 아티스트, 모델, 무역, 발명, 방송, 법관, 사진작가, 샵마스터, 설계, 성형외과 의사, 실내 인테리어디자이너, 안경, 언론, 연출가, 예능, 예식장, 우주연구가, 운수업, 정치, 정치가, 조명, 천문기상, 천문학자, 코디네이터, 패션디자이너, 항공, 헤어디자이너

3) 토(土)

① 성격 분석

장점	갈등을 조정하는, 개방적인, 결합하는, 겸손한, 공감해주는, 공개적인, 관계적인, 관대한, 균형 있는, 끈기 있는, 느긋한, 믿어주는, 받아들이는, 밝은, 사람을 잘 다루는, 상보적인, 소통하는, 수용적인, 여유 있는, 연결하는, 영업적인, 온화한, 용서하는, 은근한, 의지력이 있는, 이해하는, 인간관계가 원만한, 인내심이 강한, 적극적인, 적응력이 뛰어난, 중간자적인, 중개적인, 중재하는, 침착한, 평온한, 평화적인, 포용적인, 품어주는, 호의적인, 화해하는, 확신이 있는
단점	거짓인, 게으른, 고집불통인, 고집이 센, 권모술수적인, 나태한, 답답한, 도피적인, 독선적인, 미루는, 비밀스러운, 산만한, 생각을 감추는, 생각을 알기 어려운, 선악의 구분이 모호한, 속을 잘 모르는, 쌓아두는, 약속을 잘 안 지키는, 우유부단한, 자기 생각을 고집하는, 자기 주장을 감추는, 제멋대로인, 지쳐 있는, 피로한, 현실 회피적인
직업적성	강연, 건설, 건축, 네트워크, 농업, 무역, 부동산, 블록체인, 상담, 서비스, 중개, 중매, 컨설팅, 코칭, 통역, 플랫폼
별명(애칭)	고집불통, 기름장어, 돌부처, 미꾸라지, 뱀장어, 성인군자, 소금쟁이, 없는 사람, 중재자, 투명인간, 황소, 황희 정승
상징동물	나무늘보, 판다곰, 곰

② 성격 특성

토(土)란 오행은 모든 오행을 다 포용한다고 보면 된다. 나무의 뿌리를 내리게 하고, 땅속 깊은 곳에 용암이란 불덩어리를 감추고 있기도 하고, 불이 재가 되면 재처리까지 한다. 지하수를 감추고 있기도 하고, 제방이 되어 물이 원활하게 흐르게 하거나 또는 물이 사라지지 않도록 가두어주기도 한다. 바위나 금속 등을 땅속에 품고 있거나 땅 위에 자리잡게 해주기도 한다. 그러므로 토(土)란 오행은 목(木), 화(火), 금(金), 수(水) 네 가지 오행을 땅속과 땅 위에서 보듬고 껴안고 막아주고 뿌리내리게 하며 다양하게 수용하고 포용한다.

나무(木), 불(火), 물(水), 금속·바위(金)를 모두 수용하는 토(土)는 포용력이 넓고 가슴이 따뜻하다. 자칫 너무 넓은 마음으로 주변 상황을 살피고 쉽게 휩쓸리는 것이 단점이다. 주변에 목(木)이 많으면 목(木)의 의미로, 화(火)가 많으면 화(火)

의 의미로, 금(金)이 많으면 금(金)의 의미로, 수(水)가 많으면 수(水)의 의미로, 더불어 계절에 따라 자신을 지키지 않고 자신을 희생하면서 계절의 오행을 따라간다. 예를 들어 축월(丑月)은 토(土)가 아니고 수(水) 기운이고, 미월(未月)은 토(土)가 아니라 화(火) 기운이다. 이렇듯 토(土)는 다른 오행을 땅속에 모두 거두어들이고, 넓은 마음으로 계절의 변화에 따라 그 계절의 특색으로, 그 계절의 성분으로 변화한다고 보면 된다. 변신에 가까울 정도로 변화무쌍한 것이 바로 토(土)이다.

토(土)는 물이나 용암이나 나무(씨앗)나 금속이나 바위 등 수화목금(水火木金)을 땅속에 감추고도 전혀 아무것도 없는 듯이 있다가, 어느 순간 화산에서 용암(火)을 뿜어내기도 하고 물을 배출하기도 하고 나무(씨앗)를 자라나게 하기도 하고 금속이나 바위를 만들어내기도 한다. 목(木)이나 화(火)처럼 적극적이지 않고, 금(金)이나 수(水)처럼 생각하지도 않아서 기본적인 특성이 별로 없는 듯하지만, 『연해자평(淵海子平)』에서 서자평(徐子平) 선생이 말한 것처럼 토(土)라는 오행은 충기(沖氣)로써 발생하였다고도 볼 수 있다. 토(土)가 지닌 화합과 포용의 의미는 금(金)과 목(木)의 충(沖)의 기운, 수(水)와 화(火)의 충(沖)의 기운이 서로 대립하고 다투려고 할 때 중간에서 화합과 포용으로 서로를 연결하면서 새로운 변화와 새로운 창조를 만들어가는 것이라고 볼 수 있다. 이제 토(土)의 성분이 중간을 향하고 중간을 선호하는 의미를 알 수 있을 것이다.

천간에서 갑을병정(甲乙丙丁)의 목화(木火)와 경신임계(庚辛壬癸)의 금수(金水)를 중간에서 연결하여 목화(木火)의 더운 기운과 금수(金水)의 차가운 기운을 조절하고 중화시키는 것이 바로 토(土)이다. 왜 목화(木火)와 금수(金水) 사이에 토(土)란 오행을 놓았을까? 그 이유는 목화(木火)와 금수(金水)는 서로 대립적인 기운을 가지고 있고, 목(木)과 화(火)는 서로 대립하기보다는 비슷한 성질, 화합하는 성질로 보았기 때문이다. 금(金)과 수(水) 또한 목화(木火)와는 대립각을 세우고 있지만 금(金)과 수(水)는 서로 화합한다고 본 것이다. 그러므로 오행을 공부하면서 머릿속이 아닌 가슴속으로 이러한 내용을 느껴야 한다. 목화(木火)는 더운 기운이고 뻗어 나가려는 기운이요, 금수(金水)는 차가운 기운이고 수확하려는 기운이란 것을 가슴에 새겨넣길 바란다.

한편 지지에서는 계절과 계절 사이에 토(土)란 오행이 자리잡고 있다. 봄과 여름 사이에 진(辰), 여름과 가을 사이에 미(未), 가을과 겨울 사이에 술(戌), 겨울과 봄 사이에 축(丑)이란 토(土)가 계절의 변화를 중화시키면서 자연스럽게 연결하고 있다. 더불어 수(水)에서 목(木)으로, 목(木)에서 화(火)로, 화(火)에서 금(金)으로, 금(金)에서 수(水)로 변화하는 길목에서 토(土)란 오행이 갑작스런 변화나 충격을 완화시키는 작용을 하고 있다.

③ 직업적성

평화로운 사람은 안정적인 사람(자기를 지키는 사람), 인내력이 있는 사람(고집 센 사람)으로 나눌 수 있다. 두 부류 모두 잘 들어주고 객관적이고 중재자 역할을 잘 하는 직업을 선택하면 좋을 것이다.

- **전공 분야_** 농공계, 실업계, 이공계, 자연계열, 종교계, 작곡과, 지질학과, 육군, 내과, 피부과, 소아과, 외과, 흉부외과, 한의학
- **직업_** 건축, 건축설계, 골동품, 공무원, 관광안내, 교도관, 교육, 군인, 낙농, 농산물, 도공예, 독서실, 무속, 부동산 중개, 부동산, 상담, 상담원, 소개업, 스포츠, 시찰, 예술, 외교관, 운동선수, 원예, 유통, 임업, 정육점, 정치, 조경, 종교, 중개업자, 지압사, 철학, 축산, 컨설턴트, 토목

4) 금(金)

① 성격 분석

장점	객관적인, 결과를 만들어내는, 경험적인, 계획적인, 공평한, 공학적인, 관찰력이 뛰어난, 구조적인, 근검한, 기술적인, 기준이 정확한, 꼼꼼한, 노력하는, 논리적인, 단계적인, 도덕적인, 든든한, 디테일한, 마무리하는, 모범적인, 묵묵한, 반듯한, 봉사정신이 강한, 부지런한, 분석적인, 빈틈없는, 성실한, 성취력이 뛰어난, 손재주가 있는, 솔직한, 실속 있는, 실용적인, 실제적인, 실천적인, 약속을 지키는, 완벽한, 원칙적인, 의협심이 강한, 이성적인, 일관성 있는, 자신을 통제하는, 저축하는, 절약하는, 정리정돈하는, 정의가 있는, 정직한, 정확한, 준비하는, 진지한, 집중력이 뛰어난, 책임감 있는, 청결한, 체계적인, 합리적인, 헌신적인, 현실적인, 희생적인
단점	간섭하는, 강박적인, 고집불통인, 과도하게 진지한, 과도한 자기 확신, 구두쇠인, 극단적인, 까칠한, 날카로운, 논쟁하는, 단절하는, 단점을 찾아내는, 독재적인, 보복하는, 비관적인, 비판적인, 선입견이 강한, 설명하려는, 손해 보려 하지 않는, 아집이 센, 엄격한, 예민한, 욕심이 많은, 유연성이 부족한, 융통성이 부족한, 이기적인, 인색한, 자기주장에 집착하는, 자기 주장이 강한, 자기중심적인, 잔소리가 심한, 잘난척하는, 집착하는, 타인에게 강요하는, 타협하지 않는, 통보하는, 통제하는, 편협한, 평가하는, 포악한, 폭력적인, 흑백논리가 강한
직업적성	가수, 건설, 건축, 게임, 경찰, 공학, 군인, 기계, 기술, 디자인, 로봇, 미용, 뷰티, 비보이, 스타트업, 악기, 의상, 자동차, 조각, 철강, 체육, 판화
별명(애칭)	고집불통, 교관, 구두쇠, 꼴통, 도덕선생님, 바른생활, 봉사맨, 불도저, 사감선생님, 엄근진, 완벽주의자, 원칙주의자, 유교걸, 유교맨, 유교보이, 잔소리쟁이, 청소부
상징동물	개미, 고양이, 꿀벌, 황소

② 성격 특성

금(金)은 바위, 돌, 금속, 광물 등을 상징한다. 물이란 것은 자신의 기질과 전혀 달라보이는 기체도 되고 고체도 되듯이 변화무쌍하고, 불이란 것은 쉽게 꺼져버리기도 쉽게 활활 타올라 큰 건물, 넓은 산을 삼켜버리기도 하지만, 금(金)은 쉽게 변화하지 못한다. 금(金)을 변화시키기 위해서는 아주 뜨거운 고열로 오랫동안 녹여야만 가능하고, 녹았던 것도 식으면 곧 다시 단단한 금속이 되고 만다. 쉽게 변화되지도 않으며 변화한 후에는 또다시 제자리로 돌아오는 것이 금(金)의 특성이다. 자신의 마음이나 생각을 쉽게 변화시키지도 않지만, 변화가 일어났다고 해도 어느 순간 다시 원래의 생각이나 마음으로 돌아온다.

또한 금(金)은 수많은 변화가 가능하다. 칼, 시계, 도끼, 버스, 비행기, 기차, 배, 총 등 다양한 것들을 금(金)이란 것이 만들어낸다. 하지만 자신의 가장 큰 성격은 변화되지 않는다. 아주 뜨거운 열로 오랫동안 가열하면 겉모습은 변화한 것 같지만, 다시 원래 상태의 기질을 갖게 된다. 금속을 녹여 배를 만들었을 때와 총을 만들었을 때 전혀 다른 모습을 한 듯하지만, 기존의 딱딱하고 차가운 성질은 변화가 없다는 것이다.

게다가 금(金)은 겉과 속의 모습이 크게 다르지 않다. 금(金)의 모습에서 흐트러진 모습을 찾아보기란 쉽지 않다. 한번 생각한 것, 한번 정한 것은 끝까지 밀고 나간다고 볼 수 있다. 그것이 자칫 고집으로 보일 수도 있지만 의리로 평가받는다. 한번 맺은 인연은 쉽게 변화시키지 않는 성격으로 의리가 철저한 타입이다.

금(金)은 결단력과 맺고 끊음이 정확하다. 오행 중에서 가장 단단하고 가장 강하고 가장 날카로운 것이다. 그러므로 『적천수(滴天髓)』에서는 금(金)은 「숙살지기(肅殺之氣)」라고 하여 사람의 생명을 죽이는 힘이 있다고 보았다. 그만큼 금(金)의 기운이 강하다고 본 것이다. 금(金)이란 것이 자기를 변화시키지 않고 자기관리가 철저하기 때문에 붙여진 이름일 것이다.

또한 「금극목(金剋木)」으로 뼈를 치고 들어가는 것이 금(金)이요 금(金)이 뼈를 상하게 하니 다른 오행에 비해 갑작스런 사건사고, 뼈를 치고 들어가는 교통사고, 낙상사고 등이 일어날 수 있다. 다른 오행은 서서히 악화되는 병이 될 가능성이 크고 눈에 쉽게 보이는 것은 아니기 때문에 아무래도 관심이 덜 갔을 것이고, 반면에 금(金)은 교통사고, 낙상사고와 같은 갑작스런 사건사고이니 눈에 쉽게 보여서 사람 생명을 앗아간다고 한 것 같다.

정리하면, 어떤 오행이라고 해서 특별히 사람 생명을 빼앗아가는 것은 아니다. 병명만 다를 뿐이지 각 오행의 과다나 고립에 따라 병이 생겨 생명이 단축되는 것은 비슷한 통계가 나올 것이다. 그러므로 금(金) 오행만 특별하게 취급해 숙살지기(肅殺之氣)로 표현하는 것은 잘못이라 할 수 있다.

③ 직업적성

- **전공 분야_** 이공계, 재정계, 의약계, 인문계, 자연계열, 외과, 성형외과, 이비인후과, 정형외과, 치과, 피부과, 육군, 해군
- **직업_** 경비, 경영, 경제, 경찰, 경호, 공무원, 과학, 광업, 교육, 군인, 금융, 금융업, 금은보석, 기계, 기계공학, 도자기, 도자기예술, 도축업, 모터사이클, 법관, 법률, 보건, 사채, 선박, 요리사, 운수업, 의료, 의사, 자동차정비, 정치가, 조각, 조각예술, 종교, 중장비, 철도, 철물, 치과, 컴퓨터공학, 통계, 항공, 회계, 피부미용, 의상디자이너, 헤어디자이너

3) 수(水)

① 성격 분석

장점	가정적인, 감각이 발달한, 감각적인, 감성적인, 감수성이 뛰어난, 겸손한, 경험을 중시하는, 공부를 열심히 하는, 관찰하는, 기획력이 있는, 꿈이 큰, 논리적인, 모성애가 넘치는, 문학적인, 배려하는, 분석하는, 상상력이 대단한, 생각이 많은, 설명하는, 성실한, 세밀한, 수학적인, 신중한, 심사숙고하는, 안정적인, 암기력이 뛰어난, 열심히 하는, 유연한, 적응하는, 정보수집을 잘하는, 조정하는, 조직에 헌신하는, 지적인, 집중하는, 창의적인, 충성하는, 탐구하는, 파고드는, 혁신적 아이디어가 많은, 현명한, 호기심이 많은, 확인하는, 희망이 큰
단점	가스라이팅하는, 감정을 속이는, 거짓말하는, 걱정이 많은, 계산적인, 경계하는, 고립된, 공허한, 과거에 매달리는, 과대망상적인, 남을 속이는, 단절하는, 두려워하는, 뒷담화하는, 망설이는, 몽상하는, 민감한, 변덕스러운, 부정적인, 불안해하는, 비관적인, 생각이 많은, 생각이 산만한, 소심한, 속을 알 수 없는, 순간 폭발하는, 쉽게 토라지는, 실천력이 부족한, 안절부절하는, 양면적인, 어두운, 염려하는, 예민한, 욕망을 감춘, 욕망이 큰, 우울한, 우유부단한, 움츠려 있는, 의심하는, 의존하는, 이중적인, 일확천금을 꿈꾸는, 자기방어적인, 자기를 부정하는, 자포자기하는, 잔머리를 부리는, 잘난척하는, 잘 삐지는, 장황한, 정서적 갈등이 심한, 질투하는, 집착하는, 허무한, 회피하는, 횡설수설하는

직업적성	건축, 게임, 경제, 과학, 금융, 디자이너, 문학, 물리, 바이오, 발명, 블록체인, 수리, 수학, 스타트업, 약학, 연구, 음악, 작가, 작곡, 제약, 컴퓨터, 통계, 핀테크, 헬스, 화학, 회계
별명(애칭)	교수, 리모콘, 모범생, 브레인, 사기꾼, 선비, 소시오패스, 안개꽃, 여우, 연구원, 의심쟁이, 작가, 정보수집가, 지식인, 참모, 충성가, 컴퓨터, 탐구하는 사람, 호위무사
상징동물	박쥐, 부엉이, 사슴, 여우, 올빼미, 토끼

② 성격 특성

물(水)이란 것은 항상 땅 밑으로 숨어버리려는 성질이 있다. 물은 아래로 흘러가고 땅으로 스며들고자 한다. 그러므로 땅 밑에는 수없이 많은 물이 흘러가고 있다. 그것을 수맥이라고 부른다. 바다 또한 육지 위에 올라와 있는 것이 아니라 육지보다 낮게 있고, 바닷물이 육지 위로 넘치지 않는다. 물은 육지 밑으로 향하고 있고, 땅속에서 흐르기를 좋아하고 땅 아래로 흘러가길 좋아한다. 그렇다. 물이란 것은 땅속에서든 땅 위에서든 항상 움직인다. 다만 자신을 밑으로 낮추고 자신을 감추면서 흘러간다.

사주에 수(水)와 관련된 글자를 가진 사람은 자신을 쉽게 드러내지 않는다. 배짱이나 추진력이 있기보다는 보이지 않는 곳이나 아래에서, 또는 대중보다는 소집단에 있기를 원한다. 자신의 생각이 있다고 해도, 물이 땅속으로 숨듯이 그것을 쉽게 드러내지 않는다. 자신의 생각을 감추고 쉽게 자신의 감정을 나타내지 않는다고 해서 꿈과 희망과 욕망이 없는가? 그렇지는 않다. 물은 머물러 있기보다는 움직인다. 한곳에 머물러 있기보다는 움직이기를 좋아한다. 그러므로 땅속에서 흘러가는 물처럼 겉으로는 자신을 낮추고 아래로 숨어들지만, 욕망과 희망과 꿈이 가슴과 머리에서 계속 움직이고 있고 용솟음치고 있다.

그러므로 겉으로는 평온해 보이면서도 머릿속에서는 항상 다양한 생각이 여러 갈래로 복잡하게 얽혀 있게 된다. 생각과 사고를 다양하게 하다 보니 매사에 심사숙고하고, 생각이 끊이지 않다 보니 머리를 계속 사용하므로 지혜가 발달하게 된다. 화(火)가 생각에 앞서 행동을 한다면, 수(水)는 생각을 먼저 하고 상대에 대한 배려를 먼저 하다 보니 행동보다 지혜가 발달하게 된다. 머리를 자주 활용하는 사람, 뇌를 자주 사용하는 사람이 치매에 걸리지 않고 머리가 좋아진다는 것은 누구나 잘 알고 있는 사실이다.

물은 조용히 아래로 흘러가거나 땅속으로 스며들어 수맥이 되어 땅속을 흘러다니지만, 어느 순간 하늘로 올라가 가랑비가 되어 내리기도 하고, 폭우가 되어 쏟아지기도 하고, 태풍과 더불어 폭풍우를 일으키기도 하는 등 변화가 심하다. 평소에는 얌전한 사람이 어느 순간 폭발하는 경우를 볼 수 있는데 폭풍우 같은 물의 성질과 닮았다. 그러나 폭풍우가 가끔 나타나는 것처럼 수(水)의 순간적 폭발도 그리 흔히 볼 수 있는 것은 아니다.

물은 어느 정도 규격화된 틀대로 움직여야 한다. 자칫 흐름에서 벗어나면 햇볕에 말라버리거나 넘쳐나서 주변에 피해를 주게 된다. 수(水)는 계곡이나 수로나 둑방 사이로 흘러가야지, 큰 모험을 하게 되면 본인도 어디로 갈지 모르고 그로 인해 주변의 피해가 크다는 것이다.

그러나 물처럼 유연한 것도 없다. 물은 부드럽게 자신을 낮추고 구불구불한 계곡에도 적응하고, 상황에 따라 자신을 변화시키듯이 생각의 자유로움과 사고의 융통성이 있다. 둥근 그릇에 담으면 둥글게, 세모난 그릇에 담으면 세모로, 긴 병에 담으면 길게 변하는 물의 유연함과 융통성은 그 누구도 따라올 수 없다. 그들의 유연한 성격은 줏대 없이 자칫 이것도 좋고 저것도 좋아하는 듯 보이지만, 그렇다고 큰 모험을 하지 않는 섬세함과 안정감과 깊은 사고력 등이 세상을 침착하게 발전시켜 나가는 원동력이라 할 수 있다.

물은 유연성과 융통성이 있어서 액체로 존재하다가 어느 순간에는 기체가 되어 하늘로 올라가 구름이 되기도 하고, 어느 순간에는 고체가 되어 얼음이 되기도 한다. 어느 순간 기체가 되듯이 자신의 생각을 하늘로 날려보내기도 하고, 어느 순간에 고체가 되듯이 자신을 꽁꽁 닫아버리기도 한다.

자신의 몸을 쉽게 잘라버리기도 하고 구부리기도 하며, 동그랗고 길고, 삼각형, 사각형, 오각형 등 어떠한 모습으로도 변화하는 액체처럼 자신의 마음을 상황에 따라 변화시키기 때문에 어떤 사람의 의견이나 생각도 받아들이고 수용한다.

눈에 보이지 않는 기체처럼 자신의 생각이나 마음을 겉으로 드러내지 않으면서 너무 오랫동안 감정이나 마음을 감추다 보면, 그것이 스트레스가 되어 고체처럼 굳어버리게 된다. 그로 인해 그 누구도 만나기 싫어하고 자신을 꽁꽁 얼게 만드는 우울증이나 자폐증이 되기도 한다.

③ 직업적성

- **전공 분야_** 지혜를 가지고 하는 직업, 연구하는 직업, 정확도가 있는 직업, 경영학과, 경제학과, 무역학과, 물리학과, 미생물학과, 생물학과, 수학과, 전산통계학과, 전자계산학과, 전자공학과, 전자과, 정보관리학과, 정보처리학과, 회계학과
- **직업_** 경영지도사, 공인회계사, 물리학자, 생물학자, 수학자, 시스템분석가, 시스템엔지니어, 은행원, 음악가, 컴퓨터그래픽디자이너, 컴퓨터설계자, 프로그래머

3 오행카드 간단 배열법

지금까지 오행의 특성을 설명하였다. 오행과 천간지지를 활용하는 배열법은 1장 마지막 부분에서 본격적으로 다루고, 여기서는 오행카드, 천간카드, 지지카드를 함께 사용하는 배열법을 간략하게 소개 정도로만 설명한다.

예 ①

2025년 중 가장 좋은 계절은 언제일까요?

戊
중심카드

土	木	卯	丙	壬
봄	여름	환절기	가을	겨울

중심카드 무토(戊土)와 같은 토(土) 오행인 봄, 그리고 중심카드 무토(戊土)를 생하는 화(火) 오행인 병화(丙火)의 가을이 좋은 계절이다.

예 ②

하루 중 가장 좋은 때는 언제일까요?

甲
중심카드

乙	卯	木	寅	壬
아침	점심	사이	저녁	밤

중심카드가 갑목(甲木)이다.

- **아침** : 을(乙)이니 같은 오행으로 좋다.

• **점심** : 묘(卯)이니 같은 오행으로 좋다.
• **사이** : 목(木)이니 같은 오행으로 좋다.
• **저녁** : 인(寅)이니 같은 오행으로 좋다.
• **밤** : 임(壬)이니 갑(甲)을 생하는 오행으로 좋다.

예 ③ **올해 어떤 오행의 건강을 조심해야 할까요?**

金

중심카드

庚	午	土	甲	丁
목(木)	화(火)	토(土)	금(金)	수(水)

• **목(木) 건강** : 경(庚)은 중심카드와 같은 오행이니 목(木) 건강이 좋다.
• **화(火) 건강** : 오(午)는 중심카드를 극하니 화(火) 건강이 좋지 않다.
• **토(土) 건강** : 토(土)는 중심카드를 생하니 토(土) 건강이 좋다.
• **금(金) 건강** : 갑(甲)은 중심카드가 극하니 금(金) 건강이 좋지 않다.
• **수(水) 건강** : 정(丁)은 중심카드를 극하니 수(水) 건강이 좋지 않다.

예 ④

올해의 오행 건강은 어떨까요?

壬	火	辰	午	戌
목(木)	화(火)	토(土)	금(金)	수(水)

- **목(木) 건강 :** 목(木)을 생하는 임수(壬水)가 있으니 목(木) 건강이 좋다.
- **화(火) 건강 :** 화(火)와 같은 화(火)가 있으니 화(火) 건강이 좋다.
- **토(土) 건강 :** 토(土)와 같은 진(辰)이 있으니 토(土) 건강이 좋다.
- **금(金) 건강 :** 금(金)을 극하는 오화(午火)가 있으니 금(金) 건강이 좋지 않다.
- **수(水) 건강 :** 수(水)를 극하는 술(戌)이 있으니 수(水) 건강이 좋지 않다.

CHAPTER

2 천간의 특징

KEY POINT

갑을병정무기경신임계(甲乙丙丁戊己庚辛壬癸)
십천간의 종류와 특징을 살펴본다.

1 십천간의 종류

甲 〈갑〉

음 양	양(陽)
오 행	목(木)
계 절 자연현상	무성하고 왕성한 봄의 나무
색 상	청색
특 성	흔들리지 않는 신념과 묵묵한 성장
물 상	큰나무(소나무, 자작나무, 상수리나무, 목련나무)

키워드	거절이 어려운, 고집이 센, 관대한, 긍정적인, 기분을 맞춰주는, 눈치가 빠른, 돕는, 따뜻한, 베푸는, 봉사하는, 사랑하는, 상대의 감정을 확인하는, 순박한, 순수한, 양보하는, 이상적인, 이타적인, 자비로운, 저항하는, 적극적으로 표현하는, 적응력이 뛰어난, 정이 많은, 조력하는, 주변에 인심이 큰, 진취적인, 집착하는, 착한, 창조적인, 친밀한, 칭찬하는, 타인의 자존감을 높여주는, 편안한, 헌신하는

- 지지의 인(寅)과 같다.
- 큰 나무 또는 고목으로 소나무, 미루나무, 백합나무, 상수리나무, 사과나무, 느티나무, 벚나무, 자작나무, 은행나무 등을 상징한다.
- 우뚝 솟은 큰 나무는 실바람처럼 작은 바람에는 여유 있게 흔들리듯 불쌍한 사람에게 베푼다. 봄에는 아름다운 꽃을 피워 벌과 나비에게 꿀이나 화분을 주고, 가을에는 열매나 과일을 맺어 인간과 여러 동물에게 먹을 것을 주듯이, 힘이 약하거나 겸손한 사람에게는 인정이 많고 배려적이고 이타적이다.
- 큰 나무가 태풍 같은 큰 바람에는 뿌리가 뽑힐망정 끝까지 버티는 것처럼, 안하무인이거나 독재적이거나 강한 사람에게는 저항한다. 자유적이고 민주적이다.
- 큰 나무는 크게 성장하기만 하지 않고 새로운 새싹도 돋아나듯 새로운 아이디어와 창의력이 뛰어나다. 또한 꽃을 피워 벌과 나비를 불러들이고 살아갈 수 있게 해주면서 나무도 번식을 하듯이, 많은 사람들을 돕고 성장할 수 있게 하는 타입이다. 땅의 썩은 것들을 양식으로 삼아 나무가 자라듯이 세상을 지키고 정화시키는 데 관심이 크다.
- 일반이론에서 갑인(甲寅)은 일간과 일지가 서로 같은 오행이라서 「간여지동(干與之同)」이라고 한다. 하늘과 땅을 가져서 천하를 얻은 듯 자기 주장이 강하고 잘난척하여 배우자와의 인연이 부족하다고 보는데, 타당성은 없다.

乙 〈을〉

음 양	음(陰)
오 행	목(木)
계 절 자연현상	겨울을 뚫고 나오는 초봄의 싹트는 새싹
색 상	연두색(연녹색)
특 성	유연한 적응력과 끈기 있는 생명력
물 상	새싹, 잔디, 풀, 담쟁이덩굴, 꽃(진달래 · 개나리 · 연꽃 · 장미)
키워드	개인적인, 공감하는, 관심을 갈구하는, 기회주의적인, 꼼꼼한, 따뜻한, 매력적인, 보답을 갈구하는, 봉사하는, 부드러운, 사랑스러운, 사려 깊은, 섬세한, 예민한, 의존하는, 인정욕구가 강한, 잔소리하는, 조정하는, 좋은 사람인, 친근한, 친밀한, 친절한, 통제하는, 희생을 생색내는

- 지지의 묘(卯)와 같다.
- 들풀, 정원의 꽃나무, 화분의 꽃나무, 작은 나무, 새싹, 벼 · 콩 · 감자 등의 곡식, 야생 들꽃 등을 상징한다.
- 새싹, 들꽃, 풀, 작은 나무 등은 작은 바람에 흔들리지만, 거센 바람에도 꺾이지 않고 땅에 엎드렸다가 바람이 그치고 나면 다시 일어선다. 을목(乙木)은 갑목(甲木)에 비해 주변의 강압이나 억압에 순응하고 적응력이 있다.
- 새싹, 풀, 들꽃, 작은 나무 등은 바위, 돌담, 시멘트 틈을 뚫고 나오거나 추운 겨울을 견디고 새봄에 언 땅을 뚫고 올라온다. 이처럼 그 누구도 살 수 없을 것 같은 척박한 환경에서도 적응하고 살아내는 강인한 생명력이 있다.
- 을(乙)이 일간에 1개 있을 때는 수동적이고 의존적이지만, 일간을 비롯해 천간에 3개 이상 있을 때는 자기주도적인 능력과 독립적이고 자유적인 성향이 강하게 나타난다.
- 을(乙)이 3개(乙乙乙) 이상이면 「복덕수기(福德秀氣)」라 하여 복과 덕이 함께하

고 인덕이 있다고 한다. 일간이 을(乙)이면 더욱 강하고, 떨어져 있어도 작용력이 있다.

丙 〈병〉

음 양	양(陽)
오 행	화(火)
계 절 자연현상	한여름의 무더운 태양
색 상	적색
특 성	자기 확신과 뜨거운 열정
물 상	큰 태양, 용광로, 용암, 화산
키워드	감정기복이 있는, 감추지 않는, 강렬한, 긍정적인, 꾸미는, 능수능란한, 다재다능한, 도전하는, 독특한, 동시에 여러 가지를 하는, 똑똑한, 매력적인, 모험적인, 바쁜, 보여주는, 비판적인, 빛나는, 산만한, 순발력이 있는, 시원시원한, 신경질적인, 신비로운, 신속한, 실용적인, 아름다운, 열성적인, 예의가 바른, 외향적인, 유쾌한, 인사성이 밝은, 일처리가 빠른, 자유로운, 적극적인, 즐거운, 직관적인, 창조하는, 추진력이 있는, 통섭적인, 판단력이 빠른, 표현하는, 행동적인, 현실적인, 활발한

- 지지의 오(午)와 같다. 참고로 사(巳)와 오(午)는 상황에 따라 음양이 변한다.
- 태양, 용광로, 용암, 큰불, 산불, 대형화재, 크고 화려한 꽃을 상징한다.
- 불은 한번 붙으면 순식간에 번져 나가고 태양은 자신의 존재를 화려하고 광범위하게 비추듯, 병화(丙火) 일간에 태어났거나 병화(丙火)가 사주에 많으면 열정적이고 표현적이고 모험적이고 행동적이고 감정적이고 적극적이다.
- 불이 번져 나갈 때는 동서남북 사방으로 무섭게 확산되는 것처럼 병화(丙火) 일간이나 병화(丙火)가 많은 사람은 동시에 여러 개의 일을 빠르게 진행해 나가는 타입이다.
- 불이 시작은 아주 크지만 한순간에 꺼지듯이, 계획을 지속적으로 진행해서 마

무리하지 못하고 결과를 보지 못하는 경우도 가끔 있다. 불은 타고 올라가는데 타고 남은 곳은 검은 재만 남듯이 과거는 쉽게 잊어버리는 타입이다.

- 병화(丙火) 일간이나 병화(丙火)가 사주에 많으면 불이 한곳에 머물러 있지 않고 계속 번져 나가듯이 움직이고 활동하는 성향으로 역마의 기질이 있다.
- 병화(丙火) 사주는 불이 타오르는 것이 겉으로 모두 드러나듯이 자신의 생각이나 감정을 겉으로 표현하는 타입이다. 불이 화려하듯이 자신을 꾸미고 보여주는 패션감각도 뛰어나다.

丁 〈정〉

음 양	음(陰)
오 행	화(火)
계 절 자연현상	여름 밤하늘의 달과 별, 초여름의 눈부신 햇살
색 상	핑크(분홍)
특 성	부드러운 표현과 따뜻한 열정
물 상	달, 별, 촛불, 형광등, 가로등
키워드	감수성이 발달한, 감정적인, 경험이 많은, 공허한, 금방 포기하는, 긍정적인, 긴장을 풀어주는, 낙천적인, 낭만적인, 다양한, 다재다능한, 대담한, 두뇌회전이 빠른, 매력이 있는, 명랑한, 모험하는, 바쁜, 밝은, 분위기메이커인, 빠르게 행동하는, 새로운 것을 찾는, 실천하는, 아이디어가 많은, 에너지가 있는, 움직이는, 유쾌한, 재미있는, 재치 있는, 창의적인, 창조적인, 쾌활한, 특별한, 호기심이 많은, 활달한

- 지지의 사(巳)와 같다. 참고로 사(巳)와 오(午)는 상황에 따라 음양이 변한다.
- 촛불, 형광등, 화롯불, 아궁이 불, 달, 별, 작은 꽃, 들꽃을 상징한다.
- 촛불이나 성냥불 등은 작은 바람에도 꺼질 수 있지만, 대형 산불과 같은 큰불로 확산될 수도 있다. 겉으로는 부드럽고 따뜻하고 밝은 성격으로 보이지만 내면에는 열정과 배짱과 모험심이 있다.

• 큰 산불이나 용암은 쉽게 꺼지지 않는다. 하지만 작은 촛불은 쉽게 꺼지는 것에서 볼 수 있듯이 조직에 잘 적응하고 순응하는 성향을 가지고 있다.

• 정화(丁火)도 사주에 많으면 병화(丙火)의 작용을 하여 열성적이고 모험적이고 표현적이며 행동적인 성향을 갖게 된다.

• 정화(丁火)가 주변을 밝히는 것처럼 사람들의 시선을 좋아하며 연예, 예술, 방송 등의 재능이 존재한다.

戊 〈무〉

음 양	양(陽)
오 행	토(土)
계 절 자연현상	봄여름과 가을겨울의 나무, 불, 바위, 물을 수용하는 넓은 땅
색 상	황색
특 성	끝없이 넓고 깊어 속을 알 수 없고, 폭넓게 소통하고 중재하는
물 상	넓은 들판, 높은 흙산
키워드	갈등을 치유하는, 갈등을 회피하는, 감정을 감추는, 경청하는, 고집 센, 공감하는, 관계 맺는, 관계가 넓은, 긍정적인, 낙천적인, 남의 말을 들어주는, 분위기를 좋게 하는, 소통하는, 속을 모르는, 수용하는, 안정감이 있는, 안정적인, 어울리는, 여유 있는, 원만한, 자연스러운, 중재하는, 중후한, 칭찬을 잘하는, 타인을 수용하는, 타인의 기분을 맞춰주는, 편안한, 평화적인, 포용적인, 해맑은, 호감형인, 화합하는

• 지지의 진토(辰土), 술토(戌土)와 같다.

• 넓은 광야, 넓은 들판, 높고 큰 흙산(지리산), 운동장, 드넓은 논과 밭, 사막을 상징한다.

• 흙은 나무를 자라게 하고 곡식을 키우며, 땅속에는 용암의 불덩어리를 가지고 있어서 아주 오랜 세월 썩은 물체를 보석이나 광석으로 만들기도 하고 물을 흡수하기도 한다. 이처럼 토(土)가 목(木), 화(火), 금(金), 수(水) 오행과 모두 관계

가 있듯이 포용적이고 관계적이며, 소통하고 평화지향적인 성향을 가지고 있다.

• 이들은 타인과의 연결이 끊어지거나 혼자되는 것을 두려워한다. 술토(戌土)가 2개 이상 있으면 해외 역마의 기운이 있어서 무역, 외교, 비행사, 스튜어디스, 유학, 이민을 갈 일이 있으며, 붙어 있을 때 작용력이 크다.

己 〈기〉

음　양	음(陰)
오　행	토(土)
계　절 자연현상	씨 뿌리고 싹트고 꽃피고 열매 맺는 풍요로운 정원
색　상	갈색
특　성	안정적이고 실용적인 조직을 선호하는
물　상	화분, 정원, 텃밭, 텃논, 다랭이논
키워드	가족·친구 등과 어울리는, 몇몇과 관계 맺는, 일부와 친밀한, 가족적인, 갈등을 회피하는, 겸손한, 고집스러운, 공정한, 끈기 있는, 나태한, 느긋한, 느린, 만사태평인, 만족한, 무감각한, 묵직한, 배려하는, 소심한, 소통하는, 수동적인, 순응하는, 안전한, 안정적인, 모호한, 원만한, 이해하는, 인내심이 강한, 조화로운, 중재하는, 침착한, 통찰력 있는, 편안한, 평화적인, 평화주의자, 포용하는

• 지지의 축토(丑土), 미토(未土)와 같다.

• 화분의 흙, 정원의 흙, 텃밭, 마당의 흙을 상징한다.

• 화분의 흙, 정원의 흙은 무토(戊土)처럼 용암이나 금속, 광석, 바위 등을 포용하기에는 힘들고, 작은 나무나 꽃 등을 키우거나 큰 나무 한두 그루, 작은 돌이나 바위를 담아낼 수밖에 없는 것처럼, 일부 사람들과 소통하고 어울리고 관계를 맺는다. 가족, 친구, 가까운 사람, 직장동료 등 어느 정도 자신과 소통이 가능한 사람들과 잘 어울린다.

庚 〈경〉

음 양	양(陽)
오 행	금(金)
계 절 자연현상	크고 높고 넓은 가을의 바위산, 바위사막, 광산
색 상	백색
특 성	계획적이며 자신의 생각을 주장하고 실천하는
물 상	바위산, 큰 바위, 유조선, 비행기, 기차, 광산, 포크레인
키워드	객관적인, 고집불통인, 규칙적인, 기준을 강요하는, 도덕적인, 노력하는, 시간을 잘 활용하는, 목적이 뚜렷한, 목표가 정확한, 반듯한, 반복적인, 봉사하는, 분별하는, 비판하는, 희생하는, 솔직한, 스스로 경계하는, 스스로 규칙을 정하는, 신념을 끊임없이 고민하는, 신중한, 실질적인, 엄격한, 완벽하려는, 원칙적인, 유용한, 의지가 강한, 이성적인, 일관성 있는, 절제하는, 정직한, 책임감 있는, 책임지는, 통제하는, 평가하는, 행동을 정당화하는, 혹사하는, 흑백논리가 강한

- 지지의 신금(申金)과 같다.
- 바위산, 악산(岳山, 관악산 · 설악산 · 치악산), 광산, 유조선, 유람선, 비행기, 기차, 탱크, 바위, 도끼를 상징한다.
- 커다란 광석, 바위산, 쇳덩어리 등은 자신의 모습을 쉽게 바꾸지 않는 것처럼 경금(庚金) 일간인 사람은 자신의 생각이나 계획을 쉽게 바꾸지 않고 완성될 때까지 끈기 있게 밀고 나가 완성시키는 성향이다. 고집이 세고 뚝심이 있으며, 맡은 일을 끝까지 완벽하게 처리하고 프로젝트 완성 능력이 뛰어나다. 고집불통의 성격이 있으며, 호와 불호가 정확하고 흑백논리가 뚜렷하다.

辛 〈신〉

음 양	음(陰)
오 행	금(金)
계 절 자연현상	늦가을 금속을 제련한 보석, 장신구, 생활용품
색 상	은색
특 성	꼼꼼하고 예리하고 섬세한
물 상	바늘, 시계, 송곳, 칼, 반지, 보석
키워드	가르치는, 강박적인, 객관적인, 결벽적인, 공격적인, 교육하려는, 꼼꼼한, 냉담한, 너그럽지 못한, 민감한, 비판하는, 빈틈없는, 섬세한, 성실한, 신경질적인, 신랄한, 억제하는, 엄격한, 예리한, 예민한, 완고한, 완벽한, 우울한, 의존적인, 이상적인, 지적인, 집착하는, 차분한, 책임감 있는, 충고하는, 통찰적인, 판단하는, 합리적인, 현명한, 흥분하는

- 지지의 유금(酉金)과 같다.
- 가공된 금속, 보석(반지 · 시계 · 귀걸이 · 팔찌), 생활용품(바늘 · 칼 · 송곳 · 못)을 상징한다.
- 금속은 쉽게 변하지 않는 것처럼 자신의 생각을 쉽게 바꾸지 않고 끝까지 밀고 나가는 성향이다. 예민하고 디테일하고 섬세하여 사람관계나 일에서 작은 실수도 용납하기 어려워한다. 완벽주의적 강박증이 있으며, 손해 보는 일을 싫어하고 시간약속에 대한 집착이 강하다. 책이나 신문에서 틀린 글씨를 찾아내는 데 탁월한 능력이 있고 반도체, 신문사 편집, 출판사 편집, 사격, 양궁 등 정확함이 요구되는 일에 적성이 있다.

壬 〈임〉

음 양	양(陽)
오 행	수(水)
계 절 자연현상	겨울의 한기가 도는 바다와 강
색 상	흑색
특 성	자신을 드러내지 않고 꿈을 원대하게, 생각과 정보를 지속적으로 만들어가는
물 상	바다, 강, 호수, 폭설, 장마, 함박눈
키워드	걱정하는, 검증을 반복하는, 경계하는, 공부하는, 과학적인, 관찰력이 뛰어난, 꿈이 큰, 노력하는, 논리적인, 두뇌 회전이 빠른, 두려워하는, 똑똑한, 몰두하는, 문제해결 능력이 뛰어난, 박학다식한, 변덕스러운, 부드러운, 불안해하는, 사색하는, 산만한, 상상력이 폭넓은, 생각이 많은, 생각이 분산된, 소극적인, 수학적인, 아이디어가 많은, 안정적인, 연구하는, 영역이 중요한, 외로워하는, 욕망이 큰, 의심하는, 이치를 탐구하는, 자제하는, 재빠른, 정보를 수집하는, 정진하는, 조심하는, 조직에서 추진력이 강한, 조직적인, 지식이 있는, 지혜로운, 차분한, 참(진실)을 거듭 확인하는, 창의적인, 추론하는, 친절한, 허황된, 혁신적인, 협력하는, 호기심이 많은, 혼자 있는

- 지지의 자수(子水)와 같다. 참고로 자(子)와 해(亥)는 상황에 따라 음양이 바뀐다.
- 큰물, 많은 물로 바다, 호수, 강, 폭설, 장마, 홍수를 상징한다.
- 바다, 호수, 강은 평소에는 잔잔하고 깊은 속을 알 수 없다. 어느 순간 해일이 되거나 홍수가 되기도 하여 산을 무너뜨리고 도시를 잠기게 하는 것처럼, 성격이 내성적이고 얌전해 보이지만 안전을 위협받고 있다고 생각하는 어느 순간 엄청난 폭발성을 드러내기도 한다. 바다, 호수, 강물 등은 조용한 듯하지만 끊임없이 계속 움직인다. 계곡에서 시작한 물이 시냇물, 강물, 바다로 끊임없이 이어지고 바다에서도 계곡과 이어지듯, 과거의 일들에 대한 생각이 현재까지 지속되는 특징을 가지고 있다. 여행을 떠날 때 바다나 강을 찾고 집을 구할 때 강 근처의 뷰가 더 비싸듯이 임수(壬水)가 2개 이상 있을 때 도화의 기운이 강하여 인기, 연예, 방송 등의 분야에 재능이 있다.

癸 〈계〉

음 양	음(陰)
오 행	수(水)
계 절 자연현상	초겨울의 서리와 싸락눈 또는 우물물
색 상	흑갈색
특 성	감수성과 감성적 상상력과 안전과 성공의 경계를 줄타기하는
물 상	바다, 강, 호수, 폭설, 장마, 함박눈
키워드	감성적인, 감정적인, 걱정이 많은, 경계하는, 공동체의 안전을 중시하는, 과대망상인, 내향적인, 다양한, 도움받고자 하는, 두려워하는, 뛰어난 아이디어가 많은, 믿음직스러운, 변덕스러운, 복잡한, 부정하는, 불안해하는, 비현실적인, 사회성이 떨어지는, 상상하는, 세밀한, 쉽게 좌절하는, 쉽게 토라지는, 신중한, 심사숙고하는, 연구하는, 예민한, 완벽을 추구하는, 우유부단한, 의심하는, 의존하는, 정보를 수집하는, 조심하는, 조직 내에서 추진력이 강한, 조직에서 노력하는, 집착하는, 창의적인, 책임감 있는, 초현실적인, 충성하는, 충실한, 충직한, 편집적인, 허무한, 헌신하는, 혁신적인, 확인하는, 환상에 사로잡히는

- 지지의 해수(亥水)와 같다. 참고로 자(子)와 해(亥)는 상황에 따라 음양이 바뀐다.
- 작은 물, 적은 물로 계곡물, 우물물, 시냇물, 안개비, 싸락눈을 상징한다.
- 계곡물, 우울물은 속이 들여다보이듯이 감정이 예민하고 겉으로 금방 드러나는 성향이다. 계수(癸水)는 음으로 음도 2개 이상이면 양의 작용을 하기 때문에 임수(壬水)와 비슷한 작용을 한다. 계수(癸水)는 감각적이고 섬세하고 비판과 칭찬에 민감하다. 안정적이고 안전한 환경을 선호하고, 작은 위험에도 두려워하고 불안해한다. 의존적이어서 조직이나 가정에 충실하고 충성하며, 조직에서 자신이 정착하지 못할 것 같으면 뒷담화나 부정적인 정보를 퍼뜨리기도 한다. 계수(癸水)가 2개 이상이면 도화의 기운이 있어 연예, 예술, 방송 등의 재능이 있다.

2 천간카드 간단 배열법

예 ① 남자를 소개시켜준다고 하는데 그 남자는 어떤 성격인가요?

甲

인간적이고 배려적이고 헌신적이면서도 늘 항상 그 자리에 있으며, 꾸준히 성장해 나가는 타입이다.

예 ② 남자친구와 약속이 있는데 언제 만나는 것이 좋을까요?

癸

계(癸)가 수(水) 오행이므로 비가 내리거나 함박눈이 내릴 때 만나면 좋겠다.

예 ③ 여자친구와 만나기로 했는데 언제 만나는 것이 좋을까요?

酉

병(丙)이 화(火) 오행이므로 태양이 밝게 빛나는 날에 만나면 좋겠다.

CHAPTER

3 지지의 특징

KEY POINT

자축인묘진사오미신유술해(子丑寅卯辰巳午未申酉戌亥)
십이지지의 종류와 특징을 살펴본다.

1 십이지지의 종류

子 〈자〉

절 기	자월(子月) 대설(양력 12월 6일 전후) ~ 소한(양력 1월 6일 전후)
시 간	자시(子時) 오후 23시 30분 ~ 오전 1시 30분
색 상	검은색
방 향	정북향
띠	쥐
키워드	감각이 있는, 감수성이 발달한, 꿈이 큰, 독특한, 똑똑한, 박학다식한, 상상력이 뛰어난, 생각이 많은, 수리력이 뛰어난, 신중한, 암기력이 뛰어난, 야망이 있는, 지식이 많은, 지적인, 진지한, 창의적인, 걱정하는, 변명하는, 부정적인, 속을 알 수 없는, 예민한, 욕망이 큰, 우유부단한

성격심리	생각이 많고 우유부단하며 매사 신중한 타입이다. 상상력과 아이디어가 많아 창의력을 발휘해야 하는 문학, 발명, 연구, 수학 등의 직업적성에 재능이 있다. 적극적인 영업력을 발휘하기보다는 혼자 또는 일부와 만남을 선호하고, 현실에서 직접 만남보다는 SNS, 인터넷과 같은 공간에서 활동하는 것이 마음 편하다.

丑 〈축〉

절 기	축월(丑月) 소한(양력 1월 6일 전후) ~ 입춘(양력 2월 6일 전후)
시 간	축시(丑時) 오전 1시 30분 ~ 오전 3시 30분
색 상	흑갈색, 노란색
방 향	북동향
띠	소
키워드	걱정하는, 기술적인, 기억력이 뛰어난, 꿈이 큰, 다양한 재능이 있는, 똑똑한, 뜻밖의 상황에서 모험을 하는, 박학다식한, 복잡한, 분석적인, 상상력이 풍부한, 생각이 많은, 신비로운, 신중한, 아이디어가 많은, 아이디어가 반짝이는, 욕망이 많은, 이상주의적인, 일확천금의 꿈이 있는, 정보량이 많은, 지식이 많은, 창의적인, 총명한, 통찰력이 있는
성격심리	독특하고 창의적이고 다재다능하며, 정보수집을 잘하고 상상력이 풍부하며 박학다식하다. 생각이 많고 이상주의적이다. 한편으로 걱정이 많고 신중한 타입인데, 또 한편으로는 욕망이 크고 한계와 경계를 벗어나 과장하고 새로운 변화와 도전에 대한 꿈을 꾸는 이상주의자 기질이 있다. 그러나 애인, 부부, 가족, 직장 등과 관련해서는 안정적이고 안전한 것을 추구하고 결정장애나 불안장애가 있는 양극단적 성향을 지니고 있다.

寅 〈인〉

절 기	인월(寅月) 입춘(양력 2월 6일 전후) ~ 경칩(양력 3월 6일 전후)
시 간	인시(寅時) 오전 3시 30분 ~ 오전 5시 30분
색 상	진남색, 파란색
방 향	북동향
띠	호랑이

키워드	가까운 사람에 대한 집착, 감성적인, 감정이 풍부한, 결단력 부족, 경청하는, 공감하는, 따뜻한, 방황하는, 봉사하는, 비현실적인, 상담가적인, 상처가 많은, 생각이 많은, 슬픔을 이해하는, 애늙은이인, 모호한, 애정이 많은, 예민한, 우유부단한, 의지가 부족한, 조정하는, 착한, 헌신하는
성격심리	감각과 감수성이 예민하고 타인의 감정을 잘 파악하며 배려심과 이타심이 있다. 주변 사람들의 이야기에 귀기울이고 잘 들어주며, 상대의 감정을 잘 파악하고 분석하는 능력이 있다. 타인의 감정이나 환경에 몰입하여 무조건적으로 헌신하고, 집착적 사랑으로 자신을 포기하거나 자신을 잃어버리는 어려움에 빠지는 경우도 있다. 창의성, 창조성, 상상력, 직관력 등이 뛰어나고 이과와 문과 학문에 모두 잘 적응하므로 한국 사회에서 공부 가능성이 높다.

卯 〈묘〉

절 기	묘월(卯月) 경칩(양력 3월 6일 전후) ~ 청명(양력 4월 6일 전후)
시 간	묘시(卯時) 오전 5시 30분 ~ 오전 7시 30분
색 상	파란색, 연두색
방 향	정동향
띠	토끼
키워드	감정이 풍부한, 다정다감한, 따뜻한, 반복과 규칙을 거부하는, 봉사하는, 불쌍한 사람을 돕는, 상담가적인, 애정이 많은, 억압하는 사람에게 저항하는, 이타적인, 인간적인, 자유적인, 지시를 싫어하는, 착한, 타인의 슬픔에 공감하는, 헌신하는
성격심리	착하고 가난하고 불쌍하고 고통받는 약자들에게는 한없이 도와주고 배려하고 인간적이지만, 강하고 지시하고 지배하고 독재적인 사람들에게는 저항하고 대항하는 성격의 소유자이다. 기계적이고 반복적인 일보다는 자유롭게 자신에게 맡겨주는 일에 흥미와 재미가 커지는 타입이며, 이타적 감수성과 감각과 아이디어가 반짝인다. 대중을 위한 이타심을 가질 때는 사회에 큰 공헌을 할 수 있다. 반면에 가족, 친구, 친적 등에 한정된 이타심을 갖게 되면 보증, 돈거래, 투자 등으로 위험할 수 있다.

辰 〈진〉

절 기	진월(辰月) 청명(양력 4월 6일 전후) ~ 입하(양력 5월 6일 전후)
시 간	진시(辰時) 오전 7시 30분 ~ 오전 9시 30분
색 상	초록색, 연두색
방 향	동남향
띠	용
키워드	가족중심적인, 감각이 있는, 감수성이 발달한, 감정기복이 있는, 고집 센, 끈기 있는, 너그러운, 느긋한, 다정한, 단순한, 맑은, 모성애가 있는, 순수한, 신중한, 안정적인, 외로운, 우유부단한, 인내심이 있는, 진보적인, 진지한, 차분한, 침묵하는, 편안한, 회피하는
성격심리	겉으로 자신을 적극적으로 드러내지는 않지만, 내면에는 창의적인 재능과 창조적인 예술적 감각이 있고 감성적이며 감수성이 발달되어 있다. 신중하고 진중하면서 은근한 고집이 있으면서 조증과 울증의 예민한 감정의 기복이 있다. 큰 변화를 꺼리지만 현실적이거나 안정적인 삶만을 추구하지는 않는다. 은근히 고집이 세고 자기만의 생각이 뚜렷한 성격을 가지고 있다.

巳 〈사〉

절 기	사월(巳月) 입하(양력 5월 6일 전후) ~ 망종(양력 6월 6일 전후)
시 간	사시(巳時) 오전 9시 30분 ~ 오전 11시 30분
색 상	보라색, 핑크색
방 향	남동향
띠	뱀
키워드	감각이 예민한, 감수성이 발달한, 감정기복이 있는, 결벽적인, 공감을 잘하는, 다재다능한, 독특한, 매력 있는, 변덕스러운, 복잡한, 상상력이 뛰어난, 섬세한, 신경이 예민한, 예술적인, 완벽을 추구하는, 이해가 빠른, 재주가 많은, 재치 있는, 전체를 판단하는, 추리력이 뛰어난, 호기심이 강한

성격심리	감각이 예민하고 감수성이 발달되어 있으며, 자기만의 독특한 습관이나 특징이 있다. 재주가 많고 재치 있는 특별함이 있으나 감정기복이 심하고 신경이 예민하다. 가까운 사람들과는 소통을 잘하지만, 새롭게 만나거나 친하지 않은 사람들과는 낯을 가리고 어색해한다.

午 〈오〉

절 기	오월(午月) 망종(양력 6월 6일 전후) ~ 소서(양력 7월 6일 전후)
시 간	오시(午時) 오전 11시 30분 ~ 오후 1시 30분
색 상	빨간색
방 향	정남향
띠	말
키워드	가벼운, 감각이 있는, 개방적인, 경합하는, 공감을 잘하는, 급한, 다재다능한, 독특한, 매력 있는, 명랑한, 민첩한, 변덕스런, 분주한, 사교적인, 언어가 발달한, 이해가 빠른, 자유로운, 재치 있는, 즉흥적인, 즐거운, 취미가 많은, 통섭하는, 통합하는, 패션감각이 있는, 표현하는, 핵심을 꿰뚫는, 호기심이 많은
성격심리	자신의 감정을 감추지 않고 타인과 공감을 잘하며 적극적으로 표현한다. 언어능력이 발달되어 있고 상황판단이 빠르며, 다양하고 복잡한 것을 하나로 꿰뚫고 통합하는 능력이 있다. 다재다능하고 독특하고 재치 있으며, 사교적이고 패션감각이 있다. 성격이 급하고 빠르게 실천하고 동시에 여러 가지 일을 진행해 나가는 성향이다.

未 〈미〉

절 기	미월(未月) 소서(양력 7월 6일 전후) ~ 입추(양력 8월 6일 전후)
시 간	미시(未時) 오후 1시 30분 ~ 오후 3시 30분
색 상	주황색, 노란색
방 향	남서향
띠	양

키워드	가정적인, 결합하는, 고결한, 관계적인, 당당한, 따뜻한, 베푸는, 변화하는, 소통하는, 아이디어가 많은, 열정적인, 의리 있는, 의욕적인, 저력 있는, 차분한, 창의적인, 창조적인, 체면을 중시하는, 통섭하는, 통합하는, 표현하는, 함께하는, 행동하는, 헌신적인, 희생하는
성격심리	사람들에게 인정받고 싶어하고 의지가 강하고 의욕이 넘친다. 표현력도 뛰어나고 열정적이고 활기차며 한 가지 일을 반복하기보다는 동시에 여러 가지 일들을 진행하는 성향으로 부지런하고 활동적이고 모험적이다. 변화변동이나 복잡한 상황에 즉흥적으로 대처하는 능력이 뛰어나다. 가정적으로는 안정적이며 다정다감하고 평화로운 환경을 추구하고, 대인관계에서는 감추지 않고 적극적이고 표현을 하는 타입이며, 가까운 사람들에게는 베풀고 사랑을 주며 자존심이 강하고 체면을 중시하며 타인들의 시선을 중요하게 생각한다. 창의적이고 창조적이며 새로운 아이디어가 많다.

申 〈신〉

절 기	신월(申月) 입추(양력 8월 6일 전후) ~ 백로(양력 9월 6일 전후)
시 간	신시(申時) 오후 3시 30분 ~ 오후 5시 30분
색 상	분홍색, 흰색
방 향	남서향
띠	원숭이
키워드	감수성이 발달한, 감정이 드러나는, 감정적인, 결벽적인, 기복이 있는, 독창적인, 복잡한, 비판적인, 예민한, 적극적인, 즐거운, 특별한, 팔방미인인, 표현하는, 화려한
성격심리	인정욕구가 강하고 자존심이 세서 체면을 중시하고 타인의 시선을 중요하게 생각한다. 매사에 의지가 강하고 의욕이 넘치며, 표현력이 뛰어나고 열정이 넘친다. 자신의 주변 사람이나 자신을 따르는 사람에게는 베풀고 헌신적으로 보살피지만, 자신을 비판하는 사람에게는 차갑고 냉정한 타입이다. 창조적이고 창의적이며 새로운 아이디어가 많은 사람이다.

酉 〈유〉

절 기	유월(酉月) 백로(양력 9월 6일 전후) ~ 한로(양력 10월 6일 전후)
시 간	유시(酉時) 오후 5시 30분 ~ 오후 7시 30분
색 상	흰색
방 향	정서향
띠	닭
키워드	결벽적인, 계획적인, 규칙이 있는, 기계적인, 깔끔한, 꼼꼼한, 단계적인, 순서를 지키는, 단순한, 단정한, 디테일한, 똑똑한, 모범적인, 보수적인, 봉사하는, 분석적인, 비판적인, 세밀한, 세심한, 신중한, 열심히 하는, 예의가 있는, 완벽한, 원칙적인, 일 지향적인, 점잖은, 정교한, 정리정돈, 정확한, 준비하는, 청결한, 충실한, 간섭하는, 잔소리하는, 집요한, 집착하는, 편집증적인
성격심리	정리정돈이 잘되고 규격화된 환경을 좋아하고, 준비되고 계획된 일에 안정감을 느끼며, 손재주가 발달하여 기술, 연예, 예술 분야에 재능이 있다. 완벽함을 추구하고 단순 반복되는 일에 적합하며, 한꺼번에 여러 개의 일을 동시에 처리해야 하는 일에는 혼란스럽고 화가 난다. 규칙에 벗어난 것을 한눈에 알아보는 능력이 있으며, 감각이 예민하고 감정이 섬세하여 실질적이고 현실적인 타입이다. 한번 생각하거나 계획한 일은 반드시 실행하고 실천해야 안정감이 있고, 시작한 일은 반드시 결과를 보는 타입이다.

戌 〈술〉

절 기	술월(戌月) 한로(양력 10월 6일 전후) ~ 입동(양력 11월 6일 전후)
시 간	술시(戌時) 오후 7시 30분 ~ 오후 9시 30분
색 상	회갈색, 노란색
방 향	북서서향
띠	개
키워드	공평한, 계획하는, 관계적인, 규범적인, 균형적인, 깔끔한, 냉정한, 믿음직한, 분석적인, 상징적인, 소유하는, 실질적인, 예민한, 정의로운, 조화로운, 통제하는, 평화적인, 고급스러운, 교양 있는, 우아한, 지적인, 품위 있는, 호감 가는

성격심리	자신의 생각과 판단과 기준이 뚜렷하다. 일과 사람에 대한 자신만의 판단과 기준이 뚜렷하고 분석적이고 비판적이어서 다른 사람들을 통제하고 비판하려고 한다. 규칙과 규범이 갖추어져 있으면 마음이 편안해지고 여유로워진다. 자신이 생각하거나 계획한 일은 반드시 이루고자 하고, 이루어지지 않았을 때 스트레스가 매우 심하고 욱하거나 급한 성격이 나타난다. 감각이 예민하고 상식적이고 실질적이고 조화로운 것에 대한 집착이 강하다.

亥 〈해〉

절　기	해월(亥月) 입동(양력 11월 6일 전후) ~ 대설(양력 12월 6일 전후)
시　간	해시(亥時) 오후 9시 30분 ~ 오후 11시 30분
색　상	회색, 검은색
방　향	북북서향
띠	돼지
키워드	감추는, 곁눈질하는, 노려보는, 음흉한, 숨기는, 아는척하는, 의심하는, 계산하는, 과묵한, 깊이가 있는, 눈치를 살피는, 목적을 달성하는, 분석하는, 생각하는, 소유하려는, 질투가 많은, 애착이 강한, 야망이 있는, 욕망이 있는, 양심 있는, 꿰뚫는, 냉철한, 정보수집하는, 통찰력 있는, 파고드는, 핵심을 파악하는
성격심리	조직이나 모임에서 적극적으로 앞장서지 않고 구석이나 주변에서 눈치보면서 상황을 분석하고 판단하는 성향이다. 사람과의 만남에서 적극성이 부족하고 모임이나 조직에서 주변부에 있다고 욕망이나 야망이 없는 것은 아니고, 엄청난 열정과 욕망이 가득한 타입이다. 말수는 적고 신중하고 묵묵하지만, 비밀이 많고 이기적이고 냉철한 성격이다.

2 십이지지 상징 동물

子 〈자〉

동물로는 쥐이고, 맑고 차가운 물을 상징한다. 십이지지 동물 중에서 공부를 잘할 가능성이 가장 높고, 의식주 복이 있으며 부지런하다. 예전에 철학관이나 점집에서 '쥐가 겨울밤에 태어나면 먹을 복이 있다'라고 했는데 무척 위험한 이론이다. 쥐가 겨울밤에 태어나면 수(水)가 매우 많다. 수(水)가 많으면 쓸데없는 걱정이 많고 소화기능이 약하다.

생활 속 속설

쥐띠가 겨울밤에 태어나면 먹을 복을 타고난다? 이러한 속설은 쥐가 밤에 활동하고, 겨울은 가을걷이가 끝나고 창고에 곡식을 쌓아놓아 먹을 것이 많기 때문에 생겨난 것으로 보인다.

丑 〈축〉

동물로는 소이고 좁은 땅, 정원의 흙, 화분의 흙을 상징한다. 월지에 있을 때는 수(水)로 본다. 축(丑)이 사주에 많으면 반복하는 것을 잘하고 공부도 잘할 수 있다고 보며, 이과적 기질도 숨겨져 있다. 또한 길들일 수 있고 느긋하면서 조직생활에 잘 적응한다. 꾸준하고 끈기 있고 여유가 있다.

생활 속 속설

황소고집이란 말이 있다. 소란 동물은 평소에는 온순하지만 한번 고집을 피우면 그 자리에서 움직이지 않을 정도이기 때문에 이런 속설이 생겼다. 현대에는 자기만의 자립심과 성취욕을 높이 평가하기 때문에 긍정적인 의미로 생각할 수 있다.

寅 〈인〉

동물로는 호랑이이고 큰 나무, 고목, 사목(死木)을 상징한다. 건물 안보다는 건물 밖을 좋아한다. 들판에 늘 누워 있고 배가 고플 때만 움직인다. 한번에 사냥해서 잡아먹고 배부르면 먹이가 있어도 먹지 않는다. 사주에 인(寅)이 많으면 몰아치기를 한다. 꾸준히 하기보다 벼락치기로 몰아서 하고 나머지는 대충 하는 스타일이다. 몰아치기를 하는 것치고는 잘한다. 꾸준히 하는 것이 안 되는 사람들이다. 한꺼번에 여러 개를 하려고 한다.

생활 속 속설

호랑이는 강하고 힘이 세며 활동성이 큰 동물이다. 호랑이띠 여성은 드세다는 속설이 있는데, 이는 남성 우월적 시각에서 여성의 활발한 활동을 터부시하고 있다. 오히려 호랑이띠 여성은 활동적이고 적극적이어서 커리어우먼으로 성공할 가능성이 높다.

卯 〈묘〉

동물로는 토끼이고 작은 나무와 화초, 풀을 상징한다. 토끼는 굴과 밖을 왔다갔다하며 굴에서도 살고 굴 밖에서도 생활한다. 사주에 토끼가 많으면 공부도 잘하고 조직생활도 잘할 것이다. 그리고 토끼는 앞발은 짧고 뒷발은 길다. 토끼는 아래로는 못 가고 위로 가는 걸 잘하기 때문에 위로 몰면 못 잡는다. 사주에 토끼가 많은 사람은 권력지향적이다. 63년생 토끼띠 정치인(조국, 김민석, 나경원, 이혜원)이나 사주에 토끼가 많은 국회의원 이준석을 예로 들 수 있다.

생활 속 속설

여자가 토끼띠이면 애교가 많고 가정적이어서 시부모를 잘 모신다? 일반적으로 토끼는 겁이 많고 온순한 동물로 생각해왔다. 남성 입장에서는 착하고 겁이 많은 토끼 같은 여성을 선호하였고, 그로 인해 이런 속설이 생겼다.

辰 〈진〉

동물로는 용이고 넓은 땅, 들판, 밭, 논 등 습기가 있는 흙을 상징한다. 용은 물에 있다가 하늘로 올라간다. 밖에서 생활하는 것을 좋아한다. 용도 토끼처럼 위로 올라가는 습성이 있다. 정치지향적 기질이 많다.

생활 속 속설

여자가 용띠면 팔자가 세다? 용 또한 강한 동물, 힘센 동물, 신성한 동물을 상징한다. 이 속설은 여자는 강하거나 힘세거나 신성한 존재가 될 수 없다는 남성우월주의에서 나왔다. 그러나 현대에는 오히려 용띠 여성이 사회생활을 잘한다. 사주에 따라 다르지만, 용띠 여성은 가정을 일으켜 세우고 사회를 이끌어가는 리더십이 탁월하다.

십이지지 상징 동물에서 비롯된 대부분의 속설이 여성과 관련되어 있다. 이는 여성에 대한 남성의 우월의식, 지배의식, 권위주의에서 비롯된 것으로 보인다.

巳 〈사〉

동물로는 뱀이고 큰불, 태양, 용광로를 상징한다. 뱀은 굴에서 생활한다. 사(巳)가 사주 연월일시에 2개 이상 있으면 건물 안에서 하는 활동도 잘할 수 있다. 뱀은 다니던 길과 습한 길로 많이 다니고, 바위틈과 물가를 좋아한다. 공부를 잘할 수 있고, 사화(巳火)가 오화(午火)에 비해 공부도 조직생활도 더 잘할 수 있다.

생활 속 속설

뱀띠인 사람은 옆이나 뒤를 돌아보지 않고 앞으로만 나아간다? 쉽게 뒤돌아가거나 좌우로 방향을 틀지 못하는 뱀의 특성에서 비롯된 속설이다. 뱀띠인 사람은 융통성이 없고 앞으로만 밀고 나가는 성질이 있다는 의미인데 타당성이 있는 것 같지는 않다.

午 〈오〉

동물로는 말이고 작은 불, 촛불, 전등, 형광등 등을 상징한다. 월지에 있을 때는 사화(巳火)보다 뜨겁다. 말은 들판에서 산다. 12가지 띠동물 중에서 각선미가 가장 뛰어나다. 사주에 오화(午火)가 많을수록 예술적 끼가 존재한다. 열정적이고 활동적이며 감각이 뛰어나다. 말띠가 한여름 한낮에 태어나면 풀이 많아서 먹을 복이 있다는데, 이것은 위험한 해석이다.

생활 속 속설

말띠가 여름에 태어나고 낮에 태어나면 먹을 복이 있다? 여름과 낮에 풀이 무성하고 마실 물이 풍성하다면 말에게는 최고의 조건이라고 할 수 있다. 이 역시 말이라는 동물과 말띠생을 연관지어 만들어낸 속설이다.

未 〈미〉

동물로는 양이고 작은 흙, 정원의 흙, 화분의 흙을 상징한다. 월지에 있을 때는 화(火)로 본다. 양은 밖에서 살고 주로 바위틈 절벽에서 생활한다. 무리를 지어서 살고 다른 동물과는 섞이지 않는다. 똘똘 뭉쳐서 산다. 양은 생명력이 강하다. 관계의 폭이 넓지 못하다. 그래서 관상도 양을 닮은 사람들은 자기만의 색깔이 뚜렷하지만, 폭이 좁고 고집이 있다. 위험한 것을 실천하는 능력도 있다. 양의 관상을 가진 정치인으로는 유승민, 권영길이 있다.

생활 속 속설

양띠가 온순하다? 외모가 착해 보이는 양을 보고 만들어낸 속설로 양띠 여성을 매우 가정적으로 묘사하고 있다. 그러나 사주 구성이 적절한지 봐야 한다.

申 〈신〉

동물로는 원숭이이고 큰 쇳덩이, 바위, 기차, 버스, 비행기를 상징한다. 월지에 있을 때는 날짜에 따라 오행이 다양하게 분석된다. 원숭이는 나무 위에서 산다. 사주에 원숭이가 많을수록 재주가 많고 총명하다.

시	일	월	연
甲	庚	甲	庚
申	申	申	申

위 사주의 주인공은 조선왕조 궁중음식의 대가 황혜성(1920년 7월 5일 ~ 2006년 12월 14일) 교수이다.

생활 속 속설

원숭이띠는 재주가 있고 총명하다? 원숭이가 사람 다음으로 똑똑한 데서 생긴 속설로 어느 정도 들어맞는 편이다. 이와 비슷한 것으로 '원숭이띠는 잔머리를 굴린다.' '원숭이띠는 잔재주가 뛰어나다'는 속설이 있다.

酉 〈유〉

동물로는 닭이고 작은 금속, 보석, 주사기를 상징한다. 닭은 닭장 안팎을 돌아다닌다. 새벽에 일어나서 무지하게 바쁘다. 사주에 닭이 많으면 많을수록 부지런하다. 그러나 실속은 가장 적다. 하루 종일 다니며 모이를 먹는데 반은 곡식이고 반은 모래이다. 부지런하고 성실한데, 그에 반해 실속은 떨어지고 인덕이 부족하다.

생활 속 속설

닭띠 여성은 재산을 모으지 못한다? 닭은 먹이를 먹을 때 땅을 헤치고 먹는 버릇이 있다. 모이를 주어도 꼭 발로 그것을 헤치면서 먹는다. 닭띠 여성이 헤프다는 말은 이러한 닭의 습성을 빗댄 속설이다. 또한 닭띠 여성은 일복이 많다는 속설이 있는데 이것은 닭이 하루 종일 먹이를 찾아다니지만 실제로 먹는 양은 조금인 것을 빗댄 것이다. 이것은 노력한 만큼 소득이 많지 않다는 부정적인 의미가 있다.

戌 〈술〉

동물로는 개이고 땅, 사막, 벌판 등 마른 땅을 상징한다. 개는 밖에서 생활하지만 울타리 안에 있다. 많이 뛰어다니고 주인에게만 충성한다. 관계가 넓지 못하다. 사주에 술(戌)이 많으면 사람을 가린다.

생활 속 속설

개띠 여자는 집 안에 붙어 있지 못한다? 이는 집 밖으로 돌아다니는 개의 습성을 빗댄 속설이다. 남자는 밖으로 돌아다녀도 좋지만, 여자는 집에서 살림만 해야 된다고 개띠 여자를 부정적으로 보고 있다.

亥 〈해〉

동물로는 돼지이고 큰물, 바닷물, 강물을 상징한다. 돼지는 굴에서 사는 동물이다. 여기서 말하는 건 멧돼지이다. 십이지지 띠동물 중에서 멧돼지만 진흙에 뒹굴어서 몸에 있는 진드기를 없앤다. 사주에 돼지가 많으면 많을수록 총명하다. 다만 돼지는 위를 보지 못한다. 현실적인 것에만 집중하고 넓고 크게 보는 능력은 떨어진다.

생활 속 속설

돼지띠는 먹을 복이 있다? 먹성 하면 돼지를 떠올린다. 끊임없이 먹는 돼지의 습성에 빗댄 속설로 재물복이 있다는 의미다.

3 지지카드 간단 배열법

예 ① 오늘 하루 가장 좋은 시간은 언제일까요?

戌

오후 7시 30분부터 오후 9시 30분 사이가 술(戌)이니 이때가 가장 좋은 시간이다.

예 ② 올해 가장 좋은 달은 언제일까요?

未

미월(未月)은 소서(양력 7월 초 ~ 양력 8월 초)부터 입추에 해당하니 이때가 가장 좋은 달이 되겠다.

예 ③ 친구가 남자친구를 소개해주기로 했는데 어떤 띠동물과 성격이 비슷할까요?

寅

인(寅) 호랑이를 뽑았으니 그 남자는 띠동물 중 호랑이의 성격을 닮았다. 대범하고 여유가 있으며 자신감과 적극성이 있고, 휴식과 업무가 적절하게 존재할 때 능력을 발휘한다. 너무 구조적이고 계획적인 업무 스타일은 싫어한다.

예 ④ **오늘 어떤 색상의 옷을 포인트로 입어야 할까요?**

巳

사(巳)는 때에 따라 빨간색일 때도 있고, 보라색과 자주색일 때도 있다. 따라서 빨간색, 보라색, 자주색 중에서 선택해서 입으면 좋겠다.

예 ⑤ **남자친구를 만나기로 했는데 어떤 색 옷을 입고 나갈까요?**

申

신(申)은 때에 따라 흰색일 때도 있고 분홍색일 때도 있으니, 흰색과 분홍색 중에서 하나를 선택해서 입고 나가면 좋겠다.

4

CHAPTER

천간과 지지의 충합

KEY POINT

천간과 지지의 충합이 불러오는 변화와 변동에 대해 알아보고, 사주타로에서 충합의 분석방법을 공부한다. 상담자는 상담 전에 미리 어떤 해석방법을 활용할 것인지 결정해야 한다.

1 충

충(沖)은 「충돌한다」는 뜻으로, 서로 달려오면서 부딪치는 것을 의미한다. 충살(沖殺)이라고도 한다.

충을 나쁜 것으로 알고 있는 경우가 많다. 그러나 사주명리학에서 충은 장점과 단점을 함께 가지고 있으므로 반드시 나쁜 것만은 아니다. 사주원국 안에서 간지끼리 충하면 불리할 때가 많지만, 대운 간지와 사주의 간지가 충할 때에는 변화와 변동을 상징한다. 일반적으로 건강이나 부부관계의 변화는 부정적으로 해석하지만, 이사·승진·합격·당선·개업 등의 변화는 긍정적으로 본다. 충에는 천간끼리의 충인 천간충과 지지끼리의 충인 지지충이 있다.

1) 천간충

천간에서 이루어지는 충으로, 내가 극하는 오행 중에서 음양이 같은 것, 나를 극하는 오행 중에서 음양이 같은 것과 각각 충을 한다. 예를 들어 갑목(甲木)은 자신을 극하는 금(金) 중에서 음양이 같은 경금(庚金), 그리고 자신이 극하는 토(土) 중에서 음양이 같은 무토(戊土)와 각각 충을 한다.

갑경충(甲庚沖)	갑무충(甲戊沖)
을신충(乙辛沖)	을기충(乙己沖)
병임충(丙壬沖)	병경충(丙庚沖)
정계충(丁癸沖)	정신충(丁辛沖)
무임충(戊壬沖)	기계충(己癸沖)

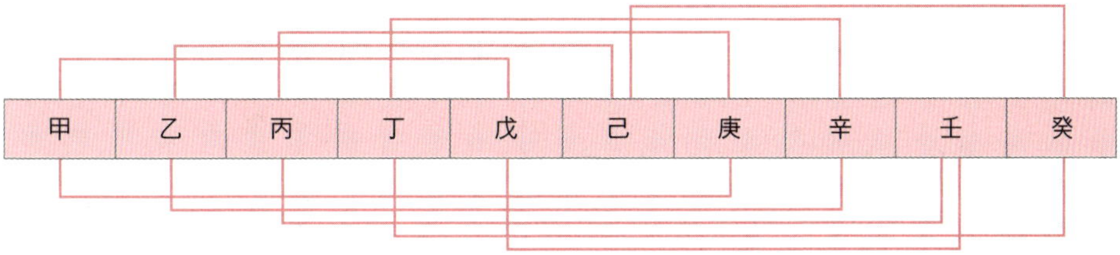

사주명리학 일반이론에서는 천간충을 분열과 파괴로 해석한다. 특히 일간과 충하면서 사주에서 꺼리는 기신(忌神)이면 사고, 사망, 수술, 질병 등의 흉사가 따른다고 본다. 그러나 이와 다른 의견도 있다. 천간충이 사주 내에서 작용할 때는 부정적인 면과 긍정적인 면이 함께 있기 때문이다. 충은 적당히 있으면 긍정적이고, 너무 많으면 부정적인 면이 강하다.

2) 지지충

지지에서 이루어지는 충으로, 각각의 지지는 자신으로부터 7번째 지지와 충하므로 칠충(七沖)이라고도 한다. 다음 그림과 같이 12개의 지지를 시계방향으로 둥글게 늘어놓았을 때 서로 마주보는 지지끼리 충을 한다. 지지충 또한 천간충과 마찬가지로 긍정적인 면과 부정적인 면을 모두 갖고 있고 다양한 해석이 가능하다.

자오충(子午沖)	축미충(丑未沖)
인신충(寅申沖)	묘유충(卯酉沖)
진술충(辰戌沖)	사해충(巳亥沖)

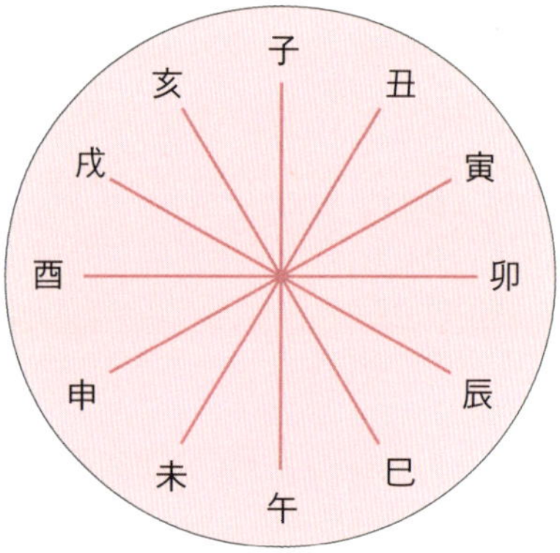

2 합

합(合)은「합한다」,「하나가 된다」는 뜻이다. 일반이론에서는 서로 화합하여 결속하므로 대부분 좋게 해석하지만, 합 또한 충과 같이 긍정적인 의미와 부정적인 의미를 다 가지고 있다. 어느 유명한 사주명리학자는 지지의 삼합(三合)을 제외한 합은 현실적인 작용이 나타나지 않으므로 사주 판단에 응용하지 않는다고 하였지만, 합의 작용이 반드시 나타난다는 의견도 있으므로 합을 잘 알아두어야 한다.

1) 천간합

천간에서 이루어지는 합으로 천간 10개가 서로 짝을 짓는 것을 말한다. 충은 양과 양, 음과 음 등 같은 음양끼리 이루어지지만, 합은 양은 음, 음은 양 등 다른 음양끼리 만난다.

① **갑기합화토(甲己合化土)** : 갑목(甲木)과 기토(己土)가 만나 합하면 토(土)로 변한다.

② **을경합화금(乙庚合化金)** : 을목(乙木)과 경금(庚金)이 만나 합하면 금(金)으로 변한다.

③ **병신합화수(丙辛合化水)** : 병화(丙火)와 신금(辛金)이 만나 합하면 수(水)로 변한다.

④ **정임합화목(丁壬合化木)** : 정화(丁火)와 임수(壬水)가 만나 합하면 목(木)으로 변한다.

⑤ 무계합화화(戊癸合化火) : 무토(戊土)와 계수(癸水)가 만나 합하면 화(火)로 변한다.

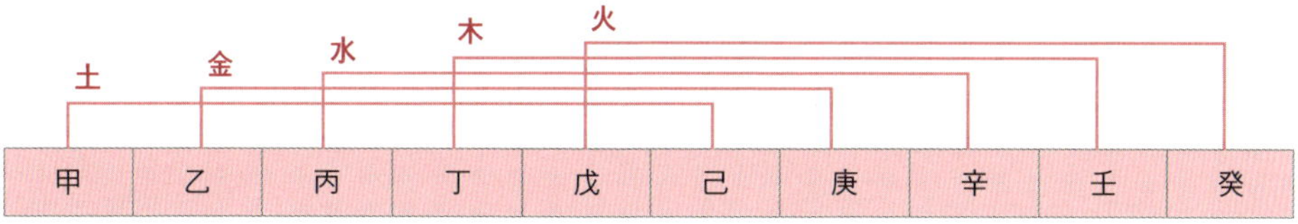

2) 지지합

지지에서 이루어지는 합으로, 천간합처럼 음과 양이 만나 합을 이룬다. 지합(支合), 육합(六合), 지육합(支六合), 지지육합(地支六合)이라고도 한다.

① **자축합화토(子丑合化土)** : 자수(子水)와 축토(丑土)가 만나 합하면 토(土)로 변한다.

② **인해합화목(寅亥合化木)** : 인목(寅木)과 해수(亥水)가 만나 합하면 목(木)으로 변한다.

③ **묘술합화화(卯戌合化火)** : 묘목(卯木)과 술토(戌土)가 만나 합하면 화(火)로 변한다.

④ **진유합화금(辰酉合化金)** : 진토(辰土)와 유금(酉金)이 만나 합하면 금(金)으로 변한다.

⑤ **사신합화수(巳申合化水)** : 사화(巳火)와 신금(申金)이 만나 합하면 수(水)로 변한다.

⑥ **오미합화화(午未合化火)** : 오화(午火)와 미토(未土)가 만나 합하면 화(火)로 변한다.

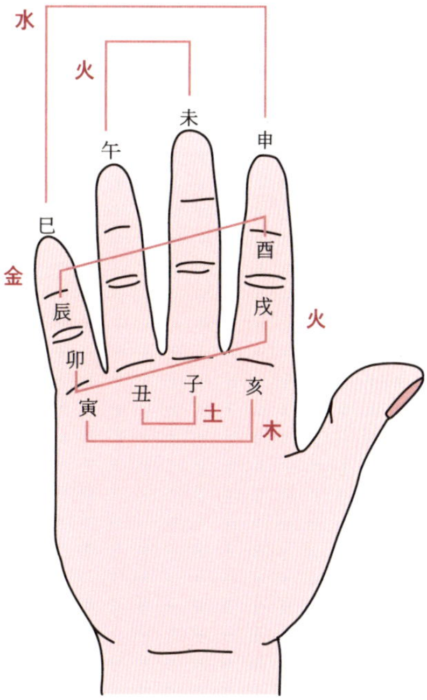

3) 지지삼합

지지 3개가 모여서 하나로 합하기 때문에 삼합(三合)이라고 한다. 삼합은 신살 중에거 도화살에 해당하는 자오묘유(子午卯酉)가 가운데 있을 때 이루어지며, 삼합의 결과로 하나의 큰 세력인 국(局)을 형성하게 된다.

삼합을 이루는 지지 중에서 도화살을 포함한 지지가 2개 모여 있으면 반합(半合)이라고 한다. 예를 들어 인오술합(寅午戌合)에서 오(午)와 결합한 인오합(寅午合)과 오술합(午戌合)이 반합이다. 단 도화살이 없는 인술(寅戌)은 합이 안 된다. 반합은 삼합보다 작용이 약하다고 알려져 있지만 큰 차이는 없다.

① **인오술합화**(寅午戌合火) : 인오술(寅午戌)은 합하여 화(火)로 변한다.

② **신자진합수**(申子辰合水) : 신자진(申子辰)은 합하여 수(水)로 변한다.

③ **사유축합금**(巳酉丑合金) : 사유축(巳酉丑)은 합하여 금(金)으로 변한다.

④ **해묘미합목**(亥卯未合木) : 해묘미(亥卯未)는 합하여 목(木)으로 변한다.

지지의 삼합도 →

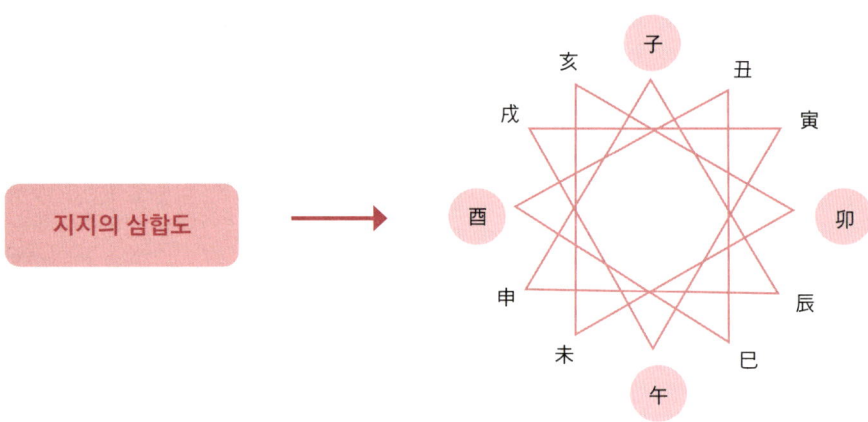

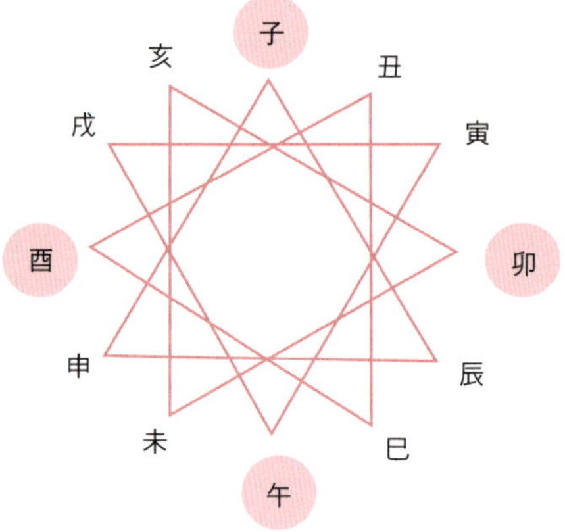

지지삼합	반합	
인오술합(寅午戌合) 화(火)	인오합(寅午合) 화(火)	오술합(午戌合) 화(火)
신자진합(申子辰合) 수(水)	신자합(申子合) 수(水)	자진합(子辰合) 수(水)
사유축합(巳酉丑合) 금(金)	사유합(巳酉合) 금(金)	유축합(酉丑合) 금(金)
해묘미합(亥卯未合) 목(木)	해묘합(亥卯合) 목(木)	묘미합(卯未合) 목(木)

4) 지지방합

방합(方合)은 방위가 같은 지지가 모여서 이루는 합으로, 방위의 합이라고도 한다. 자축합(子丑合)의 경우에는 축(丑)이 월지에 있으면 수(水)가 되고, 다른 곳에 있으면 토(土)가 된다. 지지방합에서 반합의 원리는 지지삼합의 경우와 같다.

① **인묘진합(寅卯辰合) 목(木) 동쪽**: 인묘진(寅卯辰)이 모여 있으면 동쪽이 된다.

② **신유술합(申酉戌合) 금(金) 서쪽**: 신유술(申酉戌)이 모여 있으면 서쪽이 된다.

③ **사오미합(巳午未合) 화(火) 남쪽**: 사오미(巳午未)가 모여 있으면 남쪽이 된다.

④ **해자축합(亥子丑合) 수(水) 북쪽**: 해자축(亥子丑)이 모여 있으면 북쪽이 된다.

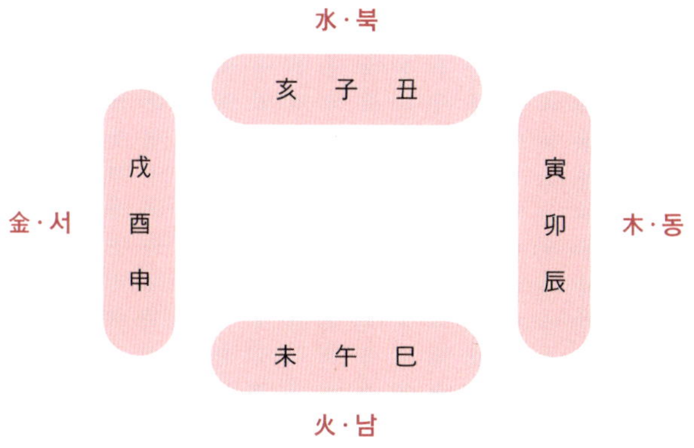

지지방합	반합	
인묘진합(寅卯辰合) 목(木)	인묘합(寅卯合) 목(木)	묘진합(卯辰合) 목(木)
신유술합(申酉戌合) 금(金)	신유합(申酉合) 금(金)	유술합(酉戌合) 금(金)
사오미합(巳午未合) 화(火)	사오합(巳午合) 화(火)	오미합(午未合) 화(火)
해자축합(亥子丑合) 수(水)	해자합(亥子合) 수(水)	자축합(子丑合) 수(水)

합은 항상 좋은가?

합은 사주명리학 용어 중에서 일반인들에게 잘 알려져 있으며, 긍정적인 의미로 자주 쓰인다. 예를 들어 결혼을 앞둔 남녀 사이에 합이 들었다고 하면 궁합이 잘 맞아 좋다는 의미로 받아들인다. 그러나 합을 항상 좋은 의미로 해석하지는 않는다. 합이나 충은 긍정적인 면과 부정적인 면을 다 가지고 있으며, 상황에 따라 좋게 작용할 수도 있고 나쁘게 작용할 수도 있다.

예 ①

시	일	월	연	
丁	己	丙	庚	(坤)
卯	丑	戌	子	

위 사주는 여성의 사주이다. 지지에서 자축(子丑)이 합하여 토(土)가 되었고, 묘술(卯戌)이 합하여 화(火)가 되었다. 일반이론을 따른다면 부인의 사주에 합이 있으므로 애교가 많고 정이 많아 부부의 금슬이 좋아야 한다. 그러나 남편에 해당하는 시지 묘(卯)가 월지 술(戌)과 합을 이루어 없어져버렸다. 실제로 이 여성은 결혼한 지 얼마 되지 않아 이혼하였다.

예 ②

시	일	월	연	
辛	壬	丁	辛	(坤)
丑	寅	酉	亥	

역시 여성의 사주로, 지지에서 남편에 해당하는 시지 축토(丑土)가 유금(酉金)과 합을 이루고, 또 인해(寅亥)가 합을 이루었다. 축토(丑土)가 합을 이루면서 없어져 남편 역할을 제대로 하지 못했다. 이 여성은 결혼한 지 7년 만에 이혼하였다. 이 사주 역시 합이 무조건 좋은 것은 아님을 보여준다. 합은 상황에 따라 좋을 수도 있고 나쁠 수도 있다는 것을 잘 알아야 한다.

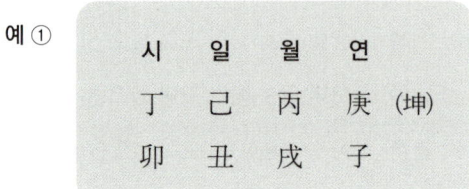

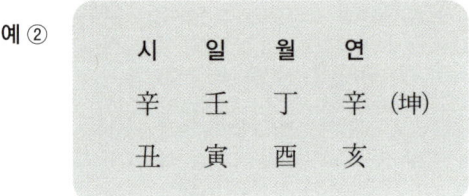

3 오행카드·천간카드·지지카드의 분석방법

오행카드 · 천간카드 · 지지카드의 분석방법은 다양하다. 그중에서 어떤 방법을 활용하여 해석할 것인지는 상담 전에 미리 확정해야 한다.

1) 제1분석방법

중심카드(일간카드 · 일주카드)와 답변카드로 구성된다.

① 긍정적 해석

- 중심카드와 같은 오행
- 중심카드를 생하는 오행
- 중심카드를 합하는 천간과 지지

② 부정적 해석

- 중심카드를 극하는 오행
- 중심카드가 극하는 오행
- 중심카드와 충하는 천간과 지지

③ 보통의 해석

- 중심카드가 생하는 오행

긍정적 해석

예① 중심카드와 같은 오행

甲	卯
중심카드	답변카드

예② 중심카드를 생하는 오행

甲	癸
중심카드	답변카드

예③ 중심카드를 합하는 천간과 지지

甲	己
중심카드	답변카드

부정적 해석

예① 중심카드를 극하는 오행

甲	申
중심카드	답변카드

예② 중심카드가 극하는 오행

甲	戊
중심카드	답변카드

예③ 중심카드와 충하는 천간과 지지

甲	戊
중심카드	답변카드

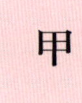

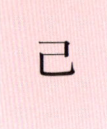

보통의 해석

예① 중심카드가 생하는 오행

甲	丙
중심카드	답변카드

2) 제2분석방법

중심카드(일간카드 · 일주카드)와 답변카드로 구성된다.

① 긍정적 해석

- 중심카드와 같은 오행
- 중심카드를 생하는 오행
- 중심카드와 합하여 중심카드 오행으로 변할 때
- 중심카드와 합하여 중심카드 오행을 생하는 오행으로 변할 때

② 부정적 해석

- 중심카드를 극하는 오행
- 중심카드가 극하는 오행
- 중심카드와 합하여 중심카드 오행을 극하는 오행으로 변할 때
- 중심카드와 합하여 중심카드 오행이 극하는 오행으로 변할 때

③ 보통의 해석

- 중심카드가 생하는 오행
- 중심카드와 합하여 중심카드 오행이 생하는 오행으로 변할 때

긍정적 해석

예① 중심카드와 같은 오행

戊	未
중심카드	답변카드

예② 중심카드를 생하는 오행

戊	午
중심카드	답변카드

예③ 중심카드와 합하여 중심카드 오행으로 변할 때

己	甲
중심카드	답변카드

예④ 중심카드와 합하여 중심카드 오행을 생하는 오행으로 변할 때

戊	癸
중심카드	답변카드

부정적 해석

예① 중심카드를 극하는 오행

丙	壬
중심카드	답변카드

예② 중심카드가 극하는 오행

丙	庚
중심카드	답변카드

예③ 중심카드와 합하여 중심카드 오행을 극하는 오행으로 변할 때

丙	辛
중심카드	답변카드

예④ 중심카드와 합하여 중심카드 오행이 극하는 오행으로 변할 때

癸	戊
중심카드	답변카드

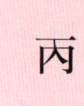

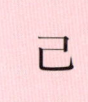

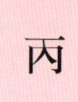

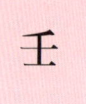

보통의 해석

예① 중심카드가 생하는 오행

壬	寅
중심카드	답변카드

예② 중심카드와 합하여 중심카드 오행이 생하는 오행으로 변할 때

壬	丁
중심카드	답변카드

3) 제3분석방법

① 긍정적 해석

- 중심카드와 같은 오행
- 중심카드를 생하는 오행

② 부정적 해석

- 중심카드를 극하는 오행
- 중심카드가 극하는 오행

③ 보통의 해석

- 중심카드가 생하는 오행

긍정적 해석

예① 중심카드와 같은 오행

辛	金
중심카드	답변카드

예② 중심카드를 생하는 오행

辛	戊
중심카드	답변카드

부정적 해석

예① 중심카드를 극하는 오행

辛	丙
중심카드	답변카드

예② 중심카드가 극하는 오행

庚	乙
중심카드	답변카드

보통의 해석

예 중심카드가 생하는 오행

辛	壬
중심카드	답변카드

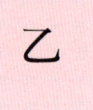

5 오행과 천간지지를 활용한 배열법

오행카드(5장), 천간카드(10장), 지지카드(12장)를 사용하는 사주타로 배열법을 소개한다. 사용하는 카드 장수와 질문의 주제(알고 싶은 내용)에 따라 배열법을 각각 분류하였다.

참고로, 각각의 배열법에서 사주의 일간이나 일주는 카드를 뽑지 않고 상담자가 종이에 따로 적기 때문에 카드 장수에 포함되지 않는다.

1 카드 장수별 배열법

1) 1장 배열법

사주의 일간과 1장의 답변카드로 구성되는 배열법이다. 이때 사주의 일간은 장수에 포함되지 않는다(상담자가 종이에 적는다).

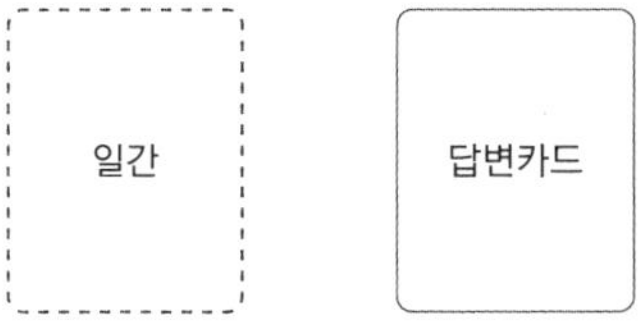

예 ① **중고거래 사이트에 가방을 내놓았는데 이번 주 안에 팔릴까요?**

乙	寅
일간	답변카드

일간과 같은 오행의 카드를 뽑았으니 팔릴 것이다.

예 ② **지난 토요일에 남자친구가 스케줄을 보고 만나는 날짜를 알려준다고 했는데 월요일인 오늘까지도 전화가 없어요. 오늘 안으로 연락이 올까요?**

乙	庚
일간	답변카드

답변카드가 일간을 극하는 오행이니 오늘 중으로 연락이 오지 않을 것이다.

좀더 자세히

♠ 답변카드인 경(庚)이 일간 을(乙)을 극하므로 연락이 오지 않는다고 해석할 수도 있고, 을경합(乙庚合)이 되어 연락이 온다고 해석할 수도 있으며, 을경합(乙庚合)으로 금(金)이 되는 것은 일간 오행이 아닌 금(金)으로 합이 되는 것이니 연락이 오지 않는다고 해석할 수도 있다.

♠ 세 가지 해석 중에서 무엇으로 할 것인지는 셔플 전에 결정해야 한다.

예 ③ 지난 토요일에 남자친구가 스케줄을 보고 만나는 날짜를 알려준다고 했는데 월요일인 오늘까지도 전화가 없어요. 오늘 안으로 연락이 올까요?

庚	乙
일간	답변카드

위와 같은 질문에 두 오행이 서로 바뀐 경우이다. 답변카드가 극을 당하는 오행이니 오늘 중으로 연락이 오지 않을 것이다.

좀더 자세히

♠ 답변카드가 일간 경금(庚金)의 극을 받으니 연락이 오지 않는다고 해석할 수도 있고, 일간 경금(庚金)과 을경합(乙庚合) 금(金)으로 합을 하니 연락이 온다고 해석할 수도 있다.

♠ 두 가지 해석 중에서 무엇으로 할 것인지는 셔플 전에 결정해야 한다.

2) 2장 배열법

1장의 중심카드(용신카드 · 질문자카드 · 내담자카드)와 1장의 답변카드로 구성된다.

① 셔플 후 중심카드를 뽑는다.

② 다시 셔플을 한 후 답변카드를 뽑는다.

① 중심카드	① 답변카드

예

아들이 반장선거에 나가는데 당선될 수 있을까요?

戌	卯
중심카드	답변카드

중심카드와 답변카드가 묘술(卯戌) 합화(合火)를 하고, 합이 된 오행 화(火)가 중심카드를 생하니 당선될 것이다.

좀더 자세히

♠ 중심카드가 술(戌)이고 답변카드가 묘(卯)이니 목극토(木剋土)로 당선되지 않는다고 해석할 수도 있다.

♠ 중심카드가 술(戌)이고 답변카드가 묘(卯)이니 묘술합(卯戌合)으로 합이 되면 무조건 당선된다고 해석할 수도 있다.

♠ 중심카드가 술(戌)이고 답변카드가 묘(卯)이니 묘술합화(卯戌合火)로 중심카드를 생하는 화(火)로 합하였으니 당선된다고 할 수도 있다.

♠ 세 가지 해석 중에서 무엇으로 할 것인지는 셔플 전에 결정해야 한다.

3) 3장 배열법

사주의 일간과 3장의 답변카드로 이루어진다. 사주의 일간은 장수에 포함되지 않으며, 상담자가 종이에 적는다.

일간	① 과거	② 현재	③ 미래

일간	① 어제	② 오늘	③ 내일
일간	① 질문	② 문제	③ 조언
일간	① 나의 생각	② 주변의 생각	③ 결과
일간	① A	② B	③ C
일간	① 속마음	② 행동	③ 조언
일간	① 현재	② 가까운 미래	③ 먼 미래

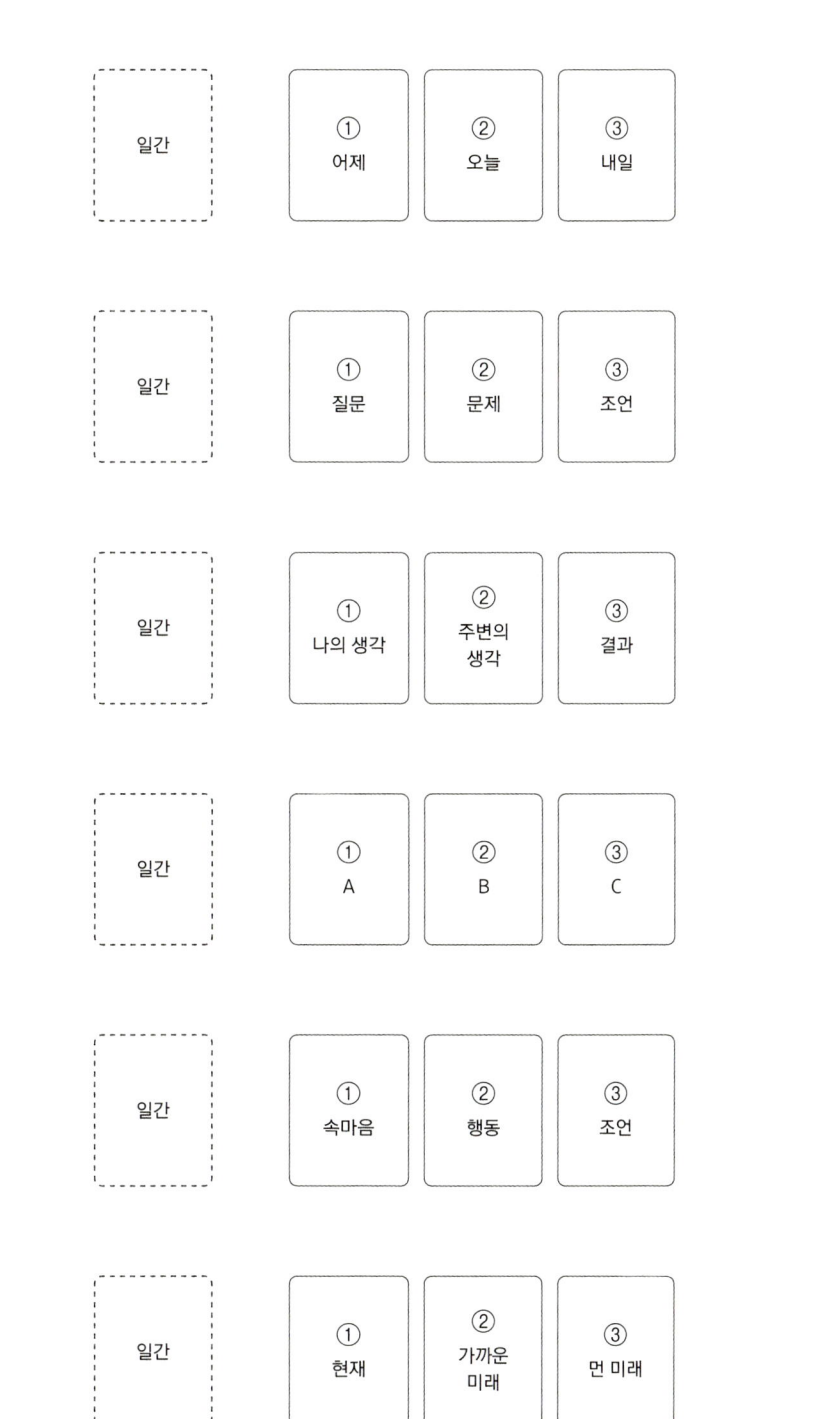

일간	① 내면의 문제	② 표면의 문제	③ 조언

예 신문사 입사시험을 보았는데 합격할 수 있을까요?

辛	丁	乙	午
일간	과거	현재	미래

- **과거** : 과거카드는 정화(丁火)로 일간을 극하고 정신충(丁辛沖)을 하니 지원할 때마다 떨어졌다.
- **현재** : 현재카드는 을목(乙木)으로 일간이 극하고 을신충(乙辛沖)을 하니 현재도 신문사 시험에 합격할 준비와 실력이 부족하다.
- **미래** : 미래카드는 오화(午火)로 일간을 극하니 신문사에 입사하기 어렵겠다.

4) 4장 배열법

1장의 중심카드(용신카드 · 질문자카드 · 내담자카드)와 3장의 답변카드로 구성된다. 1장의 중심카드와 여러 장의 답변카드로 구성된 배열법은 다음 순서대로 카드를 뽑는다.

① 셔플 후 중심카드를 뽑는다.

② 다시 셔플 후 나머지 답변카드를 뽑는다.

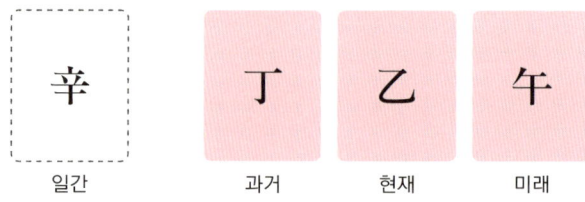

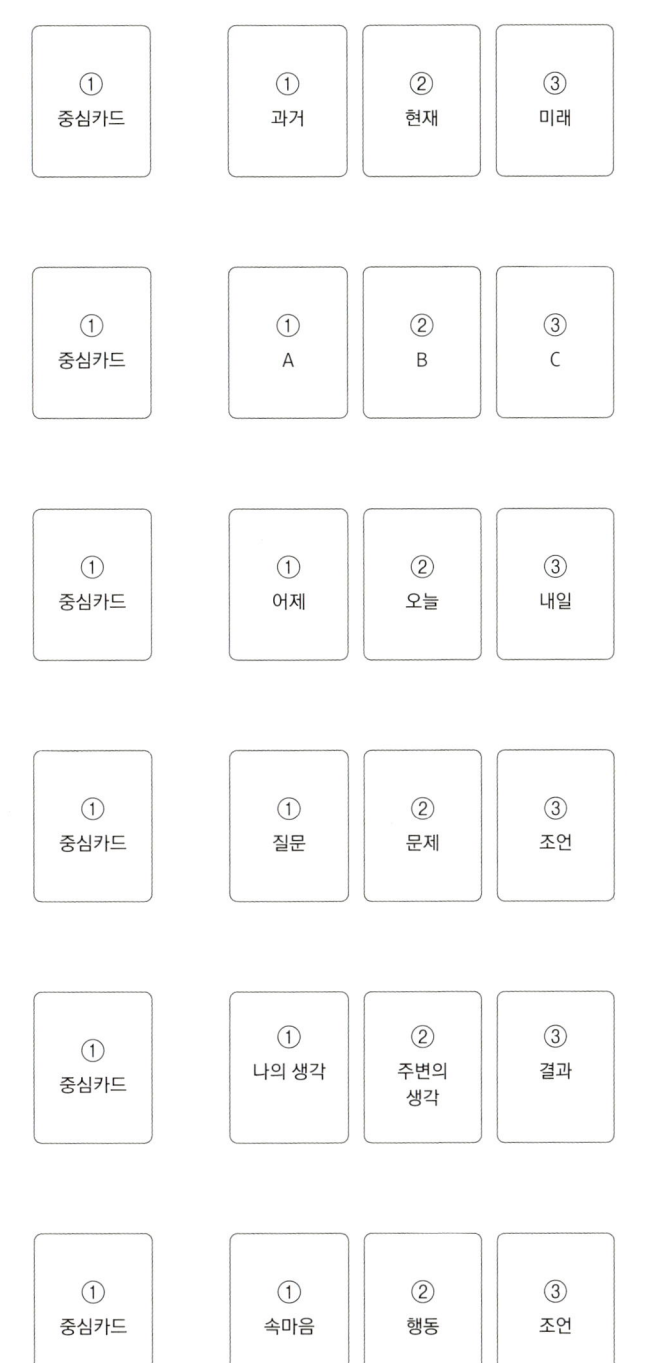

① 중심카드	① 과거	② 현재	③ 미래
① 중심카드	① A	② B	③ C
① 중심카드	① 어제	② 오늘	③ 내일
① 중심카드	① 질문	② 문제	③ 조언
① 중심카드	① 나의 생각	② 주변의 생각	③ 결과
① 중심카드	① 속마음	② 행동	③ 조언

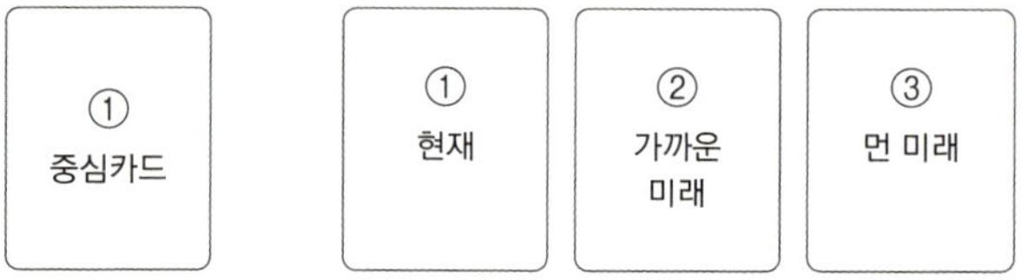

① 중심카드	① 현재	② 가까운 미래	③ 먼 미래

① 중심카드	① 내면의 문제	② 표면의 문제	③ 조언

예 **유명 화가의 그림을 구입하려는데 세 점의 작품 중 어느 것이 좋을까요?**

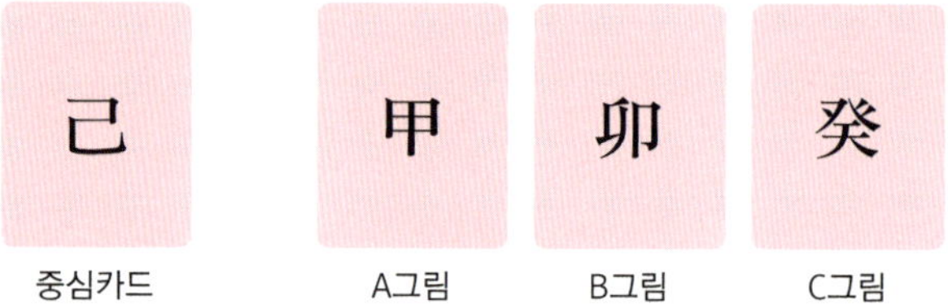

己	甲	卯	癸
중심카드	A그림	B그림	C그림

중심카드는 기토(己土)이다. A그림이 갑목(甲木)인데 갑기합토(甲己合土)를 하므로 A그림이 가장 좋다.

5) 5장 배열법

사주의 일간과 5장의 답변카드로 구성된 배열법, 1장의 중심카드(용신카드 · 질문자카드 · 내담자카드)와 4장의 답변카드로 구성된 배열법 중에서 선택할 수 있다.

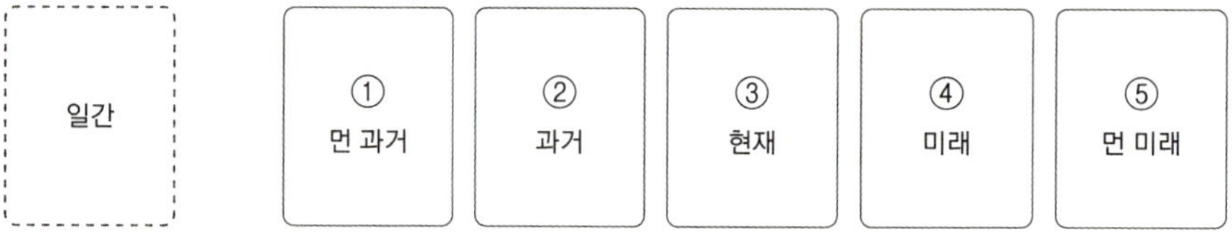

일간	① 먼 과거	② 과거	③ 현재	④ 미래	⑤ 먼 미래

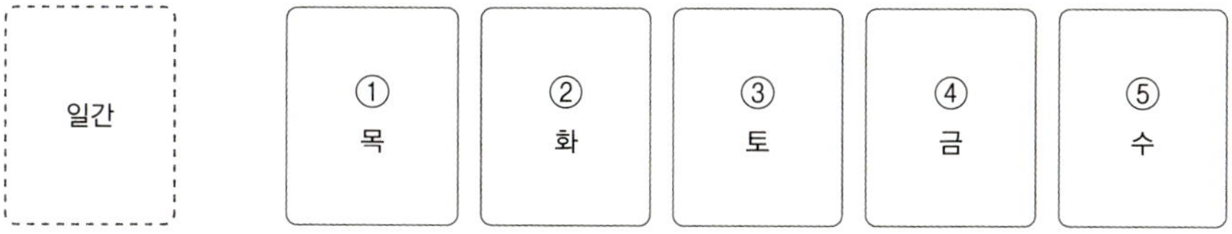
일간
① 목
② 화
③ 토
④ 금
⑤ 수

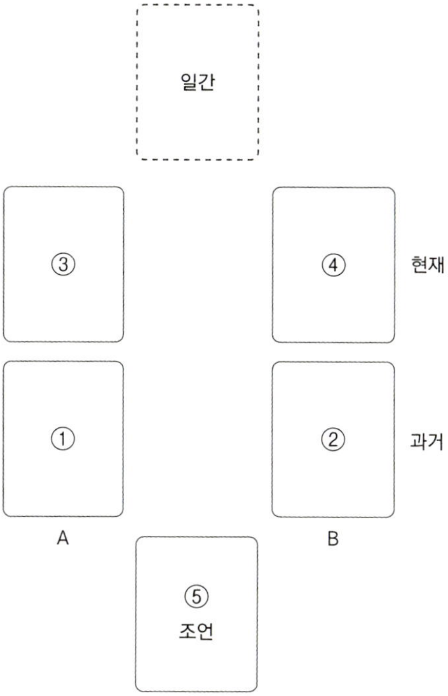
일간
③
④
현재
①
②
과거
A
B
⑤ 조언

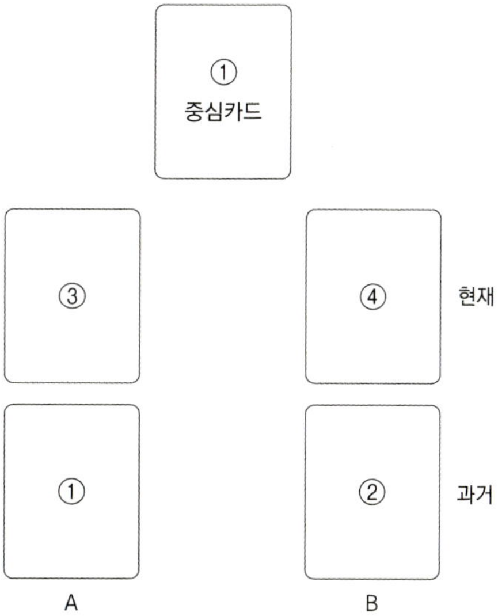
① 중심카드
③
④
현재
①
②
과거
A
B

예 **한국과 일본이 축구경기를 하는데 어느 나라가 이길까요?**

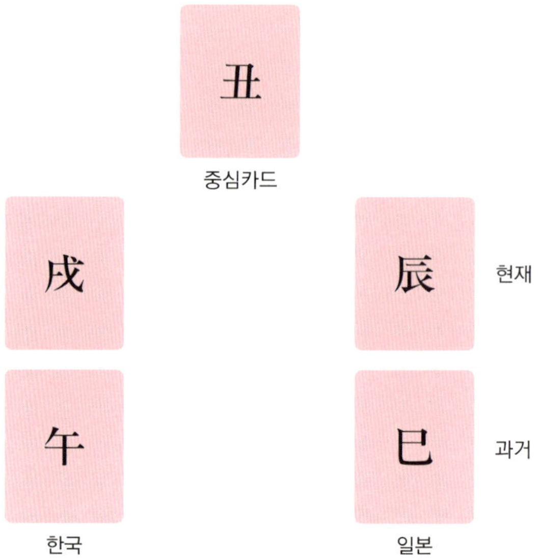

- **과거** : 오(午)와 사(巳)가 같은 화(火) 오행이니 한국과 일본의 축구 실력이 비슷했다.
- **현재** : 술(戌)과 진(辰)이 같은 화(土) 오행이니 한국과 일본의 축구 실력이 비슷하다. 비길 확률이 매우 높다.

6) 6장 배열법

사주의 일간과 6장의 답변카드로 구성된 배열법, 1장의 중심카드(용신카드 · 질문자카드 · 내담자카드)와 5장의 답변카드로 구성된 배열법 중에서 선택할 수 있다.

일간		
⑤	⑥	미래
③	④	현재
①	②	과거
나의 생각	상대의 생각	

일간		
⑤	⑥	미래
③	④	현재
①	②	과거
A	B	

일간		
⑤	⑥	조언
③	④	주변의 생각
①	②	나의 생각
A	B	

• 건강 운세

① 중심카드	① 목	② 화	③ 토	④ 금	⑤ 수

• 1년 운세

일간	① 1, 2월	② 3, 4월	③ 5, 6월	④ 7, 8월	⑤ 9, 10월	⑥ 11, 12월

• 방향 운세

① 중심카드	① 목 동	② 화 남	③ 토 중앙	④ 금 서	⑤ 수 북

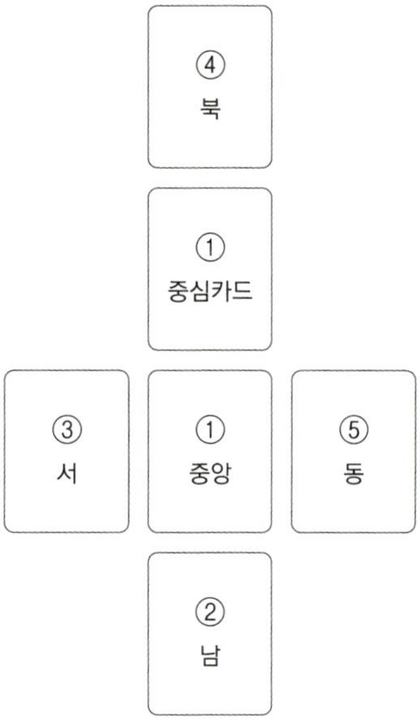

예 ①

여자친구 문제로 어머니와 갈등이 심한데 앞으로 어떻게 될까요?

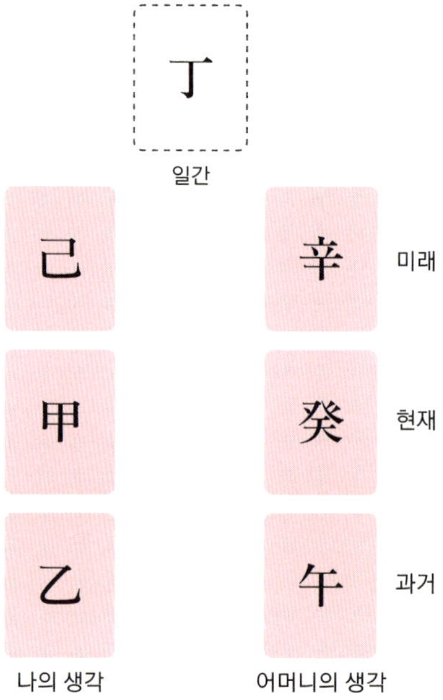

- **과거** : 어머니는 여자친구를 좋아했거나 아들에 대한 사랑이 지나쳤다. 나는 어머니가 여자친구를 좋아한다고 생각했다.
- **현재** : 어머니는 여자친구를 극도로 싫어한다. 나는 시간이 지나면 어머니가 여자친구를 좋아할 것이라고 생각한다.
- **미래** : 어머니는 여자친구에 대해 마음이 변하지 않고 여전히 싫어할 것이다. 나는 여자친구와 어머니의 갈등 때문에 조금씩 힘들어지게 된다.

예 ② **어느 방향으로 이동하면 좋을까요?**

중심카드가 화(火)인데 동은 임수(壬水), 남은 금(金), 서는 자수(子水), 북은 유금(酉金), 중앙은 병화(丙火)이다. 같은 오행이 중앙이니 움직이지 않는 것이 좋겠다.

7) 7장 배열법

사주의 일간과 7장의 답변카드로 구성된 배열법, 1장의 중심카드(용신카드 · 질문자카드 · 내담자카드)와 6장의 답변카드로 구성된 배열법 중에서 선택할 수 있다.

• 일주일 운세

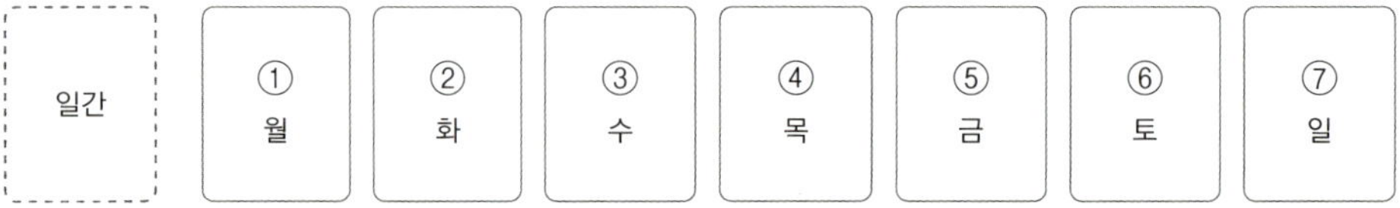

• 1년 운세

• 방향 운세

• **양자택일**

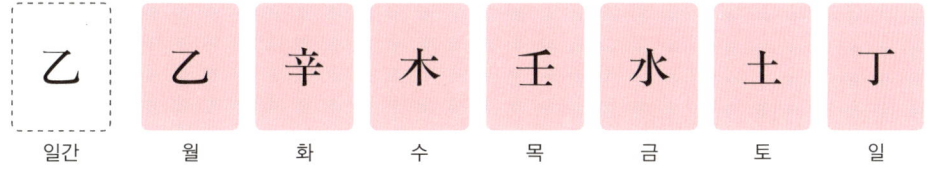

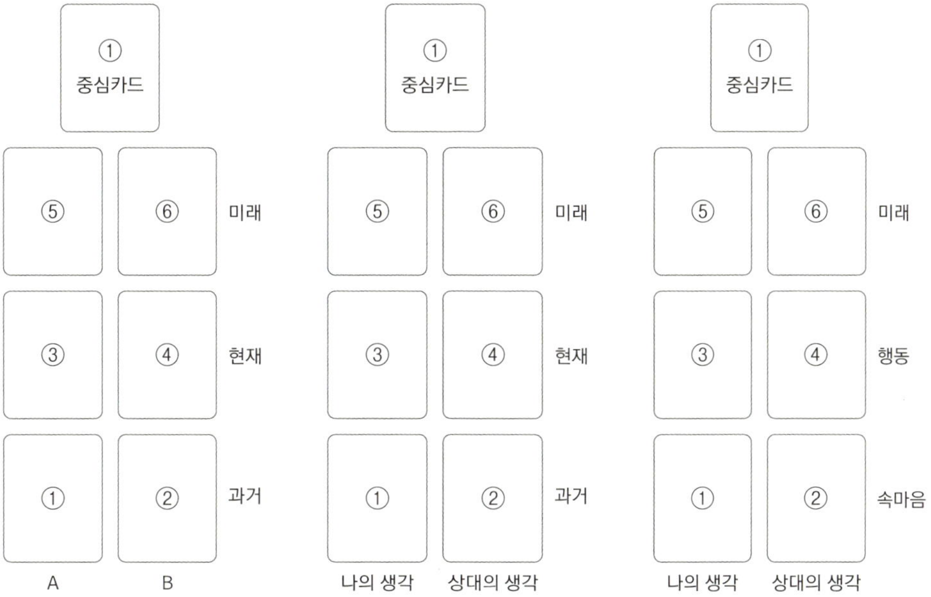

예 **다음 주 일주일 운세가 어떨까요?**

乙	乙	辛	木	壬	水	土	丁
일간	월	화	수	목	금	토	일

일간은 을목(乙木)이다.

- **월요일** : 일간과 같은 을(乙)이니 즐겁고 행복한 일들이 있겠다.
- **화요일** : 을신충(乙辛沖)을 하니 다툼이나 사건이 있겠다.
- **수요일** : 일간과 같은 목(木)이니 즐겁고 행복한 일들이 있겠다.
- **목요일** : 일간을 생하는 임수(壬水)이니 주변의 도움을 받아 좋은 일들이 있겠다.
- **금요일** : 일간을 생하는 수(水) 오행이니 주변의 도움으로 좋은 일들이 있겠다.

- **토요일** : 토(土) 오행으로 을목(乙木)이 극하니 극복해야 할 일이 있겠다.
- **일요일** : 일간이 생하는 정화(丁火)로 보통의 평화로운 휴일이 되겠다.

8) 8장 배열법

사주의 일간과 8장의 답변카드로 구성된 배열법, 1장의 중심카드(용신카드 · 질문자카드 · 내담자카드)와 7장의 답변카드로 구성된 배열법 중에서 선택할 수 있다.

일간
⑦
⑧
미래
⑤
⑥
현재
③
④
과거
①
②
문제
A
B

일간
⑧
조언
⑥
⑦
미래
④
⑤
현재
②
③
과거
A
B
①
문제

①
중심카드
④
과거
⑤
현재
⑥
미래
주변의 생각
①
과거
②
현재
③
미래
나의 생각
⑦
조언

• **방향 운세**

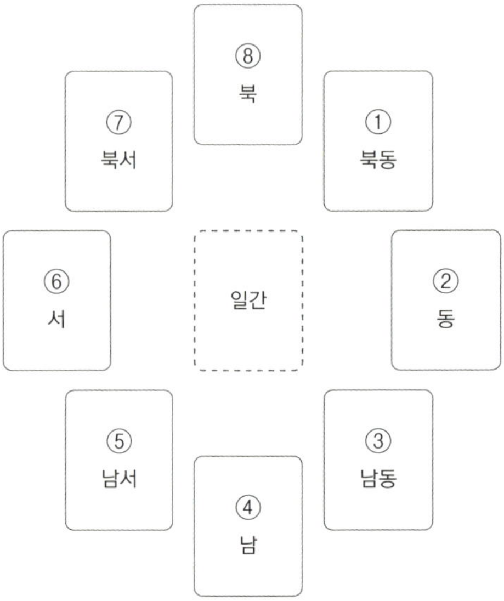

예 아들이 고등학교 축구선수인데 다음 달 시합에서 주전으로 출전할 수 있을까요?

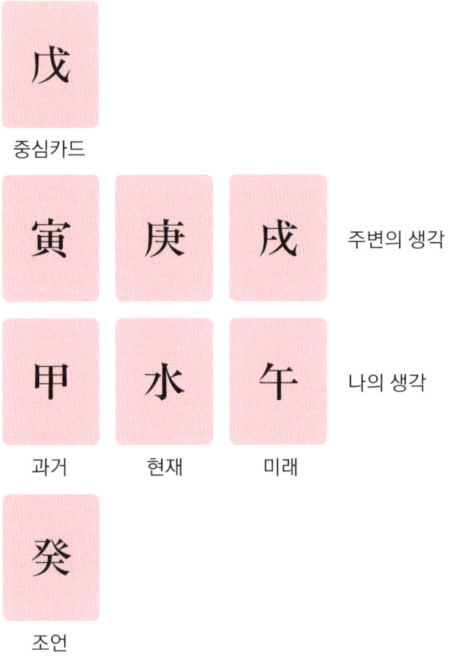

- **과거** : 주변 사람들은 인목(寅木)이 무토(戊土)를 극하니 더 열심히 해야겠다고 생각했다. 나는 갑목(甲木)이 무토(戊土)를 극하고 갑무충(甲戊沖)을 하니 가능성이 없다고 생각했다.
- **현재** : 주변 사람들은 경금(庚金)을 무토(戊土)가 생하니 실력이 많이 좋아졌다고 생각한다. 나는 무토(戊土)가 토극수(土剋水)를 하니 실력을 높이려면 더 노력해야 한다고 생각한다.
- **미래** : 주변 사람들은 술토(戌土)가 무토(戊土)와 같은 오행이니 주전으로 충분히 뛸 수 있겠다고 생각한다. 나는 무토(戊土)를 오화(午火)가 생하니 조금만 도와주면 주전으로 충분히 뛸 수 있다고 생각한다.
- **조언** : 무토(戊土)가 계수(癸水)를 토극수(土克水)하는데, 이것은 무계합(戊癸合) 화(火)로 변화하니 힘들지만 열심히 연습하고 노력하면 희망이 보인다. 조금 더 연습하도록 조언해야 한다.

9) 9장 배열법

1장의 중심카드(용신카드 · 질문자카드 · 내담자카드)와 8장의 답변카드로 구성된 배열법이다.

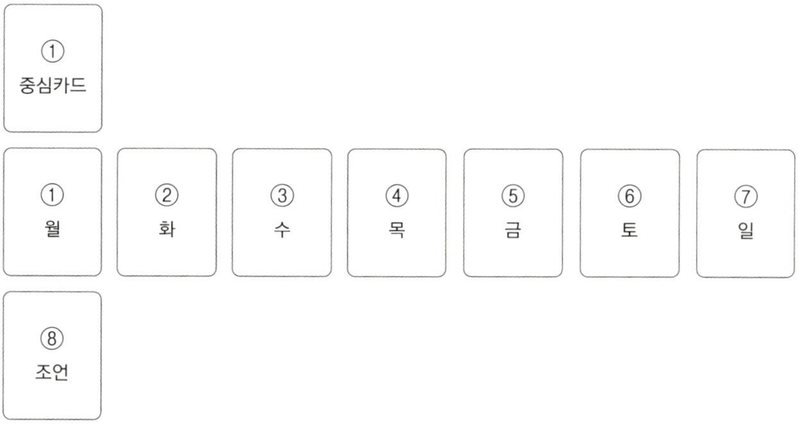

10) 10장 배열법

사주의 일간과 10장의 답변카드로 구성된 켈틱 클로스(Celtic cross) 배열법이 있다.

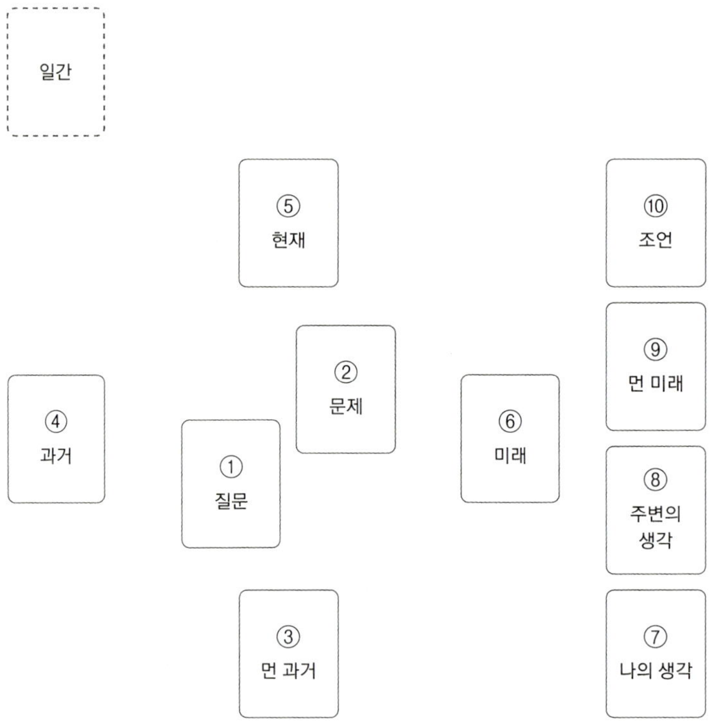

11) 12장 배열법

사주의 일간과 12장의 답변카드로 구성된 배열법이다. 1년 운세, 하루 운세, 방향 운세를 볼 때 사용한다.

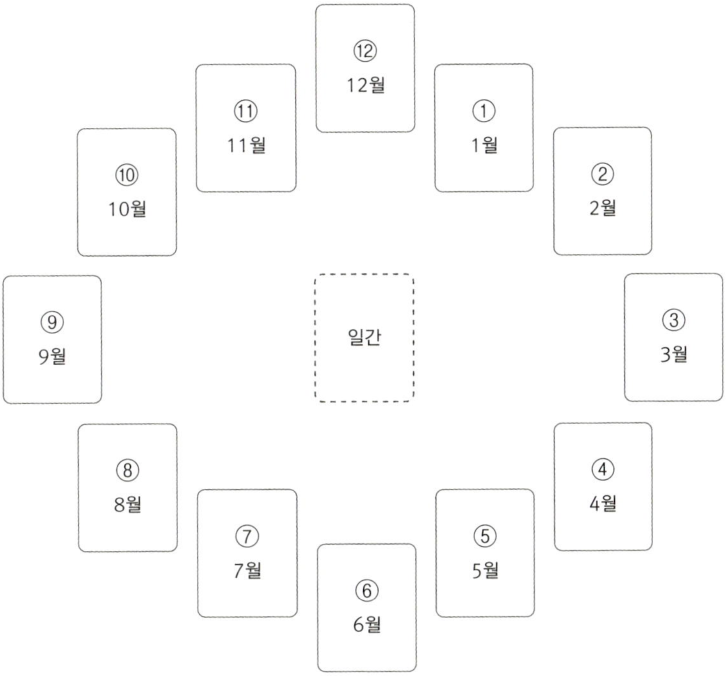

12) 13장 배열법

1장의 중심카드(용신카드 · 질문자카드 · 내담자카드)와 12장의 답변카드로 구성된 배열법이다. 시간이나 방향의 운세를 볼 때 사용한다.

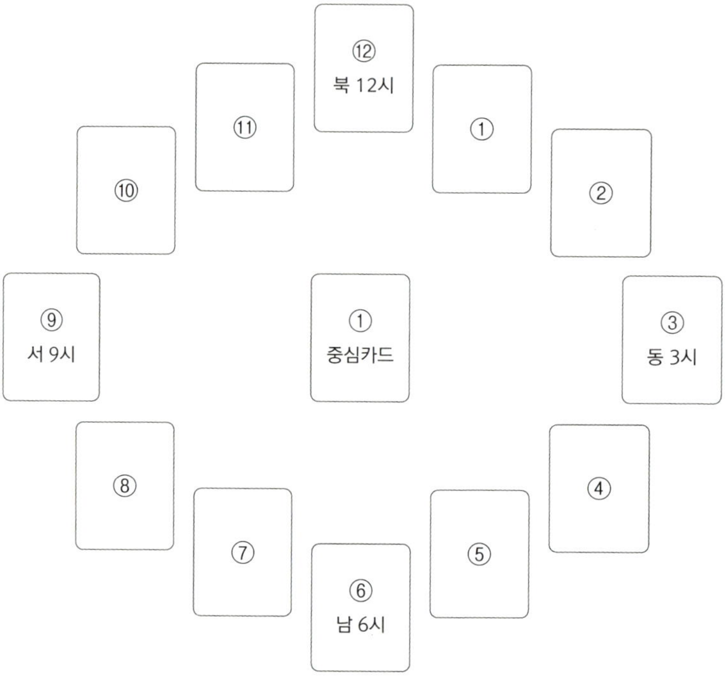

2 오행 건강 배열법

1) 배열 방법

5장의 카드를 배열하는데, 순서대로 오행 목화토금수(木火土金水)의 건강을 나타낸다.

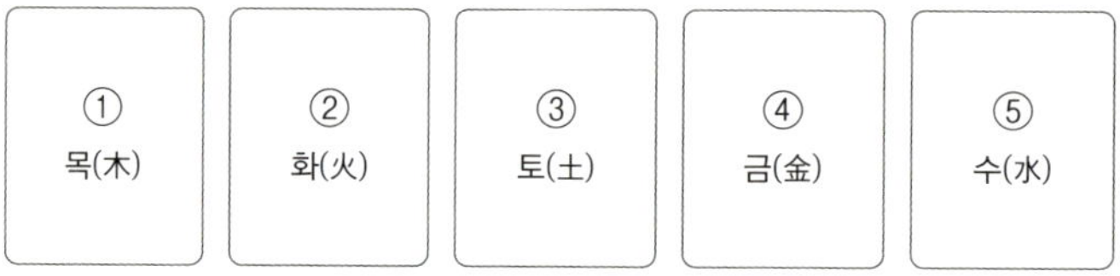

• **오행 건강 배열법 사용 카드**

오행 카드	목 (木)	화 (火)	토 (土)	금 (金)	수 (水)							
천간 카드	갑 (甲)	을 (乙)	병 (丙)	정 (丁)	무 (戊)	기 (己)	경 (庚)	신 (辛)	임 (壬)	계 (癸)		
지지 카드	자 (子)	축 (丑)	인 (寅)	묘 (卯)	진 (辰)	사 (巳)	오 (午)	미 (未)	신 (申)	유 (酉)	술 (戌)	해 (亥)

2) 오행 건강 분석

오행의 상생과 상극 관계를 기준으로 건강을 판단한다.

- **건강한 오행** : 같은 오행, 생 받는 오행
- **건강상태가 심각한 오행** : 극을 당하는 오행, 극하는 오행
- **건강을 조심해야 하는 오행** : 생하는 오행

① 목(木) 건강

- **건강한 오행** : 목(木), 수(水)
- **건강상태가 심각한 오행** : 금(金), 토(土)
- **건강을 조심해야 하는 오행** : 화(火)

② 화(火) 건강

- **건강한 오행** : 화(火), 목(木)
- **건강상태가 심각한 오행** : 수(水), 금(金)
- **건강을 조심해야 하는 오행** : 토(土)

③ 토(土) 건강

- **건강한 오행** : 토(土), 화(火)

• 건강상태가 심각한 오행 : 목(木), 수(水)

• 건강을 조심해야 하는 오행 : 금(金)

④ 금(金) 건강

• 건강한 오행 : 금(金), 토(土)

• 건강상태가 심각한 오행 : 화(火), 목(木)

• 건강을 조심해야 하는 오행 : 수(水)

⑤ 수(水) 건강

• 건강한 오행 : 수(水), 금(金)

• 건강상태가 심각한 오행 : 토(土), 화(火)

• 건강을 조심해야 하는 오행 : 목(木)

1장 배열법

① 상담자가 내담자에게 질문이 무엇인지 정확하게 묻는다.

② 오행카드+천간카드+지지카드를 뒷면이 보이게 바닥에 놓고 손바닥으로 섞는다.

③ 섞은 카드를 모아서 쌓아둔다.

④ 내담자에게 카드 위에 두 손을 올리게 한다.

⑤ 내담자에게 질문을 깊이 생각하게 한다.

⑥ 상담자가 카드를 다시 섞으면서 셔플한다.

⑦ 상담자가 카드를 펼쳐 놓는다.

⑧ 내담자에게 1장을 뽑게 한다.

예 ① **요즘 스트레스가 많아 한 달 동안 속이 쓰린데 위장 건강이 괜찮을까요?**

甲

만약 갑(甲)을 뽑았다면, 갑(甲)은 목(木) 오행이고 위장에 해당하는 토(土)를 극하므로 위장 건강이 좋지 않다.

丑

만약 축(丑)을 뽑았다면, 축(丑)은 토(土) 오행이고 위장에 해당하는 토(土) 오행이므로 위장이 건강하다.

예 ② **요즘 스트레스가 많아 뒷목이 뻐근하고 가끔씩 어지러운데 혈관이 괜찮을까요?**

오행 건강 배열법에 육십갑자카드를 활용할 수도 있다. 혈관질환(혈압·중풍·뇌출혈·심장·순환기내과)은 화(火) 오행에 해당한다. 따라서 화(火) 오행이 잘 있으면 건강한 것이고, 화(火) 오행이 공격을 받으면 건강하지 못한 것이다.

甲子

갑자(甲子)를 뽑았다면, 수생목(水生木)으로 목(木) 오행이 화(火)를 생해주어 화(火) 오행이 강해지므로 화(火)의 건강은 좋다고 해석한다.

壬寅

임인(壬寅)을 뽑았다면, 임수(壬水) 생 인목(寅木)으로 목(木) 오행이 화(火)를 생해주어 화(火) 오행이 강해지므로 화(火)의 건강은 좋다고 해석한다.

丙午

병오(丙午)를 뽑았다면, 병(丙)도 화(火)이고 오(午)도 화(火)이므로 화(火) 오행이 매우 강해지니 화(火)의 건강이 좋다고 해석한다.

壬子

임자(壬子)를 뽑았다면, 임(壬)도 수(水)이고 자(子)도 수(水)인데 수(水)가 화(火) 오행을 극해 화(火) 오행이 약해지므로 화(火)의 건강이 나쁘다고 해석한다.

庚午

경오(庚午)를 뽑았다면, 경금(庚金)을 오화(午火)가 화극금(火克金)을 하여 화(火) 기운을 빼앗기므로 화(火)의 건강이 좋지 않다고 해석한다.

壬午

임오(壬午)를 뽑았다면, 임수(壬水)가 오화(午火)를 수극화(水克火)를 하여 화(火) 기운이 약해지므로 화(火)의 건강이 좋지 않다고 해석한다.

庚戌

경술(庚戌)을 뽑았다면, 경금(庚金)을 술토(土)가 토생금(土生金)하여 금(金) 기운이 강해지므로 화(火)의 건강이 좋지 않다고 해석한다.

5장 배열법

① 상담자가 내담자에게 질문을 한다.

② 상담자가 카드를 셔플한 다음 바닥에 펼친다. (다양한 셔플 방법을 사용한다.)

③ 내담자에게 1장씩 뽑게 한 후 차례로 배열한다.

예 나의 건강상태는 어떤가요?

寅	壬	酉	土	癸
목(木)	화(火)	토(土)	금(金)	수(水)

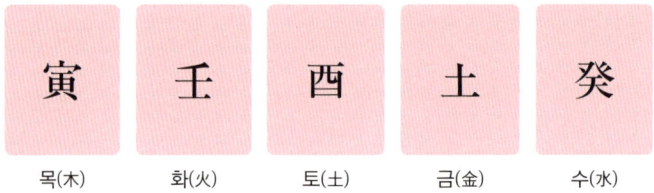

- **첫 번째 카드** : 인(寅)은 목(木) 오행이니 목(木) 건강인 간 · 담 · 뼈는 매우 좋다.
- **두 번째 카드** : 임(壬)은 수(水) 오행이고 화(火) 건강을 극하니 화(火)의 건강인 소장·심장·혈관이 좋지 않다.
- **세 번째 카드** : 유(酉)는 금(金) 오행이고 토생금(土生金)으로 토(土)의 기운을 빼앗아가니 토(土)의 건강인 비장 · 위장 · 비뇨기과 계통이 약해지고 있다.
- **네 번째 카드** : 토(土)는 금(金)을 생하는 오행이니 금(金)의 건강인 대장 · 폐 · 뼈는 매우 좋다.
- **다섯 번째 카드** : 계(癸)는 수(水) 오행이니 수(水)의 건강인 신장 · 방광 · 산부인과 계통이 좋다.

3 양자택일 배열법

앞서 <1. 카드 장수별 배열법>에서 여러 가지 형태의 양자택일 배열법을 간략하게 소개하였다. 양자택일 배열법은 A와 B 중에서 어떤 것을 선택하면 좋은지 묻는 것이다. 단, "할까요? 말까요?"처럼 긍정과 부정을 놓고 하나를 선택할 수 없으며, A와 B가 동등한 조건이어야 한다.

- A아파트와 B아파트 중 어느 것을 구입할까요?
- A대학과 B대학 중 어느 대학에 지원할까요?
- 도시에 살까요? 시골에 살까요?

위의 질문처럼 동일한 조건을 가진 두 명사 중 하나를 선택해야 할 때 양자택일 배열법을 사용한다. "동쪽으로 갈까요? 서쪽으로 갈까요?" 이런 질문은 가능할까? 당연히 가능하다.

3장 배열법 ①

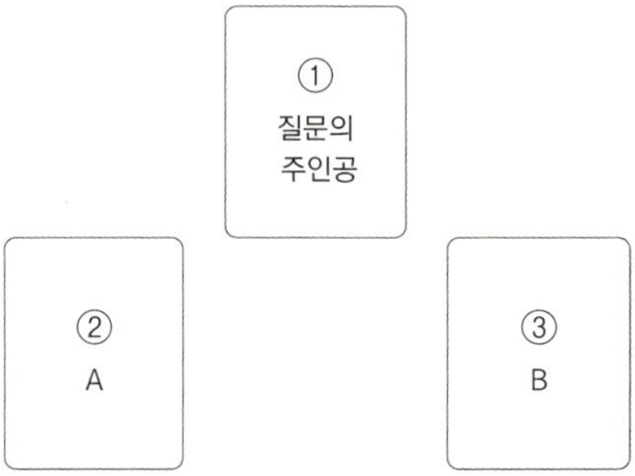

예 **A아파트와 B아파트 중에서 어떤 아파트를 구입할까요?**

① 양자택일 배열법 또한 앞서 설명한 배열법과 마찬가지로 먼저 카드를 섞은(셔플) 다음 카드의 글자가 보이지 않게 뒷면이 위로 오게 펼쳐놓고 내담자에게 1장을 뽑게 한다. 그 카드가 경금(庚金)이라면 맨 위 가운데에 놓는다.

② 다시 A에 해당하는 카드 1장을 뽑는다. 뽑은 카드가 오(午)라면 경(庚) 아래 왼쪽에 놓는다.

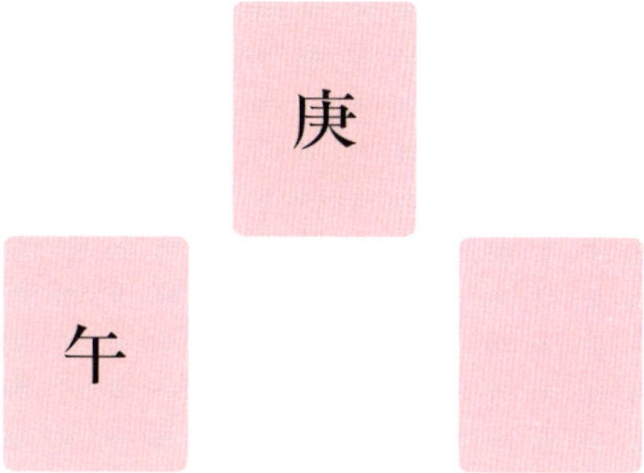

③ 다시 B에 해당하는 카드 1장을 뽑는다. 뽑은 카드가 토(土) 라면 경(庚) 아래 오른쪽에 놓는다.

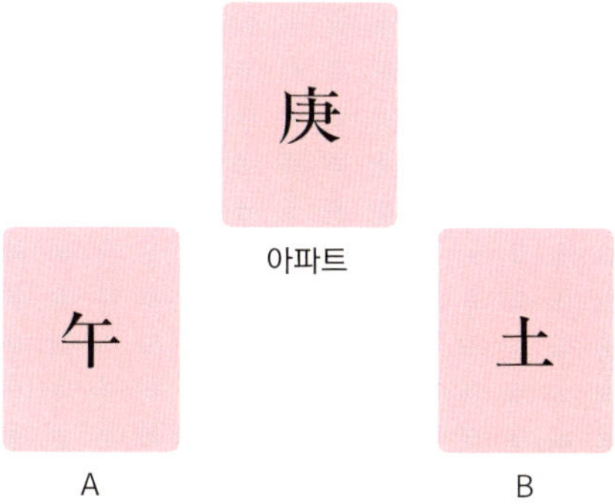

경(庚)이 질문의 주인공에 해당하는 아파트이다. A아파트 오(午)는 화(火)이므로 경(庚)을 극하고, B아파트 토(土)는 경(庚)을 생하므로 B아파트를 구입해야 한다.

3장 배열법 ②

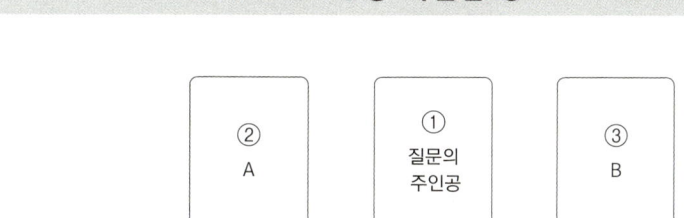

예

제 주위에 매력적인 두 명의 남자가 있어요. 두 명에게 모두 고백을 받았는데 누구를 선택해야 할까요? A가 잘 어울릴까요? B가 잘 어울릴까요?

戊	甲	己
A	나	B

맨 먼저 나(질문의 주인공)에 해당하는 카드를 뽑아 가운데에 놓고, 두 번째로 뽑은 A카드는 왼쪽에, 세 번째로 뽑은 B카드는 오른쪽에 놓는다.
갑(甲)과 무(戊)는 충을 하고 갑(甲)과 기(己)는 합하므로 남자 B가 잘 어울린다.

甲	寅	乙
A	나	B

만약 카드가 위와 같이 나왔다면 A는 갑(甲), B는 을(乙), 나는 인(寅)으로 모두 목(木)에 해당하기 때문에 A와 B 누구와 만나도 잘 어울린다. A와는 갑(甲)과 인(寅)으로 둘 다 양(陽)이니 시원시원하게 대화가 통하고, B와는 인(寅)은 양(陽)이고 을(乙)은 음(陰)이니 서로 보완하는 관계가 된다.

庚	午	壬
A	나	B

마지막으로 만약 카드가 위와 같이 나왔다면 A는 내가 극하는 경(庚)이고, B는 나를 극하는 임(壬)이니 둘 다 나와 어울리지 않는다.

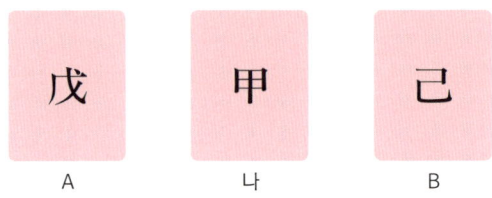

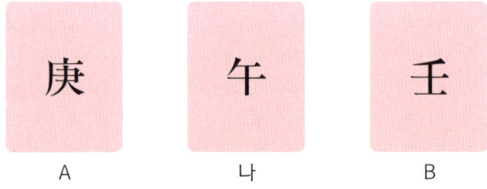

5장 배열법

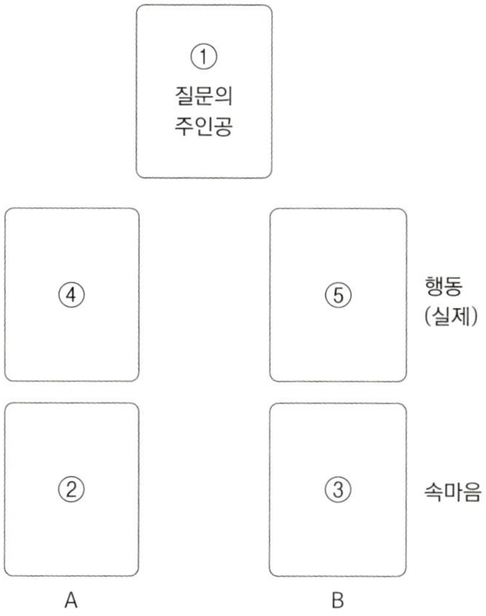

①
질문의
주인공
④
⑤
행동
(실제)
②
③
속마음
A
B

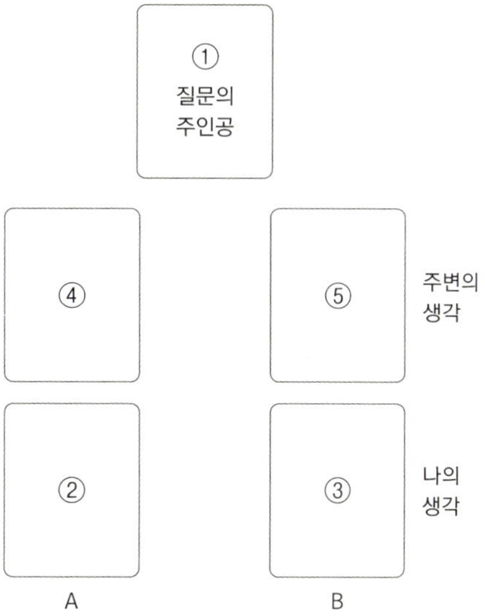

①
질문의
주인공
④
⑤
주변의
생각
②
③
나의
생각
A
B

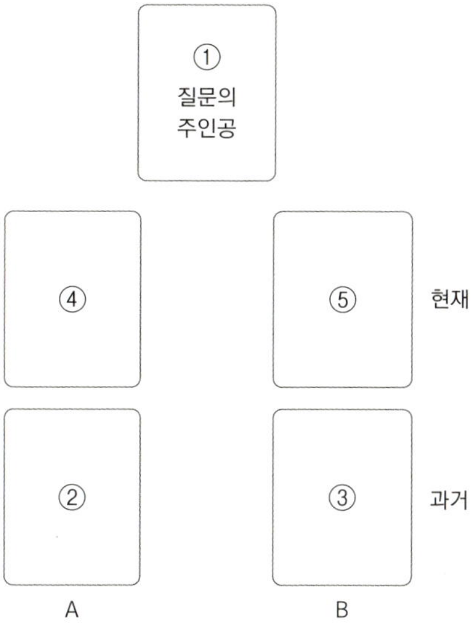

①
질문의
주인공
④
⑤
현재
②
③
과거
A
B

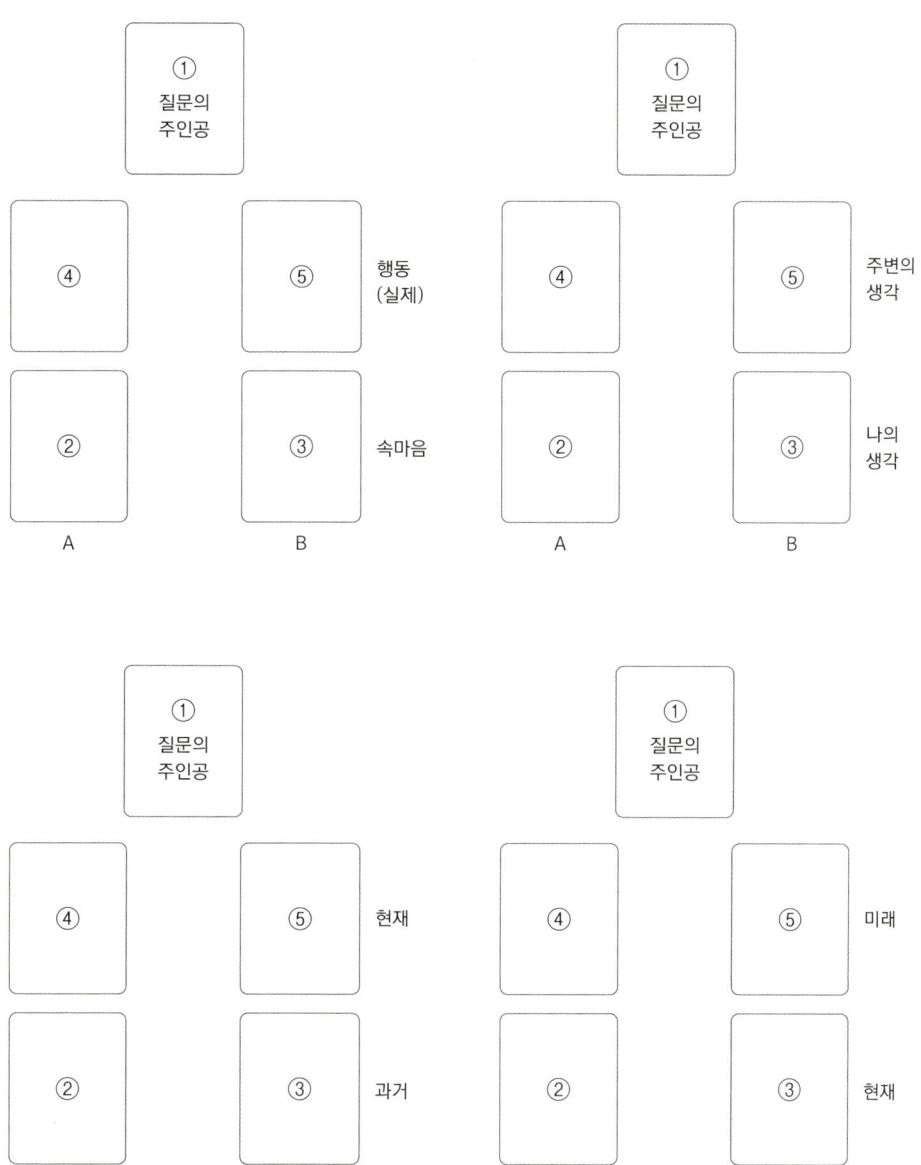

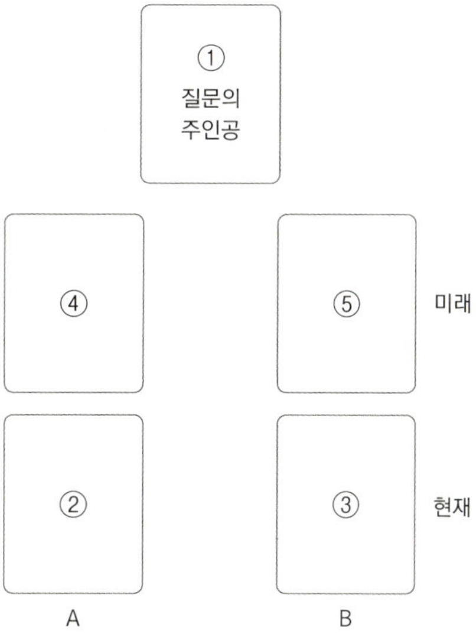

①
질문의
주인공
④
⑤
미래
②
③
현재
A
B

예 **고3 아들이 A대학과 B대학 중 어느 대학을 가면 좋을까요?**

① 먼저 질문의 주인공에 해당하는 카드를 뽑는다.

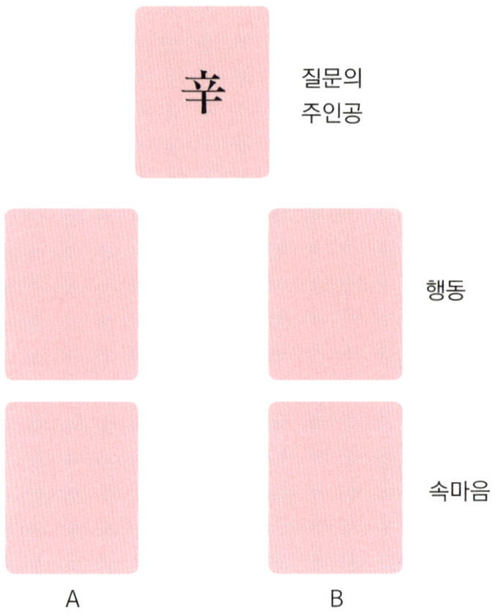

② 속마음 카드를 뽑는다. A는 丑, B는 寅을 뽑았다.

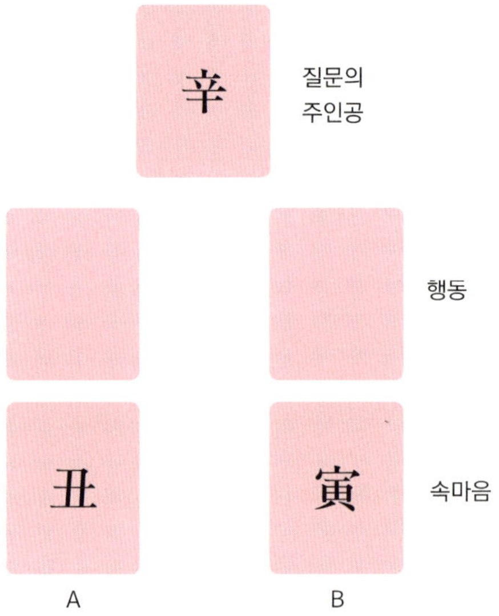

③ 행동카드를 뽑는다. A는 오(午), B는 축(丑)을 뽑았다.

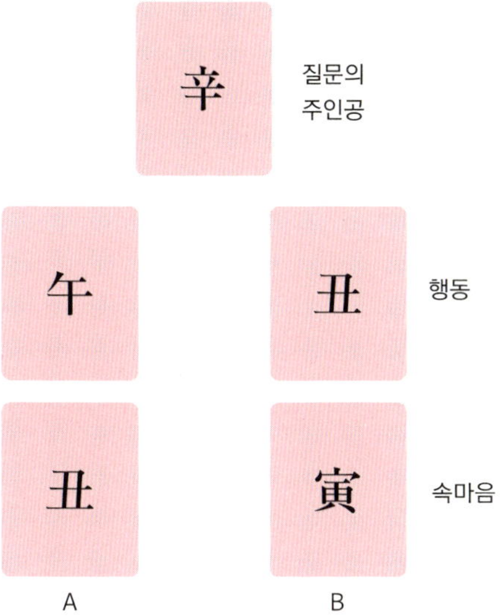

「어느 대학을 가면 좋을까?」라는 질문은 신(辛)이다.

• **속마음** : A 축토(丑土)는 토생금(土生金)이고, B 인목(寅木)은 금극목(金剋木)이어서 B대학보다는 A대학을 가고 싶다.

• **행동** : A 오화(午火)가 화극금(火剋金)이고, B 토(土)가 토생금(土生金)이니 B대학을 선택할 것이다.

6장 배열법

A	나	B	
⑤	④	⑥	행동
②	①	③	속마음

A	나	B	
⑤	④	⑥	현재
②	①	③	과거

A	나	B	
⑤	④	⑥	해결책
②	①	③	문제

A	나	B	
⑤	④	⑥	미래
②	①	③	현재

A	나	B	
⑤	④	⑥	주변의 생각
②	①	③	나의 생각

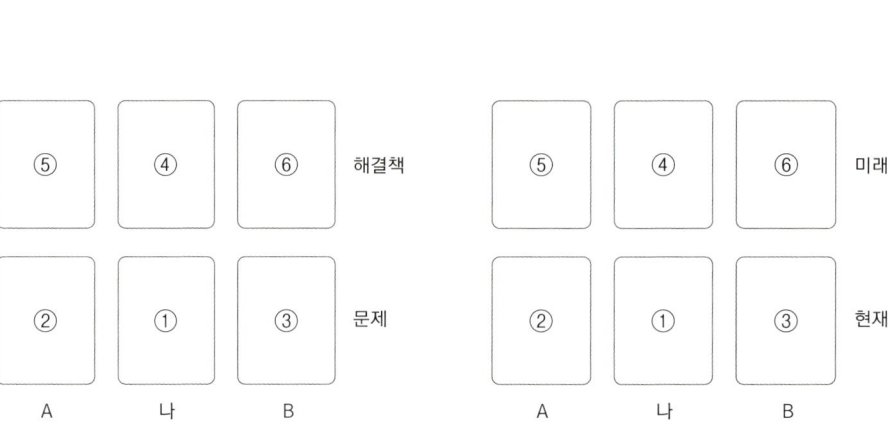

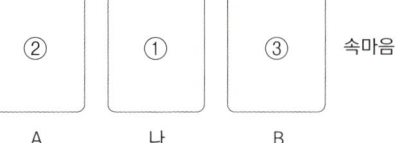

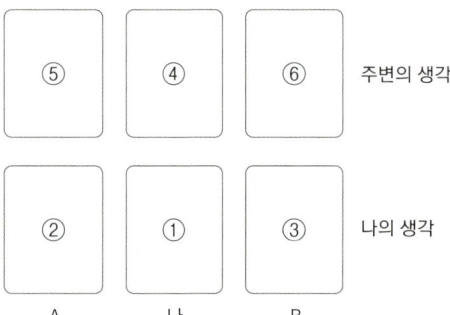

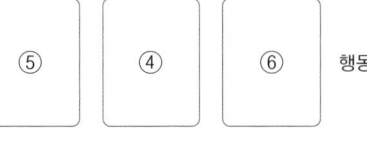

예 남자 A와 남자 B 사이에서 갈등하는데 나는 누구를 좋아하는 걸까요?

A	나	B	
癸	丑	丙	행동
申	子	午	속마음

남자 A에게 속으로는 호감이 많지만, 만나면 말을 차갑게 하고 시비조이다.
남자 B에게 속으로는 호감이 없지만, 호감이 전혀 없어서인지 만나면 친구같이 대화도 잘 통하고 재미있다.

7장 배열법

A	B	
① 질문의 주인공		
⑥	⑦	미래
④	⑤	현재
②	③	과거

A	B	
① 질문의 주인공		
⑥	⑦	결과
④	⑤	나의 생각
②	③	주변 사람의 생각

A	B	
① 질문의 주인공		
⑥	⑦	조언
④	⑤	현재
②	③	문제

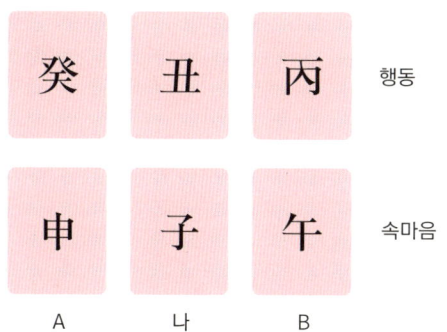

예 ① **음식업 창업을 준비하고 있는데 한식을 할까요? 일식을 할까요?**

	甲	질문의 주인공
子	土	조언
卯	申	현재
壬	庚	문제
한식	일식	

A는 한식, B는 일식으로 하여 다음과 같이 점을 친다.

- **문제** : 한식은 임수(壬水)가 질문의 주인공인 갑목(甲木)을 생하니 준비가 잘 되어 있다. 문제가 없다. 일식은 경금(庚金)이 질문의 주인공인 갑목(甲木)을 극하니 일식 자격증도 없고, 해산물 유통도 제대로 모르고 준비가 되어 있지 않다. 문제가 있다.
- **현재** : 한식의 묘목(卯木)이 질문의 주인공인 갑목(甲木)과 같은 오행이니 충분히 준비가 되어 있고 능력을 갖추었다. 일식은 신금(申金)이 질문의 주인공인 갑목(甲木)을 극하니 일식 자격증도 없고 유통도 제대로 모른다. 쉽지 않다.
- **조언** : 한식은 자수(子水)가 질문의 주인공인 갑목(甲木)을 생하니 충분히 준비가 되어 있다. 시작해도 되겠다. 일식은 토(土)가 주인공인 갑목(甲木)으로부터 극을 받으니 처음부터 새롭게 시작한다는 마음으로 준비해야 한다.

예 ②

오랫동안 알고 지낸 초등 동창 남사친과 1년 동안 만나고 있는 애인이 있어요. 애인이 결혼하자고 말하는데, 남사친이 마음에 걸립니다. 누구랑 결혼하는 것이 좋을까요?

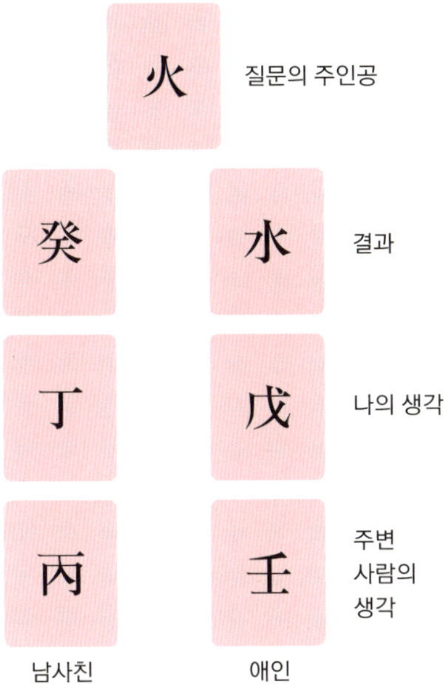

- **주변 사람의 생각** : 병화(丙火)가 질문의 주인공인 화(火)와 같은 오행이니 남사친이 친구처럼 성격도 잘 맞고 좋은 사람이라고 생각한다. 애인은 임수(壬水)이니 질문의 주인공인 화(火)를 극하고 무슨 생각을 하는지 알 수 없다고 생각한다.
- **나의 생각** : 남사친은 정화(丁火)이고 질문의 주인공인 화(火)와 같으니 친구처럼 좋은 사람이다. 애인은 무토(戊土)이고 질문의 주인공인 나는 화(火)이니 화생토(火生土)로 내가 도와주고 싶은 애틋함이 있다.
- **결과** : 질문의 주인공이 화(火)이고 남사친은 계수(癸水), 애인은 수(水)이니 두 남자 모두 신랑감으로 생각하지 않고, 결과가 이루어지지 않는다.

9장 배열법

⑧	⑦	⑨	미래
⑤	④	⑥	현재
②	①	③	과거
A	나	B	

예 남자 A와 남자 B 중에서 누가 나와 더 잘 맞을까요?

癸	壬	酉	미래
卯	甲	寅	현재
申	庚	丙	과거
A	나	B	

- **과거** : A는 신(申)이고 나는 경(庚)이니 같은 오행으로 사이가 좋았다.

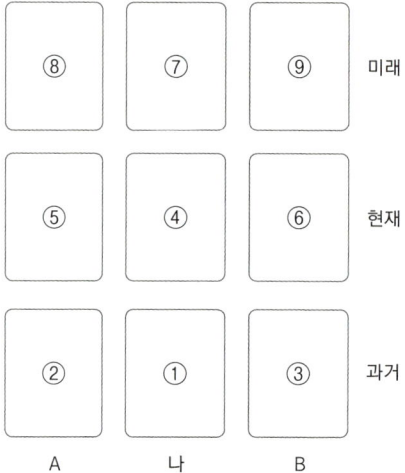

B는 병(丙)이고 나는 경(庚)이니 나를 극하는 관계로서 사이가 좋지 않았다.

• **현재** : A는 묘(卯)이고 나는 갑(甲)이니 같은 오행으로 사이가 좋다.
B는 인(寅)이고 나는 갑(甲)이니 같은 오행으로 사이가 좋다.

• **미래** : A는 계(癸)이고 나는 임(壬)이니 같은 오행으로 사이가 좋다.
B는 유(酉)이고 나는 임(壬)이니 유(酉)가 임(壬)을 생하므로 사이가 좋다.

12장 배열법

⑪	⑩	⑫	미래
⑧	⑦	⑨	현재
⑤	④	⑥	과거
②	①	③	문제
A	나	B	

⑪	⑩	⑫	겨울
⑧	⑦	⑨	가을
⑤	④	⑥	여름
②	①	③	봄
A	나	B	

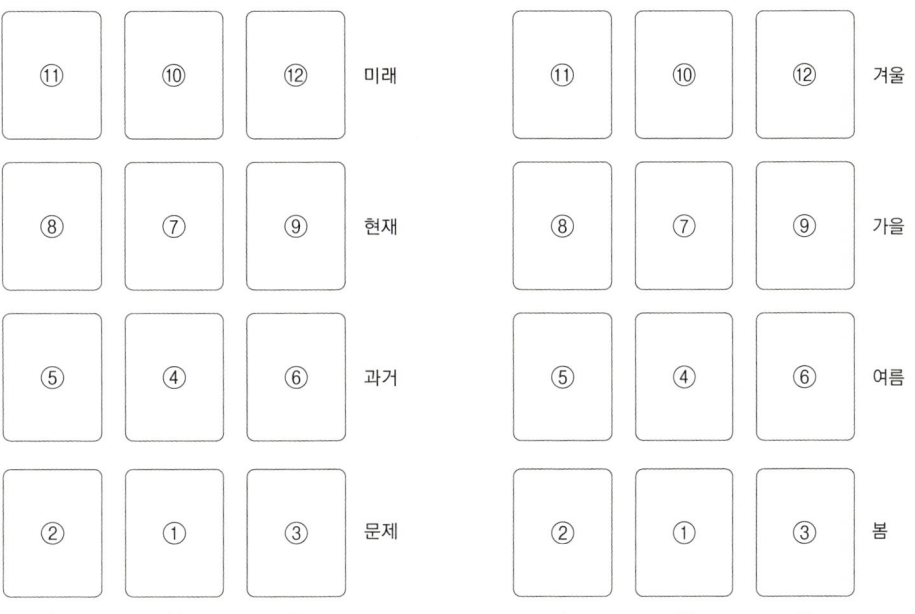

예

남자 A와 남자 B 중에서 나를 더 사랑하는 사람은 누구일까요?

寅	丁	癸	미래
乙	丙	壬	현재
卯	甲	戊	과거
水	木	金	문제
A	나	B	

- **문제** : A는 수생목(水生木)으로 나에게 지속적인 사랑을 준다. B는 금극목(金克木)으로 나에게 공격적이고 자주 다투고 갈등한다.
- **과거** : A는 묘목(卯木)이고 나도 갑목(甲木)으로 오행이 같아서 A는 나와 친구처럼 잘 지냈다. B는 내가 극하는 목극토(木克土)이므로 B는 나와 갈등과 다툼이 잦았다.
- **현재** : A는 을목(乙木), 나는 병화(丙火)로 목생화(木生火)를 하니 A는 나를 도와주고 사랑을 준다. B는 임수(壬水), 나는 병화(丙火)로 수극화(水克火)를 하니 B는 만날 때마다 다투고 갈등한다.
- **미래** : A는 인목(寅木), 나는 정화(丁火)로 목생화(木生火)를 하니 A는 지속적으로 나를 도와주고 사랑을 준다. B는 계수(癸水), 나는 정화(丁火)로 수극화(水克火)를 하니 B와 나는 끊임없이 다투고 갈등한다.

4 운세 배열법

1년 운세 배열법 ①

① 1월	② 2월	③ 3월	④ 4월	⑤ 5월	⑥ 6월	⑦ 7월	⑧ 8월	⑨ 9월	⑩ 10월	⑪ 11월	⑫ 12월

① 1월	② 2월	③ 3월	④ 4월	⑤ 5월	⑥ 6월
⑦ 7월	⑧ 8월	⑨ 9월	⑩ 10월	⑪ 11월	⑫ 12월

① 1월	② 2월	③ 3월	④ 4월
⑤ 5월	⑥ 6월	⑦ 7월	⑧ 8월
⑨ 9월	⑩ 10월	⑪ 11월	⑫ 12월

다음은 천간카드와 지지카드를 따로 배열한 것이다.

① 가장 좋은 카드 : 천간과 지지가 같은 오행인 갑인(甲寅), 을묘(乙卯), 병오(丙午), 정사(丁巳), 무진(戊辰), 무술(戊戌), 기축(己丑), 기미(己未), 경신(庚申), 신유(辛酉), 임자(壬子), 계해(癸亥)

② 두 번째로 좋은 카드 : 지지가 천간을 생하는 오행인 갑자(甲子), 을해(乙亥), 병인(丙寅), 정묘(丁卯), 무오(戊午), 기사(己巳), 경술(庚戌), 경진(庚辰), 신축(辛丑), 신미(辛未), 임신(壬申), 계유(癸酉)

③ 평범한 운 카드 : 천간이 지지를 생하는 오행인 갑오(甲午), 을사(乙巳), 병술(丙戌), 병진(丙辰), 정축(丁丑), 정미(丁未), 무신(戊申), 기유(己酉), 경자(庚子), 신해(辛亥), 임인(壬寅), 계묘(癸卯)

④ 나쁜 운 카드 : 천간이 지지를 극하는 오행인 갑술(甲戌), 갑진(甲辰), 을축(乙丑), 을미(乙未), 병신(丙申), 정유(丁酉), 무자(戊子), 기해(己亥), 경인(庚寅), 신묘(辛卯), 임오(壬午), 계사(癸巳)

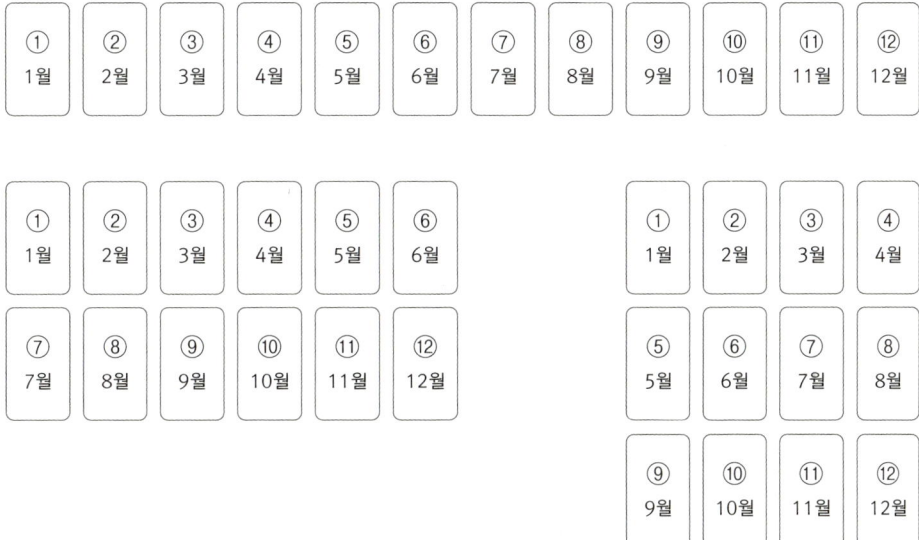

⑤ 아주 나쁜 운 카드 : 지지가 천간을 극하는 오행인 갑신(甲申), 을유(乙酉), 병자(丙子), 정해(丁亥), 무인(戊寅), 기묘(己卯), 경오(庚午), 신사(辛巳), 임술(壬戌), 임진(壬辰), 계축(癸丑), 계미(癸未)

예 1년 12달 운세를 알고 싶어요.

甲	酉	巳	午	丙	丑
인(寅)월	묘(卯)월	진(辰)월	사(巳)월	오(午)월	미(未)월
庚	辛	土	水	火	子
신(申)월	유(酉)월	술(戌)월	해(亥)월	자(子)월	축(丑)월

월과 같은 오행이나 월을 생하는 오행은 좋고, 월을 극하거나 월이 극하는 오행은 나쁘다고 해석한다. 참고로 아래의 각 달은 양력 기준이다.

- 인(寅)월 : 2월 초~3월 초는 하는 일마다 이루어진다.
- 묘(卯)월 : 3월 초~4월 초는 다툼이나 사건 사고가 발생한다.
- 진(辰)월 : 4월 초~5월 초는 주변의 도움으로 좋은 일이 생긴다.
- 사(巳)월 : 5월 초~6월 초는 하는 일마다 이루어진다.
- 오(午)월 : 6월 초~7월 초는 하는 일마다 이루어진다.
- 미(未)월 : 7월 초~8월 초는 다툼이나 사건 사고가 발생한다.
- 신(申)월 : 8월 초~9월 초는 하는 일마다 이루어진다.
- 유(酉)월 : 9월 초~10월 초는 하는 일마다 이루어진다.
- 술(戌)월 : 10월 초~11월 초는 하는 일마다 이루어진다.
- 해(亥)월 : 11월 초~12월 초는 하는 일마다 이루어진다.
- 자(子)월 : 12월 초~1월 초는 어려움이 생기고 다툼이나 사건 사고가 발생한다.

• **축(丑)월** : 1월 초~2월 초는 주변의 도움으로 좋은 일이 생긴다.

1년 운세 배열법 ②

① 3월	② 4월	③ 5월	봄
④ 6월	⑤ 7월	⑥ 8월	여름
⑦ 9월	⑧ 10월	⑨ 11월	가을
⑩ 12월	⑪ 1월	⑫ 2월	겨울

각각의 달은 양력 기준이다.

① **봄** : 목(木) 오행이나 목(木)을 생하는 수(水) 오행을 뽑으면 길하다

② **여름** : 화(火) 오행이나 화(火)를 생하는 목(木) 오행을 뽑으면 길하다.

③ **가을** : 금(金) 오행이나 금(金)을 생하는 토(土) 오행을 뽑으면 길하다.

④ **겨울** : 수(水) 오행이나 수(水)를 생하는 금(金) 오행을 뽑으면 길하다.

1년 운세 배열법 ③

① 1월	② 2월	③ 3월	④ 4월
⑤ 5월	⑥ 6월	⑦ 7월	⑧ 8월
⑨ 9월	⑩ 10월	⑪ 11월	⑫ 12월

사주팔자의 일간 오행과 각 카드의 관계를 따져서 길흉을 분석한다. 예를 들어 사주가 갑목(甲木) 일간이라면 각 카드의 길흉은 다음과 같이 판단할 수 있다.

庚	戊	寅	甲
흉	흉	길	길
子	午	丙	辰
길	보통	보통	흉
亥	卯	乙	辛
길	길	길	흉

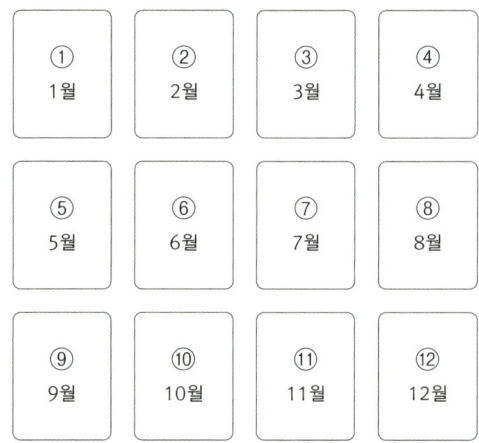

1년 운세 배열법 ④

① 1월	② 2월	③ 3월	④ 4월
⑤ 5월	⑥ 6월	⑦ 7월	⑧ 8월
⑨ 9월	⑩ 10월	⑪ 11월	⑫ 12월

사주팔자의 일주를 기준으로 각각의 카드를 비교 분석한다. 이때 천간합, 지지합, 천간충, 지지충, 삼합, 방합, 형살, 백호살, 괴강살, 양인살, 귀문관살, 천문성 등을 활용한다.

예

갑술(甲戌) 일주의 1년 운세는 어떨까요?

戊	己	庚	卯
1월	2월	3월	4월
辛	酉	午	寅
5월	6월	7월	8월
子	丑	未	亥
9월	10월	11월	12월

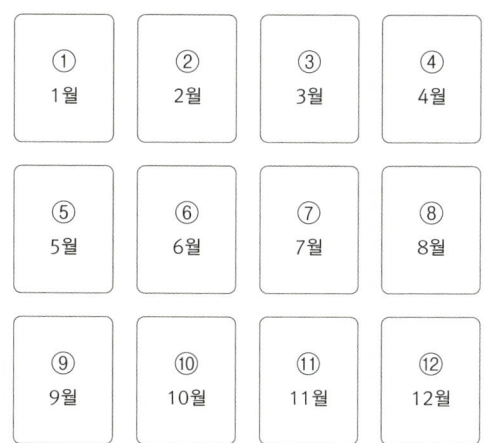

- **1월 무토(戊土)** : 갑목(甲木)이 무토(戊土) 편재와 갑무충(甲戊沖)을 하여 재물이 새어 나갈 일이 생겨 재물로 인한 어려움이 생길 수 있다. 또한 아버지 혹은 부인이나 여자친구와의 갈등이 생길 수 있다.
- **2월 기토(己土)** : 갑목(甲木)이 기토(己土) 정재와 갑기합(甲己合)을 하여 토(土) 재성의 세력이 늘어나기 때문에 재성에 해당하는 재물이 생기고 재물로 인한 기쁨이 있다. 아버지와 사이가 좋아지고 행복한 시간을 보낸다. 여자, 애인 또는 부인과 즐거운 시간을 보낸다. 여성에게 프로포즈할 시기이다.
- **3월 경금(庚金)** : 갑목(甲木)이 경금(庚金) 편관과 갑경충(甲庚沖)을 하여 사건 사고나 관재수 같은 어려움이 생길 수 있으니 행동을 조심해야 한다. 편관은 여자에게는 남편, 남자친구, 애인에 해당하므로 남편, 남자친구, 애인과 다투거나 문제가 생길 수 있으니 조심해야 하고, 남자에게는 자식에 해당하니 자식과의 갈등이나 자식 문제를 조심해야 한다.
- **4월 묘목(卯木)** : 묘목(卯木) 겁재가 내담자 일주 갑술(甲戌)의 편재 술(戌)과 묘술합화(卯戌合火)가 되었다. 즉, 겁재와 편재가 합하여 화(火) 식상으로 변화하였다. 여자에게 식상은 자식에 해당하므로 자식의 승진, 합격, 당선 같은 변화 변동에서 긍정적이고 희망적인 결과를 얻게 된다. 남자와 여자 모두 식상에 해당하는 강연, 강의, 상담, 컨설팅 등 타인 앞에 서게 되는 지식·정신·성장과 음식·셰프와 관련된 육체적 성장에서 긍정적 결과를 얻게 된다.
- **5월 신금(辛金)** : 신금(辛金) 정관은 합도 충도 없고 정관이 잘 있기 때문에 시험에 합격하거나 승진, 당선, 명예, 인기 등이 따르게 된다. 여자에게는 남편, 남자친구, 애인에 해당하니 남자친구가 생기거나 애인, 남편과 행복한 시간을 보내게 되고, 남자친구, 애인, 남편에게 좋은 소식이 있겠다. 남자에게는 자식에 해당하니 자식에게 좋은 소식이 있을 것이고, 자식과의 관계가 원만하고 행복해진다.
- **6월 유금(酉金)** : 유금(酉金) 정관은 내담자의 일주 갑술(甲戌)의 술(戌)과 유술합금(酉戌合金)을 하여 금(金)이 생성되니 관성이 많아졌다. 관성에 해당하는 명예, 승진, 합격, 당선 등이 있게 된다. 여자에게 남편, 남자친구, 애인에 해당하니 남자친구나 애인이 생기거나, 애인이나 남편과 행복한 시간을 보내게 되거나, 남자친구나 애인, 남편에게 승진이나 합격, 당선 등 좋은 소식이 있게 된다. 남자에게는 자식에

해당하니 자식에게 좋은 소식이 있게 되고, 자식과의 관계가 행복하게 된다.

- **7월 오화(午火)** : 오화(午火) 상관은 내담자의 일주 갑술(甲戌)의 술(戌)과 오술합화(午戌合火)를 하여 화(火)가 생성되니 식상이 많아졌다. 식상에 해당하는 의식주, 재물 등을 얻게 되고 어른, 직장에서 상사의 사랑을 받게 된다. 여자에게는 자식에 해당하니 자식과 친밀해지고, 자식에게 합격이나 당선 등 좋은 일이 생기게 된다.
- **8월 인목(寅木)** : 인목(寅木) 비견은 내담자 일주 갑술(甲戌)의 술(戌)과 합이나 충을 하지 않고 비견의 기운이 강하다. 따라서 비견, 즉 형제자매, 친구, 동료, 팬 등의 도움을 받게 되는 행운이 온다.
- **9월 자수(子水)** : 자수(子水) 정인은 내담자의 일주 갑술(甲戌)의 술(戌)과 합이나 충이 없고 갑목(甲木) 일간을 생해주니 자수(子水) 인성과 갑목(甲木)인 내게 좋은 일이 생기게 된다. 인성에 해당하는 어머니, 부동산, 자격증, 시험 등에서도 행운이 찾아올 것이다.
- **10월 축토(丑土)** : 축토(丑土) 정재는 내담자의 일주 갑술(甲戌)의 술(戌)과 축술(丑戌) 형살의 작용이 있으니 음주운전, 과속, 주차위반 등의 과태료와 같은 작은 관재수를 조심해야 한다. 정재는 남자에게 부인, 여자친구, 애인에 해당하니 이들과의 다툼을 조심해야 하고, 남자와 여자 모두 아버지에 해당하니 아버지와 다투거나 아버지에게 사건 사고가 생길 수 있다.
- **11월 미토(未土)** : 미토(未土) 정재는 내담자의 일주 갑술(甲戌)의 술(戌)과 미술(未戌) 형살의 작용이 있으니 음주운전, 과속, 주차위반 등의 과태료와 같은 작은 관재수를 조심해야 한다. 정재는 남자에게 부인, 여자친구, 애인에 해당하니 이들과의 다툼을 조심해야 하고, 남자와 여자 모두 아버지에 해당하니 아버지와 다투거나 아버지에게 사건 사고가 생길 수 있다.
- **12월 해수(亥水)** : 해수(亥水) 편인은 내담자의 일주 갑술(甲戌)의 술(戌)과 합이나 충이 없고 갑목(甲木)일간을 생해주니 해수(亥水) 인성과 갑목(甲木)인 내게 좋은 일이 생기게 된다. 인성에 해당하는 어머니, 부동산, 자격증, 시험 등에도 행운이 찾아온다.

5 오행 색상 배열법

천간카드, 지지카드, 오행카드의 색상을 활용하는 배열법이다(색상에 대해서는 3장에서 더욱 자세하게 설명한다). 카드를 셔플한 다음 내담자에게 1장의 카드를 뽑게 한다.

1장 배열법

예 ① 오늘의 색상을 정해주세요.

壬

임(壬)은 수(水)이고, 수(水)는 검은색이므로 검은색이 오늘의 색이 된다.

예 ② 오늘 어떤 색상의 옷을 입고 나갈까요?

丑

축(丑)은 토(土)이고 토(土)는 황색이므로, 황색(노란색)을 입고 나가면 좋을 것이다. 축(丑)을 세밀하게 색으로 구분한다면 갈색에 가깝다.

6 오행 방향 배열법

• 24방향 도표

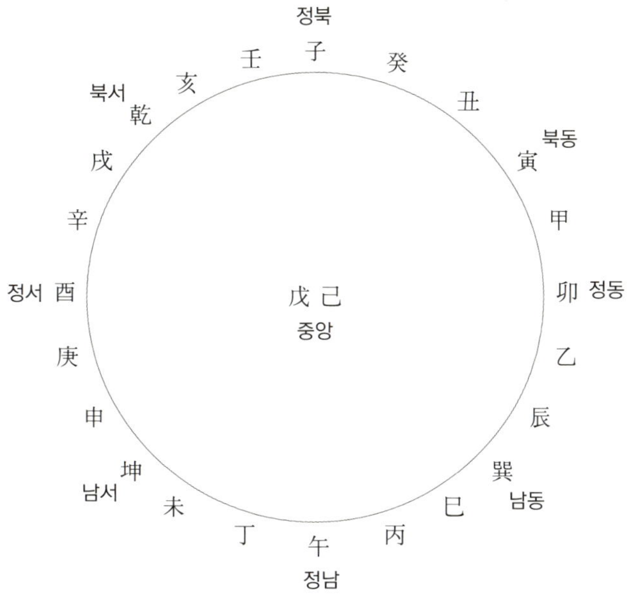

예 ① 어느 방향으로 가야 좋을까요?

丑

축(丑)을 뽑았으니 북동 방향으로 가면 좋을 것이다.

예 ②

**아이가 학원에서 집에 돌아왔을 시간인데 몇 시간째 전화를 받지 않아요.
도대체 어디 있을까요?**

戊

무(戊)를 뽑았으니 집 안 어딘가에 있을 것이다.

6

육십갑자의 특징

CHAPTER

KEY POINT

10개의 천간과 12개의 지지를 조합한 육십갑자의 성격을 분석하고, 육십갑자카드를 활용한 사주타로 배열법을 공부한다.

1 육십갑자 분석

- **갑자(甲子)** : 낙천적인 성격으로 가슴이 넓고 자신감이 넘치며 의지가 강하며, 대인관계가 원만하고 인정이 많다. 자존심이 강하며 이해타산이 빠르고 공과사가 분명한 성격이다.
- **갑인(甲寅)** : 두뇌 회전이 빠르고 화끈한 성격이다. 추진력과 배짱이 좋고 적극적이다. 하지만 가끔은 지나친 배짱과 고집 때문에 인생에 굴곡이 생기기 쉽다.
- **갑진(甲辰)** : 자존심이 강하고 명예욕이 있으며, 추진력이 있고 의지가 굳다. 진취적이지만 자존심이 강해 남에게 굽히기 싫어하는 성격의 소유자다.
- **갑오(甲午)** : 뛰어난 두뇌의 소유자로 새로운 것을 추구하고 창조력이 뛰어나고 예술 방면에 소질이 있다. 하지만 현실보다는 이상을 추구하며 손해를 보는 경우가 종종 있다.
- **갑신(甲申)** : 정열이 넘치고 뛰어난 리더십으로 사람들로부터 신뢰와 존경을 받

는다. 여러 방면에 재능이 많고 인정이 많은 성격이지만, 끈기가 부족하고 집중력이 모자란 것이 단점이다.

- **갑술(甲戌)** : 말솜씨가 좋아 처세술이 뛰어나다. 뛰어난 머리와 지혜로 사회활동을 하면서 충분히 자기 주장을 설득시키면서 일을 해 나가는 성격으로, 이를 계속 개발해 나가는 것이 필요하다.
- **을축(乙丑)** : 다소 내성적인 성품에 온화하고 온순하다. 모든 일에 합리적이며 자기 주관이 강해 흑백이 너무 명확하며, 은근한 고집이 있고 사람을 가려 사귀는 경우가 있다.
- **을묘(乙卯)** : 성실하고 치밀하며 매사에 분명하고 정확한 성격이다. 합리적 사고방식을 가졌으며 인정이 많은 착한 사람이다. 하지만 지구력이 약하고 이상적인 일을 추구하며 마음만큼 실천력이 약하다.
- **을사(乙巳)** : 자기 분수를 알고 세심한 성품으로 상대를 따뜻하게 배려한다. 아이디어가 반짝이고 자기 표현력이 탁월하며, 상상력도 풍부하고 재치와 임기응변이 뛰어나다. 하지만 변화가 심하고 끈기가 부족한 편이다.
- **을미(乙未)** : 박학다식하고 부드러운 성품을 가졌으며, 인정이 많고 상대의 마음을 잘 이해해준다. 하지만 결정적인 순간에 자신을 내보이지 않기 때문에 다소 계산적인 사람이라고 오해받기 쉽다.
- **을유(乙酉)** : 재주와 지혜가 뛰어나고 감각이 남다르며, 유순하고 단정한 성격의 소유자이다. 하지만 자신의 재주와 능력을 믿고 타인을 무시하거나 배려하지 않는 경우가 있다.
- **을해(乙亥)** : 뛰어난 재주를 지니고 있고 고상하며, 사물을 표현하는 기술이 남다르고 우수한 감각이 있는 사람이다. 어떤 일을 하게 되면 그 일에만 몰두하는 경향이 많지만, 누군가에게 의지하고 싶어하거나 끈기가 부족한 것이 단점이다.
- **병자(丙子)** : 항상 새로운 것을 추구하고 독창적이고 창의력이 돋보이며 진취적 기상이 뛰어나다. 솔직담백하고 의지력이 강하여 남의 도움을 받는 것을 싫어

하며 원칙에 밝다.

- **병인(丙寅)** : 낙천적이고 명랑한 성격으로 밝고 화려한 것을 좋아하며, 예쁘고 멋있는 것을 선호한다. 또한 원대한 포부와 이상을 가진 사람이다. 하지만 역마살을 타고나서 여기저기 돌아다니므로, 기쁜 일도 생기지만 대인관계에 마찰도 생기고 구설수와 시비가 뒤따르게 된다.
- **병진(丙辰)** : 중후하고 원만한 성격으로 묵묵히 매사에 침착하고 끈기가 있으며, 자신이 맡은 일에 최선을 다하고 친화력도 뛰어나다. 하지만 마음속에 간직한 꿈과 이상을 겉으로 나타내거나 추진하는 데 약하다.
- **병오(丙午)** : 매사 적극적이고 진취적이다. 말솜씨가 뛰어나고 명랑하고 호탕하며 양심적인 성격을 가지고 있다. 하지만 자존심이 상하는 일은 잘 하지 않으려 하고 성질이 급한 것이 단점이다.
- **병신(丙申)** : 사교성이 뛰어나고, 인정이 많고 예의가 있어 대인관계가 원만하다. 재주가 다양하여 맡겨진 일을 솔선수범하여 완벽하게 해내는 기질을 가지고 있다. 하지만 성격이 급하고, 가끔은 욱하는 성질이 있어 사람들과 충돌을 일으키므로 자기 성격을 자제하는 연습이 반드시 필요하다.
- **병술(丙戌)** : 단정하고 예의 바른 성격으로 낙천적이면서도 강한 열정을 가지고 매사에 강한 추진력을 발휘하는 정열적인 사람이다. 하지만 이는 겉으로 보이는 모습이고, 자신을 내세우지 못해 발생하는 우울함이나 외로움이 존재한다.
- **정축(丁丑)** : 지혜롭고 침착하며 냉정한 성격으로 대인관계가 원만하고 자기 주장을 뚜렷이 내세우면서 살아가는 사람이다. 하지만 다소 급한 성격이면서도 끈기가 부족하고 모험을 두려워한다.
- **정묘(丁卯)** : 자신만의 개성이 있고 재주가 많으면서 성실하기 때문에 사람들로부터 인기가 있다. 또한 자기의 독특한 옷차림과 행동으로 다른 사람과 구별되며, 자기 주관이 굉장히 강한 사람이다. 하지만 베풀 때 과도하게 베풀며 자기 주관이 너무 뚜렷한 경우가 있다.

- **정사(丁巳)** : 머리가 뛰어나고 재주가 많아서 예술, 기술, 체육, 문학 계통의 끼가 있다. 마음이 착하고 베풀기를 좋아하며, 호탕하고 명랑하고 언어능력도 좋고 사교력도 있다. 하지만 화끈한 성격으로 타인에게 말로 상처를 주기 쉽고 일을 벌이기를 잘하고 끝맺음이 약하다.
- **정미(丁未)** : 안정적이며 매사에 흔들림이 적고 맡은 바 책임을 다한다. 순간적 대처능력이 빠르고 인정도 많고 심성이 고우며 예의 바르고 성실하다. 하지만 고지식하고 융통성이 부족하며 쓸데없는 고집이 있다.
- **정유(丁酉)** : 용모가 수려하고 단정하며 예쁜 사람이 많아 탤런트, 배우, 가수 등 연예계에 진출해도 전망이 있는 재주꾼이다. 지혜가 있고 감각이 발달되어 예리한 판단력과 끼를 가지고 있다. 하지만 고집이 세고 화가 나면 주위를 살피지 않는 불 같은 성격의 소유자이다.
- **정해(丁亥)** : 온순하고 착한 성격으로 주위 사람들에게 많은 사랑과 칭찬을 받는 사람이다. 감각이나 감수성이 발달되어 있고, 많은 사람들보다는 소수의 사람들과의 관계에 치중한다.
- **무자(戊子)** : 말과 행동이 우직하고 믿음직스럽고 신중하며 계획성이 있어 사람들에게 신임을 받는 인물이다. 모든 일에 분명하고 합리적이며, 자신이 손해 볼 일을 절대 하지 않는 성격으로 돈에 조금 인색하다는 평가를 듣기도 한다.
- **무인(戊寅)** : 자기 주관이 뚜렷하여 매사에 앞장서서 일을 추진하는 성격의 소유자이다. 신의를 중요하게 여기고 독립적이고 자유적인 성격이다. 하지만 욱하는 기질이 있고 감정 조절이 약하며 고집이 세다.
- **무진(戊辰)** : 주어진 일을 완벽하게 해결하는 능력이 있고 남의 부탁이나 일을 도맡아 처리해주기도 한다. 하지만 완벽주의자여서 가까운 사람들에게 잔소리를 심하게 한다.
- **무오(戊午)** : 독립적이고 자유적이면서도 매우 신중하고 섬세한 타입으로 목표를 안정적으로 끌고 나간다. 순간적인 고집이 있고 평소에는 여유가 있다. 간혹

너무 꼼꼼한 경우가 있어 피곤하다.

- **무신(戊申)** : 안정적이고 보수적이면서 은근한 고집과 중후함과 우직한 성품을 지니고 있다. 재주가 다재다능하고 뛰어난 머리의 소유자로서 전문직종이나 학문으로 진출하면 좋다. 하지만 끈기가 부족하고 배짱이나 돌파력이 약하다.
- **무술(戊戌)** : 자존심도 강하고 자유롭고 싶어하며, 명예 지향적이고 어려움을 극복하는 능력이 있다. 하지만 쓸데없는 의리로 나설 때와 나서지 않을 때를 구분하지 못하고, 몸과 마음이 바쁘고 분주하면서 실속이 부족하다.
- **기축(己丑)** : 말이 별로 없고 수줍음을 많이 타는 성격이지만 남다른 고집이 있다. 일단 일이 주어지면 완벽하게 해내고자 하는 능력의 소유자로 뒤늦게 반드시 성공하는 운세이다.
- **기묘(己卯)** : 마음이 넓고 호탕한 성격으로 가족을 사랑하며 평범한 생활을 하고자 하는 성격이다. 하지만 이상을 추구하는 경향이 많고 끈기가 부족하기 때문에 자칫 이성문제에 신중해야 한다.
- **기사(己巳)** : 말수가 적고 조용한 분위기로 믿음이 가는 성격이다. 자신감 있고 정력적으로 생활해 나간다면 기대 이상의 성과를 얻을 수 있을 것이다. 하지만 자기 주장이 너무 강하고 가족들에게 의지하고자 하는 성격이며, 끈기와 끝맺음이 부족하다.
- **기미(己未)** : 순수하고 깨끗하며 양보심이 강하다. 타인에 대한 배려도 많고 정이 많다. 하지만 타인을 배려하다가 마음과 다른 행동을 할 때가 있고, 마음이 있어도 쉽게 하지 못한다.
- **기유(己酉)** : 자기 주관이 강하고 고집이 세어 항상 자기 중심으로 세상을 바라보는 사람이다. 섬세하고 분명한 것을 좋아하는 기질로 아무런 가식이 없어 사람들의 신임을 받지만, 자신의 생각이나 고집이 있어 융통성이 부족하고 적극성이 부족하다.
- **기해(己亥)** : 허황된 바람보다는 작은 일을 소중히 여기고, 남에게 아무런 대가

를 바라지 않고 베풀기를 좋아해 항상 주위에 많은 사람이 따른다. 하지만 배짱이 부족하고, 보여주고 싶어하는 기질이 강하여 인간관계에서 손해 보는 경우가 종종 있다.

- **경자(庚子)** : 뛰어난 재주가 있고 머리가 총명하며 지혜가 번쩍이는 사람으로 기획력과 아이디어가 많다. 언어능력도 탁월하고 자기 표현을 잘하고 감수성과 감각도 좋다. 하지만 자기 주장이 강하고 고집이 세다.
- **경인(庚寅)** : 성격이 밝고 긍정적이며 생활력이 강하고 추진력이 있는 사람이다. 밝고 명랑하고 온순하고 온정적이며 적응력도 탁월하다. 이렇듯 대인관계가 원만하지만 맺고 끊는 것이 약하고 리더로서 힘이 약하다.
- **경진(庚辰)** : 몸과 마음이 건강하고 인내심이 강하다. 남보다 노력을 많이 하고 자기 주장이 강하며, 용기 있는 남자 같은 성격으로 옳지 않은 일은 용납하지 못하는 의로운 사람이다. 하지만 과도한 고집과 쓸데없이 강한 의리를 가지고 있다.
- **경오(庚午)** : 마음이 넓고 쾌활하고 명랑한 성격이다. 매사에 너그럽게 지나가는 온유한 성격의 소유자이며, 인심을 베푸는 것이 인색하지 않으니 여러 사람에게 존경을 받는다.
- **경신(庚申)** : 자기 주관이 뚜렷하여 주위의 말에 쉽게 흔들리지 않고 바른 길을 꿋꿋이 가므로 많은 사람들로부터 존경을 받게 된다. 예체능 계통으로 재주가 발달되어 있어 다른 사람보다 감각이 뛰어나다. 하지만 고집이 세고 자기 과시욕이 강한 편이다.
- **경술(庚戌)** : 창조적이고 장인정신이 뛰어나 큰일을 쉽게 성사시키며, 비록 겉은 초라해 보이지만 안으로는 매우 섬세하고 치밀한 눈을 가지고 있다. 너무 똑똑하여 남을 무시하는 것 같은 행동을 하고 고집이 세다.
- **신축(辛丑)** : 지혜와 지모가 뛰어나고 기획력이나 창의력이 탁월하다. 요행을 바라지 않고 부지런하게 노력하는 성격으로 실패는 없으나 남에게 인색함이 보이

고, 일한 만큼 성과를 얻지 못하는 경우도 있다.

- **신묘(辛卯)** : 꼼꼼하고 알뜰한 성격으로 소박하며 평범한 것에 행복을 느낀다. 마음이 넓고 호탕한 성격의 소유자이며, 미적 감각과 예술적 감각이 뛰어나다. 하지만 적극적인 면과 추진력이 약하고 행동보다 말이 앞설 수 있다.
- **신사(辛巳)** : 신의와 믿음이 두터워 쉽게 남의 말에 흔들리지 않고 올바른 길만을 가려고 노력하는 인물이다. 하지만 인색하고 차가운 성품으로 매사에 끊고 맺음이 분명하나, 대인관계에서 때때로 충돌이 일어난다.
- **신미(辛未)** : 이해심이 많고 외유내강의 성격을 지녔으나 신경이 예민하고 자존심이 유난히 강한 인물이다. 분석력이 뛰어나고 매사에 세밀하고 정확하며 의리를 중요하게 여기는 성격이지만, 냉정한 면도 지니고 있다.
- **신유(辛酉)** : 의리를 중요시하고 깔끔하고 정직하며 자존심이 강한 성격이다. 예술적 자질이 뛰어나며 감성이 풍부하고 불의를 보면 참지 못하는 성품이다. 하지만 자존심도 강해 고집이 센 성격이다.
- **신해(辛亥)** : 지혜가 뛰어나고 한번 보기만 하면 알아듣는 다재다능한 능력의 소유자로 착실하고 명예와 의를 중요시하는 인물이다. 하지만 내성적이고 소심하고 생각이 너무 많아 간혹 냉철해 보이기도 한다.
- **임자(壬子)** : 모든 일에 의욕적이고 진취적이며 속이 깊고 과묵한 성격으로 일단 말을 하면 논리정연하고 통솔력이 있으며, 포용력도 있고 지구력도 대단하다. 하지만 고집이 너무 세어 한번 화를 내면 앞뒤를 가리지 않아 자제해야 한다.
- **임인(壬寅)** : 머리도 좋고 언변도 있으며, 재치가 있어 꾸준한 발전해 나간다. 매사에 능동적이고 박력이 있으며 처세술이 뛰어나며 고집이 세지만, 다소 우유부단한 단점도 지니고 있다.
- **임진(壬辰)** : 솔직담백하고 추진력과 자신감이 넘치는 모습이다. 말솜씨가 뛰어나 타인에게 굽히지 않는 주관이 뚜렷한 사람이다. 하지만 쉽게 흥분하고 급하며, 매사에 냉정하고 인색하다는 평가를 받기도 한다.

- **임오(壬午)** : 부드럽고 온유하면서도 은근한 고집과 끈기가 있어 한번 정한 목표는 성취한다. 마음이 여려 남의 말에 쉽게 흔들리고 따르는 속성이 있으나, 한번 안 한다 하고 고집을 부리면 죽어도 안 하는 사람이다.
- **임신(壬申)** : 매사에 적극적이며 끈기가 있고 일을 완벽하게 하는 성격으로, 재주가 뛰어나고 대인관계에서 매우 능수능란하며 다방면에 경험과 지식이 풍부한 사람이다. 하지만 재주가 너무 많아 이것저것 하고자 하는 것이 너무 많을 수 있다.
- **임술(壬戌)** : 온화하면서도 대인관계가 좋다. 호탕하고 쾌활한 성품에 활동적인 사람으로 자존심이 강하고 솔직담백하며 언변이 뛰어난 인물이다. 또한 타인의 간섭을 싫어하고 자유분방한 성격이다.
- **계축(癸丑)** : 믿음직스럽고 조용한 성격으로 남들에게 칭찬을 받으며 선량한 사람으로 평가받는다. 겉으로 보기와는 다르게 강한 추진력과 용기가 있어 한번 일을 시작하면 남들에게 뒤처지는 것을 싫어하고 끝까지 일을 완벽하게 해내는 성격이다.
- **계묘(癸卯)** : 재주가 많고 능력이 있는 사람으로 다방면에서 인정받으며 자기의 재능을 발휘하는 스타일이다. 다른 사람과 더불어 사는 것을 근본으로 하는 인물로 자기 실속만 챙기는 실속주의자는 아니다.
- **계사(癸巳)** : 항상 자기의 원칙을 세워 행동하고 내성적이면서도 일단 일을 맡게 되면 강한 추진력과 활동력으로 일을 처리하므로 인정을 받게 된다. 하지만 타인의 말에 쉽게 현혹되기 쉽고 끈기가 부족하다.
- **계미(癸未)** : 성격이 부드럽고 재주와 능력이 남보다 뛰어나지는 않지만 보통의 능력은 받았기 때문에 소박한 삶을 살아가면서도 돈과 건강 때문에 고민하면서 살아가지는 않는다. 하지만 작은 일에도 고집이 너무 강하고 밀어붙이는 경우가 많다.
- **계유(癸酉)** : 겉으로는 화려하게 보이지만 소박하고 부지런하며 속으로는 아주

여리고 보호본능이 강한 기질을 갖고 있다. 하지만 자기 재주를 너무 과신하다 손해를 보거나, 이것저것 일을 벌이기 좋아한다.

- **계해(癸亥)** : 회전이 빠르고 판단력이 뛰어나며, 매사에 치밀하고 분명하게 일을 처리하면서도 대인관계에서는 매우 부드럽고 정이 많다. 하지만 타인에게 보여주는 것을 좋아하다 보니 밖에서 사람으로 인한 문제가 발생할 수 있다.

2 육십갑자의 길한 순서

① 천간합+지지합

己 丑	甲 子

갑기합토(甲己合土)

자축합토(子丑合土)

② 천간합+지지가 같은 오행

己 丑	甲 辰

갑기합토(甲己合土)

축토(丑土), 진토(辰土)

③ 천간합+지지가 생하는 오행

己 丑	甲 午

갑기합토(甲己合土)

오화(午火) 생 축토(丑土)

④ 지지합+천간이 같은 오행

己	戊
丑	子

자축합토(子丑合土)

기토(己土), 무토(戊土)

⑤ 지지합+천간이 생하는 오행

己	丙
丑	子

자축합토(子丑合土)

병화(丙火) 생 기토(己土)

⑥ 천간이 같은 오행+지지가 같은 오행

甲	乙
寅	卯

갑목(甲木), 을목(乙木)

인목(寅木), 묘목(卯木)

⑦ 천간이 같은 오행+지지가 생하는 오행

甲	乙
寅	亥

갑목(甲木), 을목(乙木)

해수(亥水) 생 인목(寅木)

⑧ 지지가 같은 오행+천간이 생하는 오행

甲	壬
寅	寅

인목(寅木), 인목(寅木)

임수(壬水) 생 갑목(甲木)

3 육십갑자의 흉한 순서

① 천간충+지지충

己	乙
丑	未

을기충(乙己沖)
축미충(丑未沖)

辛	丁
卯	酉

정신충(丁辛沖)
묘유충(卯酉沖)

② 천간충+지지극

己	癸
丑	卯

기계충(己癸沖)
묘목(卯木) 극 축토(丑土)

③ 천간극+지지극

甲	辛
寅	酉

신금(辛金) 극 갑목(甲木)
유금(酉金) 극 인목(寅木)

④ 천간극+지지가 같은 오행

甲	辛
寅	卯

신금(辛金) 극 갑목(甲木)
인목(寅木), 묘목(卯木)

⑤ 지지극+천간이 같은 오행

甲 寅	乙 酉	갑목(甲木), 을목(乙木) 유금(酉金) 극 인목(寅木)
甲 寅	乙 未	갑목(甲木), 을목(乙木) 인목(寅木) 극 미토(未土)

4 육십갑자를 활용한 배열법

천간 한 글자와 지지 한 글자를 조합한 육십갑자카드를 활용하는 배열법이다.

1장 배열법

내담자(질문의 주인공)의 사주팔자 일주를 적은 다음 1장의 카드를 뽑는다. 일주와 같거나 생하거나 합을 하는 천간지지는 행복하고 희망적인 답이 된다. 반면에 일주를 극하거나 일주에게 극을 당하는 천간지지, 일주를 충하는 천간지지는 부정적인 답이 된다.

예 제가 타로마스터로 자리 잡을 수 있을까요?

일주	답변카드	
戊	癸	미래
戌	卯	현재

- **현재** : 묘술합(卯戌合)을 하니 지금도 어느 정도 실력을 갖추고 있고 능력이 있다.
- **미래** : 무계합(戊癸合)을 하니 가지고 있는 실력을 마음껏 펼칠 기회가 올 것이다.

2장 배열법

2장 배열법에서 처음 뽑은 카드는 내담자(질문의 주인공)이고, 두 번째로 뽑은 카드는 질문내용(용신)이다.

같은 오행, 생하는 오행, 합을 하는 천간지지는 행복하고 희망적인 답이 된다. 반면에 극을 당하는 오행, 극하는 오행, 충하는 천간지지는 부정적인 답이 된다.

① 카드를 셔플한 다음 먼저 내담자 또는 질문의 주인공에 해당하는 카드를 뽑는다.

② 다시 카드를 셔플한 다음 질문내용에 해당하는 카드를 뽑는다.

예 ① **남자친구와 좋은 관계를 오랫동안 유지할 수 있을까요?**

戊 戌	丙 午
내담자	질문내용

남자친구에 해당하는 병화(丙火)가 내담자의 무토(戊土)를 화생토(火生土)로 생해주므로 남자친구가 나를 적극적으로 도와주고 나의 이야기를 잘 들어주고 있다.
또한 남자친구에 해당하는 오화(午火)가 내담자에 해당하는 술토(戌土)를 화생토(火生土)하니 남자친구가 나를 적극적으로 도와주고 있다. 오술합화(午戌合火)로 합화하니 속궁합 또한 매우 좋은 관계이다.

예 ② **남편이 올해 안에 승진할 수 있을까요?**

내담자	질문내용	
丙	辛	미래
子	丑	현재

천간은 병신합수(丙辛合水)이고, 지지는 자축합토(子丑合土)이니 긍정적인 결과로 승진하게 될 것이다.

내담자	질문내용	
丙	庚	미래
申	子	현재

천간은 병경충(丙庚沖)을 하고, 지지는 신자합수(申子合水)를 한다. 천간은 충하고 지지는 합이어서 승진하기 어렵고 현재의 자리를 지키겠다.

내담자	질문내용	
丙	壬	미래
寅	申	현재

천간은 병임충(丙壬沖), 지지는 인신충(寅申沖)으로 천간과 지지가 모두 충을 하니 승진하기 어렵고 명예퇴직이나 좋지 않은 부서로 보직이 변경될 가능성이 높다.

육십갑자 일주 배열법

육십갑자 일주 배열법은 내담자(질문의 주인공)의 사주팔자 일주를 중심에 두고 질문에 해당하는 카드를 뽑아서 배열하는 방법이다.

예 ① **제가 올해 남자친구와 여행을 가려고 하는데 괜찮을까요?**

시	일	월	연	
	戊			(坤)
	戌			

일주	과거	현재	미래
戊 戌	己 巳	丙 午	癸 卯

- **과거** : 사주 일간의 무토(戊土)와 과거의 기토(己土)가 같은 오행이고, 일지 술토(戌土)를 과거의 사화(巳火)가 생하니 행복하고 평화로운 관계를 유지하였다.
- **현재** : 사주 일간의 무토(戊土)를 현재의 병화(丙火)가 생하고, 일지 술토(戌土)가 현재의 오화(午火)와 오술합화(午戌合火)를 하니 현재도 매우 행복하고 가슴 설레는 시간을 보내고 있다.
- **미래** : 사주 일주 무술(戊戌)과 미래의 계묘(癸卯)가 무계합화(戊癸合火), 묘술합화(卯戌合火)를 하니 행복하고 가슴 설레는 여행이 될 것이다.

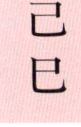

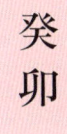

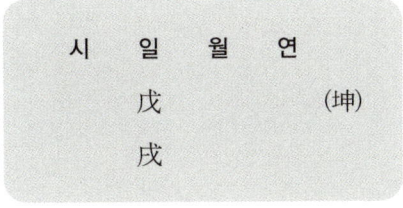

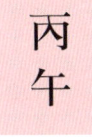

예 ② 여자친구와 편하게 잘 지내고 있는데 그녀가 나를 좋아하고 있나요?

시	일	월	연	
	甲			(乾)
	戌			

甲戌	丙辰	壬午	己卯
일주	과거	현재	미래

• **과거**

甲戌	丙辰	
		겉궁합 / 속궁합
일주	상대	

• **겉궁합** : 그녀와 나는 대화가 잘 통하고 그녀는 나를 적극적으로 도와주고 좋아했다.

• **속궁합** : 그녀와 나는 이성관계로는 생각하지 않았다.

• **현재**

甲戌	壬午	
		겉궁합 / 속궁합
일주	상대	

• **겉궁합** : 그녀는 나와 대화가 잘 통하고 그녀는 나를 적극적으로 도와주고 좋아하고 있다.

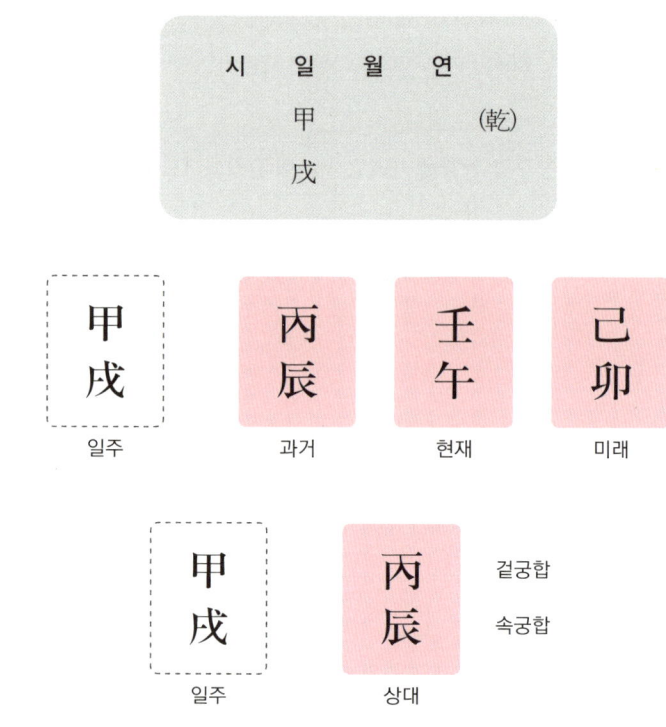

- **속궁합** : 그녀와 나는 서로 이성으로 생각하고 있고, 속궁합도 매우 잘 맞는다.

- **미래**

일주	상대	
甲	己	겉궁합
戌	卯	속궁합

- **겉궁합** : 그녀와 나는 서로 대화할 때마다 소통도 잘 되고 눈빛만 봐도 서로의 마음을 금방 읽을 수 있다.
- **속궁합** : 그녀와 나는 서로 이성으로 사랑하고 속궁합도 매우 잘 맞을 것이다.

육십갑자 용신 배열법

육십갑자 용신 배열법은 내담자(질문의 주인공)에 해당하는 용신카드를 먼저 뽑은 다음, 질문내용에 해당하는 카드를 뽑는 방법이다.

① 먼저 셔플 후 용신(내담자 또는 질문의 주인공)카드를 뽑는다.

② 다시 셔플 후 질문내용 카드를 뽑는다.

예 ① **짝사랑하는 남자와 잘될까요?**

내담자(용신)	과거	현재	미래
庚子	丙午	甲戌	丁酉

• **과거**

庚子	丙午	겉궁합 속궁합
내담자(용신)	상대	

• **겉궁합** : 서로 대화가 통하지 않고 일방적인 짝사랑을 하고 있다.

• **속궁합** : 남자는 나를 이성적으로 생각하지 않고 있다.

• **현재**

庚子	甲戌	겉궁합 속궁합
내담자(용신)	상대	

• **겉궁합** : 서로 대화가 통하지 않고 일방적인 짝사랑을 하고 있다.

• **속궁합** : 남자는 나를 이성으로 생각하고 있지 않다.

• **미래**

庚子	丁酉	겉궁합 속궁합
내담자(용신)	상대	

• **겉궁합** : 서로 대화가 통하지 않고 일방적인 짝사랑을 하게 된다.

• **속궁합** : 남자는 나를 단지 성적 욕구를 채우는 대상으로 여기려 한다.

육친을 활용한 사주타로

2

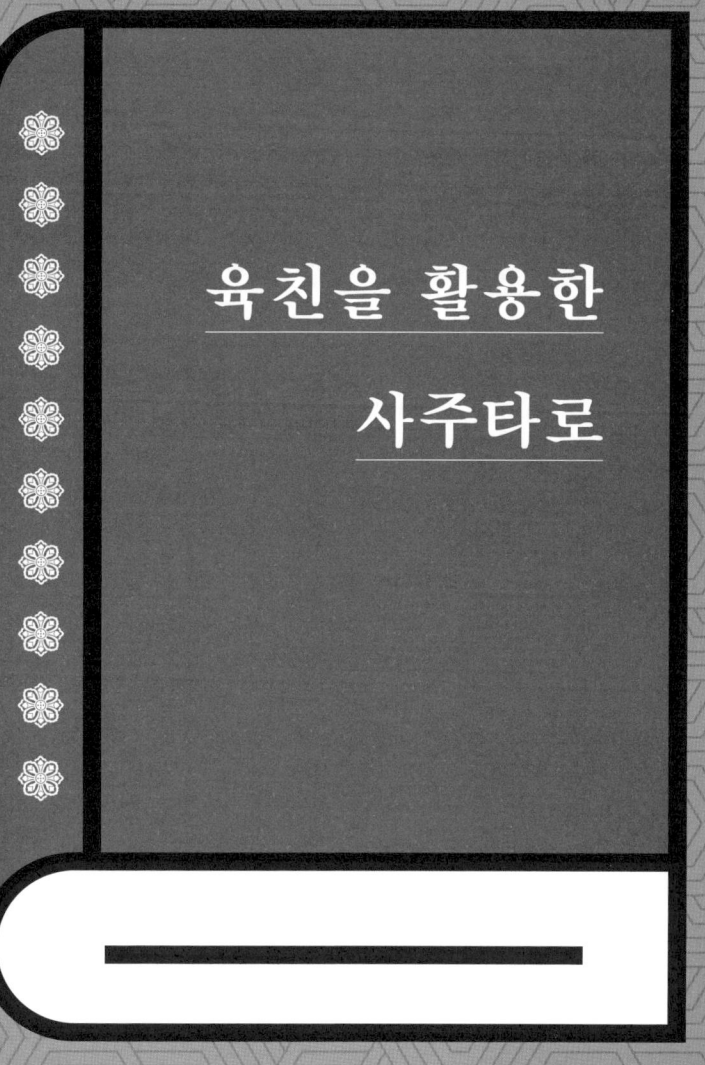

CHAPTER

① 육친의 이해

KEY POINT

육친은 사주팔자 일간을 중심으로 하여 다른 오행과의 상생관계, 상극관계로 이루어진다. 육친은 사주팔자 주인공의 인간관계는 물론 다양한 사회적 관계를 파악할 수 있는 유용한 도구이다. 여기서는 오행카드, 천간카드, 지지카드를 활용하는 경우와 육십갑자카드를 활용하는 경우를 나누어 설명한다.

1 육친이란

육친(六親)이란 음양오행의 상생과 상극 관계를 통해 인간관계와 사회관계를 이해하고 대처할 수 있게 완성해주는, 사주명리학에서 없어서는 안 될 학문 분야이다. 살아가면서 만나게 되는 가족을 포함한 다양한 인간관계와 그 속에서 이루어지는 사회성과 사회관계가 육친 속에 내포되어 있다.

육친은 육신(六神)이라고도 부른다. 부모, 형제, 배우자, 자녀, 친구, 선후배 등의 인간관계와 사람, 그리고 의식주, 재물, 명예, 공부, 부동산 등의 사회적 관계를 해석할 수 있는 유용한 도구가 바로 육친이다. 반복적으로 읽고 또 읽어 머릿속에 완전히 숙지해야 할 만큼 육친은 중요하다.

1) 육친의 종류

육친은 비견(比肩), 겁재(劫財), 식신(食神), 상관(傷官), 편재(偏財), 정재(正財), 편관(偏官), 정관(正官), 편인(偏印), 정인(正印)의 10개가 존재한다. 10가지 종류가 있다고 해서「십신(十神)」이라고 부르는 사람도 있다.

육친은 오행의 상생(相生), 상극(相剋)의 원리를 이용하여 나와 같은가, 내가 생하는가, 나를 생하는가, 내가 극하는가, 나를 극하는가의 관계를 살펴보는 것이다. 여기서「나」라는 것은 사주팔자의「일간(日干)」을 말함이고, 일간을 위주로 하여 일간 오행과 일간을 제외한 다른 오행과의 관계를 보면 된다.

- **비견(比肩)** : 일간과 오행이 같고 음양도 같은 것
- **겁재(劫財)** : 일간과 오행이 같고 음양이 다른 것
- **식신(食神)** : 일간이 생하고 음양이 같은 것
- **상관(傷官)** : 일간이 생하고 음양이 다른 것
- **편재(偏財)** : 일간이 극하고 음양이 같은 것
- **정재(正財)** : 일간이 극하고 음양이 다른 것
- **편관(偏官)** : 일간을 극하고 음양이 같은 것
- **정관(正官)** : 일간을 극하고 음양이 다른 것
- **편인(偏印)** : 일간을 생하고 음양이 같은 것
- **정인(正印)** : 일간을 생하고 음양이 다른 것

• 천간 육친 도표

일간 / 천간	甲	乙	丙	丁	戊	己	庚	辛	壬	癸
甲	비견	겁재	편인	정인	편관	정관	편재	정재	식신	상관
乙	겁재	비견	정인	편인	정관	편관	정재	편재	상관	식신
丙	식신	상관	비견	겁재	편인	정인	편관	정관	편재	정재
丁	상관	식신	겁재	비견	정인	편인	정관	편관	정재	편재
戊	편재	정재	식신	상관	비견	겁재	편인	정인	편관	정관
己	정재	편재	상관	식신	겁재	비견	정인	편인	정관	편관
庚	편관	정관	편재	정재	식신	상관	비견	겁재	편인	정인
辛	정관	편관	정재	편재	상관	식신	겁재	비견	정인	편인
辛	편인	정인	편관	정관	편재	정재	식신	상관	비견	겁재
癸	정인	편인	정관	편관	정재	편재	상관	식신	겁재	비견

• 지지 육친 도표

일간 / 지지	甲	乙	丙	丁	戊	己	庚	辛	壬	癸
子	정인	편인	정관	편관	정재	편재	상관	식신	겁재	비견
丑	정재	편재	상관	식신	겁재	비견	정인	편인	정관	편관
寅	비견	겁재	편인	정인	편관	정관	편재	정재	식신	상관
卯	겁재	비견	정인	편인	정관	편관	정재	편재	상관	식신
辰	편재	정재	식신	상관	비견	겁재	편인	정인	편관	정관
巳	식신	상관	비견	겁재	편인	정인	편관	정관	편재	정재
午	상관	식신	겁재	비견	정인	편인	정관	편관	정재	편재
未	정재	편재	상관	식신	겁재	비견	정인	편인	정관	편관
申	편관	정관	편재	정재	식신	상관	비견	겁재	편인	정인
酉	정관	편관	정재	편재	상관	식신	겁재	비견	정인	편인
戌	편재	정재	식신	상관	비견	겁재	편인	정인	편관	정관
亥	편인	정인	편관	정관	편재	정재	식신	상관	비견	겁재

2) 육친의 상생과 상극

① 육친의 상생

• 비견·겁재는 식신·상관을 생한다.

• 식신·상관은 편재·정재를 생한다.

• 편재·정재는 편관·정관을 생한다.

• 편관·정관은 편인·정인을 생한다.

• 편인·정인은 비견·겁재를 생한다.

② 육친의 상극

• 비견·겁재는 편재·정재를 극한다.

• 식신·상관은 편관·정관을 극한다.

• 편재·정재는 편인·정인을 극한다.

• 편관·정관은 비견·겁재를 극한다.

• 편인·정인은 식신·상관을 극한다.

• 육친 간의 상생·상극 작용도

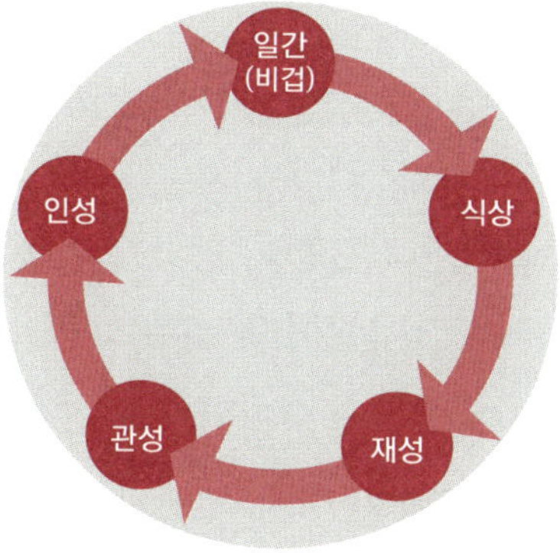

상생

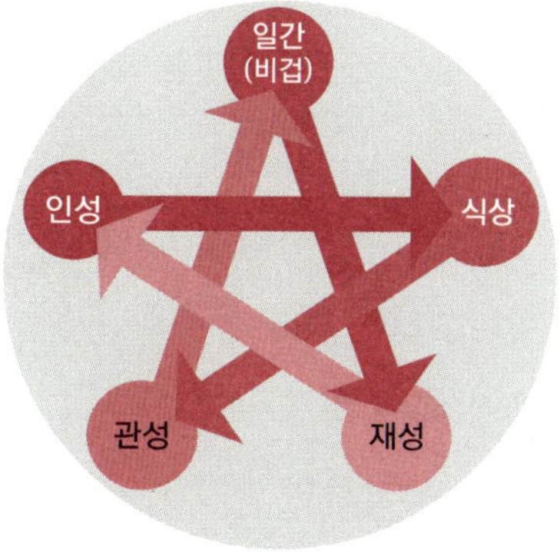

상극

3) 육친의 발달과 과다

대덕이론에서는 육친을 「발달」과 「과다(많은 것)」로 나누어 분석한다. 즉, 각 육친은 발달과 과다에 따라 성격 유형을 비롯한 직업적 특성이나 적성이 다르게 존재한다고 해석한다.

비견과 겁재, 식신과 상관, 편재와 정재, 편관과 정관, 편인과 정인은 같은 성격이라고 할 수는 없지만, 비슷한 성격을 지니고 있다고 보아야 한다. 그래서 비견이 발달했는데 겁재가 1~2개 더 있어서 비견과 겁재를 합한 것이 「과다」에 해당하면, 비겁 발달이라 하지 않고 비겁 과다의 성격 유형으로 보아야 한다.

- 비견 발달 + 비겁 1~2개 → 비겁 발달(×), 비겁 과다(○)

또 다른 예로 편관도 발달하고 정관도 발달한 경우를 보자. 이때는 편관 발달 성격도 있고 정관 발달 성격도 존재하는 것이 아니라, 편관과 정관을 합쳐서 「과다」에 해당하는 성격과 직업 유형을 읽어주어야 한다.

- 편관 발달 + 정관 발달 → 관성 발달(×), 관성 과다(○)

참고로 편관만 과다할 때의 성격 유형, 정관만 과다할 때의 성격 유형, 편관과 정관이 함께 과다할 때의 성격 유형은 똑같다.

- 편관 과다 = 정관 과다 = 관성 과다

즉, 비견과 겁재는 과다일 때 성격 유형이 똑같고, 마찬가지로 식신과 상관, 편재와 정재, 편관과 정관, 편인과 정인도 과다일 때 성격 유형이 똑같다. 그리고 비견이 과다일 때나 겁재가 과다일 때, 비견과 겁재를 합쳐서 과다일 때도 성격 유형이 똑같다. 정리하면, 비견과 겁재, 식신과 상관, 편재와 정재, 편관과 정관, 편인과 정인은 발달일 때는 분리해서 해석하지만, 과다일 때는 분리하지 않고 같은 육친으로 본다.

2 육친의 특징

비겁 〈비견과 겁재〉

1) 비겁의 특징

- 비겁(비견과 겁재)은 사람들에게 내(행동, 끼, 지식, 마음 등)가 어떻게 인정받는가에 많은 관심을 가지고 살아가며, 타인에게 긍정적이고 좋은 모습으로 보여지기 위해 최선의 노력을 한다. 지식이나 끼를 가지고 사람들과 관계를 맺어가는 것, 자신을 개발하고 그것을 타인들에게 보여주고 자랑하면서 사람들과의 관계를 맺어가는 것이 비겁이다.
- 비겁은 자신에 대해 민감하고 감수성이 예민하며 말수가 적다.
- 비겁은 감정적으로 정직하고 창의적이며 자기중심적이고 개인적이다.
- 비겁은 자기애가 강하나 자아존중감이 부족하여 쉽게 우울해질 수 있다.
- 비겁은 자신의 약점이나 결점을 다른 사람들에게 보여주는 것에 민감하게 반응하며 평범하게 사는 삶을 불편하게 여긴다.
- 비겁은 자신이 다른 사람들에게 특별한 존재로 인식되기를 원한다.
- 비겁은 자신을 새롭게 변화시키고 창의적, 창조적으로 만들어간다.
- 비겁은 야망도 많고 유능하고 에너지가 넘친다.
- 비겁은 관계에 민감하고 다른 사람들이 생각하는 자기 자신에 대해 지나치게 고민하기도 한다.
- 비겁은 안정된 심리상태에서는 예민한 감수성과 발랄함을 적극적으로 발휘하여 예술, 문학, 연예, 방송, 체육 등의 분야에서 재능을 발휘하거나 정치, 교육 등에 진출하기도 한다.
- 비겁은 스트레스 받는 상태에서는 비교나 비판을 당하는 것에 지나치게 민감

하며, 극단적으로는 사람을 밀어내고 우울증, 방종, 자기연민에 빠지기도 한다.

2) 비겁의 육친관계

비겁은 남성에게는 친구, 선후배, 동업자, 동료, 형제자매, 배우자(애인)의 남자 등을 상징하고, 여성에게는 친구, 선후배, 동업자, 동료, 형제자매, 시댁 식구, 배우자(애인)의 여자 등을 의미한다. 또한 사회적으로는 사람이나 대인관계를 의미한다.

3) 비겁의 성격

- 인정이 많다.
- 재주가 많다.
- 자존심이 강하다.
- 자유지향적이다.
- 승부욕이 강하다.
- 간섭과 비교에 민감하다.
- 비교당하는 것을 정말 싫어한다.
- 자신을 인정하는 사람이 좋다.
- 착한 사람이다.
- 감각, 청각, 시각이 발달했다.
- 신경이 예민하다.
- 칭찬과 비판에 민감하다.
- 자기를 드러낸다.
- 감정기복이 심하다.
- 감수성이 발달되어 있다.
- 자존감의 변동이 크다.

- 칭찬받기 위해 노력한다.
- 칭찬받기 위해 희생한다.
- 자립하고 싶어한다.
- 타인의 관심이 기쁘다.
- 타인에게 인정받는 것에 아주 민감하다.
- 명확한 칭찬이 없으면 실망한다.
- 다수 속에 있는 것이 좋다.
- 여러 사람들 사이에서 스포트라이트를 받는 것이 좋다.
- 남을 챙기는 것이 좋다.
- 자기 주장을 감춘다.
- 누군가가 멀리서도 무슨 이야기를 하는지, 특히 자신에 대한 이야기를 하는지에 대해 관심이 있다.
- 자신을 칭찬하는 사람에게 끌린다.
- 남에게 강렬한 인상을 남기고 싶기 때문에 대체적으로 매너 있게 행동한다.
- 모든 사람들이 자신을 좋아할 거라 생각하고 그렇게 되도록 노력한다.
- 자신을 좋아하지 않는 사람들을 이해하기 어렵다.
- 자신을 받아들이지 않고 존재를 인정하지 않으면 어쩔 줄 몰라 한다.
- 깊고 친밀한 듯한 인간관계를 맺는 것 같지만 얕은 인간관계를 맺는 편이다.
- 타인이 자신을 쳐다볼 때 힘이 난다.
- 주변 사람들에게 자신을 보여주고 싶어한다.
- 조화를 중시하고 다른 사람을 지지해주며 잘 공감해준다.
- 칭찬받을 자격이 있는 사람인지 스스로를 의심한다.
- 남들보다 잘하려고 두 배, 세 배 노력한다.
- 어려서부터 반복적으로 칭찬받은 방향으로 가려 한다.

4) 오행에 따른 비겁의 특징

- 목(木) 비겁 : 긍정성, 배려성, 성장성, 융통성, 자유성, 자율성, 창조성, 호기심
- 화(火) 비겁 : 모험성, 소유성, 예술성, 융합성, 자율성, 창조성, 표현성, 활동성
- 토(土) 비겁 : 관계성, 기억성, 명예성, 소통성, 융통성, 인내성, 전통성, 판단력
- 금(金) 비겁 : 개혁성, 기억성, 논리성, 보수성, 비판성, 완벽성, 준비성, 치밀성
- 수(水) 비겁 : 감수성, 기억성, 분석성, 상상성, 수리성, 연구성, 정보성, 창의성

5) 비겁의 직업적성

사주에 비겁이 많은 이들은 돈을 밑천 삼아 벌이는 일이 아니라, 지식과 끼를 바탕으로 사람들과 관계를 맺는 직업이 잘 맞는다. 교육자는 물건이 아니라 지식을 가지고 학생들과 관계를 맺어간다는 점에서 적합하다. 외교관도 외국어라는 지식을 바탕으로 사람들과 관계를 맺는다는 면에서 적합하다. 공무원 역시 공부한 지식으로 공무원 시험에 합격하여 대민업무라는 인간관계를 맺어간다는 면에서 적합하다. 그 외에도 끼를 바탕으로 인간관계를 맺어가는 연예, 예술, 방송 쪽 일이 잘 맞는다.

적절한 직업

MC, PD, 아나운서, 리포터, 교수, 교사, 강사, 기술사, 공장장, 연구원, 요리사, 군인, 경찰, 공무원, 동시통역사, 번역가, 변호사, 사회복지사, 상담심리학자, 언어치료사, 컨설턴트, 기획, 편집, 작가, 디자이너, 예술가(성악가 · 음악가 · 화가 · 무용가 · 사진작가), 기획담당자, 홍보담당자, 연예인(영화배우, 탤런트, 가수, 패션모델), 운동선수, 코치, 경호원, 발명가, 사업가, 자유직, 전문직, 정치인, 종교인, 행정가

6) 비견

비견(比肩)은 나(일간)와 오행도 같고 음양도 같은 것을 말한다. 일간이 갑(甲)일

때 갑(甲)이나 인(寅), 일간이 을(乙)일 때 을(乙)이나 묘(卯), 일간이 병(丙)일 때 병(丙)이나 사(巳), 일간이 정(丁)일 때 정(丁)이나 오(午), 일간이 무(戊)일 때 무(戊)·진(辰)·술(戌), 일간이 기(己)일 때 기(己)·축(丑)·미(未), 일간이 경(庚)일 때 경(庚)이나 신(申), 일간이 신(辛)일 때 신(辛)이나 유(酉), 일간이 임(壬)일 때 임(壬)이나 해(亥), 일간이 계(癸)일 때 계(癸)와 자(子)를 말한다.

지지의 화(火)인 사(巳)와 오(午), 수(水)인 해(亥)와 자(子)는 서로 음양을 바꾸어 주어야 한다. 사화(巳火)가 양화로, 오화(午火)가 음화로, 해수(亥水)가 양수로, 자수(子水)가 음수로 변한다는 것을 꼭 기억해서 육친에도 적용해야 한다.

키워드

품위, 자존심, 자긍심, 독창적, 협동적(칭찬시), 주관적, 성실성, 반항적(비판시), 자기중심적, 현재적, 직선적, 열정적, 집중적(칭찬시), 산만한(비판시), 적극적(칭찬시), 긍정적(칭찬시), 질투하는, 공동체 의식적

사회관계

비견의 사회성은 사람을 상징하고 대인관계와 관련이 있다. 비견은 사람과 사람과의 만남에서 시작된다. 비견의 사회성은 한마디로 사람과 대인관계를 주관한다.

인간관계

남자는 친구, 선후배, 형제, 동업자, 경쟁자, 부하직원, 동료직원. 여자는 친구, 선후배, 자매, 시댁식구, 남편의 여자, 동업자, 경쟁자, 부하직원, 동료직원

7) 겁재

겁재는 나(일간)와 오행은 같고 음양이 다른 것이다. 일간이 갑(甲)일 때 을(乙)이나 묘(卯), 일간이 을(乙)일 때 갑(甲)이나 인(寅), 일간이 병(丙)일 때 정(丁)이나 오(午), 일간이 정(丁)일 때 병(丙)이나 사(巳), 일간이 무(戊)일 때 기(己)·축(丑)·미(未), 일간이 기(己)일 때 무(戊)·진(辰)·술(戌), 일간이 경(庚)일 때 신

(辛)이나 유(酉), 일간이 신(辛)일 때 경(庚)이나 신(申), 일간이 임(壬)일 때 계(癸)나 자(子), 일간이 계(癸)일 때 임(壬)이나 해(亥)를 말한다.

키워드

경쟁심, 독립적, 독창적, 명예심, 비약적, 실천적(칭찬시), 실험적, 의식적, 자기과시적, 자기중심적, 자존심, 적극성(칭찬시), 주관적, 직선적, 질투하는(비판시), 책임감, 현실적

사회관계

비겁의 사회성 또한 비견과 마찬가지로 사람과 대인관계를 주관한다.

인간관계

남자는 친구, 선후배, 형제, 동업자, 동료직원, 부하직원. 여자는 친구, 선후배, 자매, 동업자, 시댁식구, 남편의 여자

식상 〈식신과 상관〉

1) 식상의 특징

- 식신과 상관을 줄여서 식상이라고 부른다.
- 식상은 언어와 음식과 예술을 통해 타인을 성장시키면서 관계를 맺어가는 것이다. 아이디어, 기획력, 창의성, 예술성을 가지고 사람들의 스트레스를 풀어주고 삶을 성장시키며 관계를 맺어가는 것이다.
- 식신과 상관은 지식이나 예술이나 음식을 통해 타인의 정신적 성장 또는 육체적 성장을 돕기 위해 자신의 능력과 특성을 발전시켜 나간다. 간혹 타인의 성장에 집착하여 그 사람을 조종하거나 구속하거나 비판하거나 잔소리를 하는 등 억압과 독재를 하기도 한다.
- 식상(식신과 상관)은 타인을 성장시키고자 하는 이타심이 잠재되어 있다. 이를

바탕으로 타인의 장점을 살려주고 단점을 보완할 수 있게 도움을 주거나, 타인에게 필요한 것을 정확하게 파악하거나, 타인에게 즐거움이나 행복을 주는 데 탁월한 능력을 발휘한다.

- 식상은 지적 호기심이 많고, 통찰력이 뛰어나며, 생각이나 아이디어나 예술, 문학, 기술을 발전시키는 데 집중하는 능력이 있다.
- 식상은 새롭고 혁신적이며 독창적인 아이디어를 가지고 다른 사람들이나 조직을 놀라게 한다.
- 식상은 자신만의 생각과 공상에 빠지기도 한다.
- 식상은 다른 사람과 조직의 장점이나 특성을 잘 간파하며 이끌어내는 멘토적 자질, 또는 다른 사람과 조직을 성장시키는 스승이나 참모적 능력이 뛰어나다.
- 식상은 때로는 엉뚱하고 허무맹랑한 상상력, 우유부단하거나 비정상적인 생각이나 행동으로 사람들을 당혹스럽게 만들기도 한다.
- 식상은 기획력이나 창의성, 창조성이 뛰어나고 새로운 변화를 간파하여 미래를 설계하는 능력이 있다.
- 식상은 상상력의 개척자, 아이디어 개척자, 몽상적인 개척자로 세상을 보통 사람들과는 전혀 다른 눈으로 바라보는 능력의 소유자다.
- 식상은 안정된 심리상태에서는 시대를 앞서서 새로운 창의성과 창조성, 아이디어, 기획력으로 다른 사람들이나 조직을 키우고 성장시키며 조언하는 능력이 뛰어나다.
- 식상은 스트레스 받는 상태에서는 허풍, 과도한 행동, 비정상적인 행동이나 자기고립, 허무주의에 빠지기 쉽다. 또한 타인을 가스라이팅하거나 집착하고, 강제적 교육, 지시 등에 빠지기 쉽다.

2) 식상의 육친관계

식상은 남성에게는 육친관계상 장모와 할머니를 상징하지만, 사주타로에서는 활용하지 않아도 된다. 한편 여성에게 식상은 자식을 상징한다. 사회관계상 식상은 남녀 모두에게 입과 관련된 것, 즉 의식주나 먹는 것, 또한 말하는 것등을 의미한다.

3) 식상의 성격

- 감각과 감수성이 발달되어 있다.
- 순간적 재치가 있다.
- 아이디어가 뛰어나다.
- 기획력이 뛰어나다.
- 기획력이 탁월하고 재치와 임기 응변이 뛰어나다.
- 누군가에게 조언하고 상담하는 데 재주가 있다.
- 느낌이나 생각을 이야기하고 싶어한다.
- 다른 사람에 비해 특별한 재능이 있다.
- 다재다능한 능력의 소유자이다.
- 두뇌가 뛰어나고 언변이 좋다.
- 묵묵하게 자신의 일을 처리한다.
- 본능적 직관이 뛰어나다.
- 사색적이고 연구능력이 발달되어 있다.
- 새로운 가능성을 추구하고 창의적으로 일을 시작한다.
- 섬세하고 분명한 것을 좋아한다.
- 신의가 있고 자신의 맡은 바를 완수하고자 한다.
- 어려울 때 더욱 자극받고 어려움을 독창적으로 해결한다.
- 열정적이고 창의적이다.
- 예술, 연예, 방송, 기술 등의 끼가 있다.
- 예지력이 있고 감각이 발달되어 있다.

• 인간미가 있고 부드러운 성격이다.
• 인정이 많고 베풀 줄 알며 도움을 주려고 한다.
• 자기 주관과 주장이 강하고 강한 고집이 있다.
• 중후하고 안정적이며 인품이 고상하고 단정하고 예의바르다.
• 즉흥적인 때가 많고 어떤 틀에 얽매이는 것이 싫다.
• 창의적이고 창조력이 있다.
• 총명하고 머리가 좋다.
• 풍부한 상상력과 영감을 가지고 새로운 프로젝트를 잘 시작한다.
• 하나의 지식에 만족하지 않고 새로운 것에 관심이 크다.
• 화려한 언어구사능력과 표현력이 있다.

4) 오행에 따른 식상의 특징

• 목(木) 식상 : 기획성, 명예성, 분석력, 성공성, 신중성, 창의성, 현실성
• 화(火) 식상 : 감수성, 유머감각, 융통성, 창조성, 통솔성, 통찰성, 표현성
• 토(土) 식상 : 관계성, 설득성, 융통성, 이해성, 지도성, 판단성, 합리성
• 금(金) 식상 : 계획성, 완벽성, 주도성, 집착성, 창의성, 판단성, 판별성
• 수(水) 식상 : 보수성, 분석성, 섬세성, 수리성, 신중성, 예민성, 정보성

5) 식상의 직업적성

식상이 발달한 이들은 남을 도와주는 선생님이나 공무원 같은 일이 적합하다. 남을 도울 수 있으면서 독립적인 학원사업 등을 하는 것도 좋다. 식상이 발달했는데 도화가 있으면 연예, 예술, 방송 쪽으로도 활동하고, 역마가 있으면 외교관, 천문성이 있으면 의사, 법조인으로 활약하기도 한다.
식상 점수가 높을수록 직장 생활은 힘들어진다. 식상이 80~90점 이상으로 과다하면 독립적인 기질이 너무 강해져서 대장 노릇을 하려고 한다. 그래서 자기 사업

을 벌이게 되는 경우가 많다. 그러나 이들이 벌이는 사업에는 굴곡이 많다. 남들의 재능은 잘 보지만 나의 재능, 즉 내 사업체가 잘할 수 있고 어떤 방향으로 나아가야 좋을지 객관적으로 보는 능력은 떨어지기 때문이다.

적절한 직업

MC, 가정주부, 어린이집, 검사, 변호사, 판사, 경찰, 공무원, 교사, 교수, 교육가, 경제학, 과학, 광고기획, 기자, 아나운서, 언론인, 저널리스트, 말하는 직업, 강사, 학원강사, 학원사업, 기획실장, 대변인, 목사, 목회자, 성직자, 스님, 신부, 종교인, 문인, 문필가, 문학평론가, 방송작가, 작가, 문제해결사, 컨설턴트, 발명가, 법학, 보건, 사무직, 사무총장, 사회복지사, 상담가, 샐러리맨, 생산, 서비스, 건축, 수학, 순수과학, 엔지니어링, 연구소, 의사, 토목, 연예인(영화배우 · 연극배우 · 탤런트 · 가수 · 패션모델), 영화평론가, 음악평론가, 예술가, 음식장사 등 요식업 분야, 통계, 판매, 회계, 회사원

6) 식신

식신(食神)은 내(일간)가 생하면서 음양이 같은 것을 말한다. 일간이 갑(甲)일 때 병(丙)과 사(巳), 일간이 을(乙)일 때 정(丁)과 오(午), 일간이 병(丙)일 때 무(戊)와 진(辰) · 술(戌), 일간이 정(丁)일 때 기(己)와 축(丑) · 미(未), 일간이 무(戊)일 때 경(庚)과 신(申), 일간이 기(己)일 때 신(辛)과 유(酉), 일간이 경(庚)일 때 임(壬)과 해(亥), 일간이 신(辛)일 때 계(癸)와 자(子), 일간이 임(壬)일 때 갑(甲)과 인(寅), 일간이 계(癸)일 때 을(乙)과 묘(卯)를 말한다.

키워드

감성적, 과정 중시, 미래지향적, 생각적, 설득적, 아이디어 발달, 양보적, 연구적, 융통적, 이타적, 이해력, 정보력, 창의적, 창조적, 친화력, 협동적, 협조적, 희생정신

사회관계

식신의 사회성은 언어, 말, 의식주를 주관한다. 특히 식신은 안정적이고 보수적인 특징을 가지고 있다. 말하는 직업 중에서도 안정적이고 비모험적인 직업을 선호하는 경우가 많다. 그러나 상관적 직업을 하는 경우도 많으니 크게 구분하지 않아도 되겠다.

인간관계

남자는 장모나 할머니, 기타 여러 가지 의미가 있으나 별로 실효성이 없다. 여자에게는 자식을 의미한다.

7) 상관

상관(傷官)은 내(일간)가 생하고 음양이 다른 것을 말한다. 일간이 갑(甲)일 때 정(丁)과 오(午), 일간이 을(乙)일 때 병(丙)과 사(巳), 일간이 병(丙)일 때 기(己)와 축(丑)·미(未), 일간이 정(丁)일 때 무(戊)와 진(辰)·술(戌), 일간이 무(戊)일 때 신(辛)과 유(酉), 일간이 기(己)일 때 경(庚)과 신(申), 일간이 경(庚)일 때 계(癸)와 자(子), 일간이 신(辛)일 때 임(壬)과 해(亥), 일간이 임(壬)일 때 을(乙)과 묘(卯), 일간이 계(癸)일 때 갑(甲)과 인(寅)을 말한다.

키워드

감각적, 감정적, 결과적, 독창적, 모범적, 묘사적, 미적감각 중시, 미학적, 변화력, 사교적, 새로운 창작, 설득적, 시각적, 아이디어 발상 탁월, 예민함, 예술적, 외교적, 응용력, 인어구사력, 임기응변, 정신적, 직설적, 창조적, 표현력

사회관계

식신과 마찬가지로 언어, 말, 의식주를 주관한다. 식신에 비해 상관이 조금 더 개방적이고 적극적이며, 자신을 내세우려는 기질을 가지고 있다

인간관계

남자에게는 장모와 할머니, 여자에게는 자식과 할머니를 의미한다.

재성 〈편재와 정재〉

1) 재성의 특징

- 재성(편재와 정재)은 긍정적, 낙천적, 희망적, 쾌락적인 성향을 가지고 있다. 재미(즐거움), 놀이, 오락, 모험, 계산(산수·수학) 등 다재다능한 감각과 감수성을 활용하여 연예, 예술, 방송, 체육, 운동, 공부 등 자신이 재미있게 생각하는 분야에서 능력을 발휘하고, 사람들과 관계를 맺어간다.
- 재성은 즐거움에 대한 것은 모험적이고, 생활(삶)에 대한 것은 안전적인 성향이다.
- 재성은 긍정적이고 낙천적이고 외향적이며 활동적이다.
- 재성은 다재다능하고 감각적이며 재주꾼이다.
- 재성은 노는 것에 대해서도 낙천적, 쾌락적 성향이 강하다.
- 재성은 자발적, 적극적이다.
- 재성은 매사에 유쾌하고 즐거워하며 만족스러워하며 감사할 줄 안다.
- 재성은 늘 새롭고 신나는 경험이나 관계를 추구하지만, 무엇을 반복하거나 계속 유지하는데는 관심이 없고 쉽게 지루해하며 피곤해한다.
- 재성은 일을 지나치게 벌이거나 관계를 너무 방만하게 만들어놓는다.
- 재성은 산만하고 규범이나 규율 또는 원칙을 잘 지키지 못해 능력을 적절히 발휘하지 못하는 경향이 있다.
- 재성은 자기절제와 인내력 부족으로 문제를 겪기도 한다.
- 재성은 안정된 심리상태에서는 매사에 긍정적이고 희망적으로 가치 있는 목표에 재능을 집중시키고, 즐겁게 일하며 관계를 맺어간다.
- 재성은 스트레스 받는 상태에서는 쾌락과 중독에 빠지기 쉽다. 또한 관계를 너무 산만하게 맺거나 삶을 포기한 사람처럼 보이기도 하며, 일이나 조직에 무책

임한 행동을 하며 회피하거나 방치하기도 한다.

- 재성은 삶에 있어서는 가정적이며 보수적이다. 만약 직장이 재미있다면 꾸준하게 잘 다닌다. 군인, 경찰, 은행, 증권처럼 모험적이거나 수학적인 직업이 어울린다.
- 재성은 수학·수리에 어릴 적부터 관심이 많고 수학적 재능이 뛰어나 금융·경제·회계·통계·수학·화학·약학 등에서 두각을 나타내기도 한다.
- 재성은 끊임없이 재미있는 것에 관심이 커서 연예·예술·방송·운동 등에도 재능이 있다.
- 재성은 자신의 즐거움을 위해서는 투자를 아끼지 않지만 타인에게는 인색하다.
- 재성은 일확천금을 꿈꾸기 때문에 사업을 하면 위험하다.
- 재성은 다단계, 주식, 도박에 잘 빠지고 놀면서 돈을 벌고 싶어한다.

2) 재성의 육친관계

재성은 남성에게는 여자, 부인, 아버지를 상징하고, 여성에게는 아버지를 상징한다. 재성은 사회관계상 불규칙적으로 들어오는 재물을 의미한다. 즉, 재성은 규칙적인 월급보다는 불규칙적으로 들어오는 뭉칫돈을 의미한다

3) 재성의 성격

- 낙천적이고 명랑한 모습이다.
- 즐거움을 위한 시간은 언제든지 있다.
- 무엇이든 즐거운 것이 좋다.
- 모든 일은 좋은 방향으로 갈 거라 믿는다.
- 다른 사람의 감정을 생각하는 것보다 자신의 행복이 우선이다.
- 농담이나 밝은 이야기가 좋다.
- 명랑하고 모임에서 잘 어울린다.

- 좋은 일은 더욱더 좋게 만들어야 한다고 생각한다.
- 미래에 대해 긍정적이고 열정적이다.
- 사람들을 즐겁게 해주고 기쁘게 해주는 일을 좋아한다.
- 한 가지 일에 집중하기보다는 관심분야가 다양하고 변화하는 것이 좋다.
- 늘 배우고 재미를 추구한다.
- 즉흥적이고 산만하다.
- 여행을 한다든가, 음식에 관심을 갖는다든가, 음악에 심취한다든가, 영화를 좋아한다든가 등 재미있는 삶, 멋진 삶을 살고 싶다.
- 사람을 만나거나 놀이와 관련된 바쁜 계획이 좋다
- 동시에 여러 가지 생각이나 여러 가지 일을 하는 경우도 있다.
- 편안함이나 안정감보다는 변화나 다양함 등이 좋다.
- 어떤 사람과 관계를 맺고 있을 때 그 사람에게 매우 충실한 편이지만, 그 관계가 끝나면 금방 잊어버리기도 한다.
- 사람이나 일이 더 이상 재미없다고 느껴지면 금방 싫증을 느낀다.
- 호기심이나 모험심이 많아 흥미롭고 새로운 것에 대한 관심이 크다.
- 계획적이고 구체적인 것보다는 전체적인 큰 틀이나 창조적인 아이디어를 더 잘한다.
- 한 가지 주제를 깊이 연구하기보다는 무엇인가를 초기단계에 만들어내는 데 관심이 있다.
- 집중을 못하고 너무 산만하고 형편에 맞게 돈을 활용하지 못한다.
- 사람들이 자신과 같은 취미를 갖거나 함께한다면 그것만으로도 그 사람이 좋다.
- 항상 아이디어가 넘치고 즉흥적이다.
- 빠르게 배우고 가뿐하게 대처한다.
- 다양한 것들을 쉽고 빠르게 배우기 때문에 진심으로 해야 할 것이 무엇인지 결정하는 데 어려움을 겪는다.

- 지루하거나 따분한 것을 견디기 힘들어 한다.
- 겉으로는 밝아 보이고 재미있어 보이지만 깊은 마음 속에는 심각하고 어두운 면이 있다.
- 심각하고 우울한 것을 즐거움이나 오락으로 감추어 버리거나 해소시키려고 한다.
- 싫은 일은 가능한 한 하기 싫다.
- 고통은 회피한다.
- 슬프고 어두운 일들은 빨리 잊고 싶어한다.

4) 오행에 따른 재성의 특징

- **목(木) 재성** : 기술성, 명예성, 성실성, 신중성, 예술성, 이해성, 지도성, 창조성, 판단성
- **화(火) 재성** : 계산성, 변화성, 실용성, 실천성, 열정성, 예술성, 창조성, 합리성, 현실성, 확장성
- **토(土) 재성** : 관계성, 끈기성, 독립성, 소통성, 실천성, 유연성, 적극성, 책임성, 포용성
- **금(金) 재성** : 개혁성, 계획성, 기술성, 분석성, 실용성, 완벽성, 통제성, 현실성, 활동성
- **수(水) 재성** : 계산성, 분별성, 상상성, 수리성, 수집성, 인내성, 정보성, 창의성, 현실성

5) 재성의 직업적성

사주에서 재성은「상식적으로 버는 큰돈」이나「즐겁게 들어오는 돈」이다.「꾸준히 노력해서 버는 돈」이 아니다. 이들은 월급쟁이로 꾸준히 돈을 버는 것보다는 유산 상속이나 프로운동선수, 영화배우의 계약금처럼 한번에 버는 것을 좋아한다.

재성은 성격이 강해서 남 밑에서 일하기 힘들 것 같지만 신기하게도 직장생활을 잘한다. 계산적이고 수리적이기 때문에 월급도 좋은 편이다. 수리·계산에 재미를 느끼기 때문에 회계사, 증권, 경제, 통계 등등 금융 쪽 종사자도 많다. 사장과 상사에게 잘하려고 노력하고 붙임성이 있어서 상사에게 예쁨을 받기도 한다. 그래서 직장에서 승진을 잘할 가능성이 높다.

재성이 많고 수(水)가 많은 남자의 경우 예체능 쪽으로 가지 못하면 주식, 비트코인, 경마, 도박 등 위험한 일확천금의 꿈을 꾸게 되는 경우도 많다. 수(水)도 욕망이 있고, 재성도 욕망이 있기 때문이다.

하지만 재성은 사업가로는 성공할 가능성이 낮다. 사업에서조차 재미를 추구하고 사업을 하면서도 즐거움에 빠지기 쉽기 때문이다. 그러나 운동선수가 체육관을 차리거나 배우가 연기학원을 차린다면 성공할 가능성은 있다.

적절한 직업

간호, 감독, 개발 분야, 건축, 경제부처 공무원, 경찰, 공예가, 교직, 설교, 목회, 레크리에이션, 오락, 여가, 관광, 레저, 마케팅, 무역가, 비정기적 수입을 올리는 사업(사업가·세일즈맨·운동선수), 무용가, 미용사, 보험영업, 분쟁조정가, 비서, 사회사업, 사무직, 생명건강공학, 생산, 서비스, 수학자, 금융, 회계, 금융업, 경제인, 회계사, 통계학자, 세무사, 경제학과 교수, 경영학과 교수, 회계사, 변리사, 순수과학 분야, 신용조사, 심리학, 엔지니어링, 연구, 연예, 방송, 연예인, 연주가, 연출가, 예술가, 외교관, 요식업, 유흥업, 의사, 자동차 판매업(세일즈 분야), 정치가, 조각가, 철학, 판매, 프로듀서, 학자

6) 편재

편재는 내(일간)가 극하고 음양이 같은 것을 말한다. 일간이 갑(甲)일 때 무(戊)와 진(辰)·술(戌), 일간이 을(乙)일 때 기(己)와 축(丑)·미(未), 일간이 병(丙)일 때 경(庚)과 신(申), 일간이 정(丁)일 때 신(辛)과 유(酉), 일간이 무(戊)일 때 임(壬)과 해

(亥), 일간이 기(己)일 때 계(癸)와 자(子), 일간이 경(庚)일 때 갑(甲)과 인(寅), 일간이 신(辛)일 때 을(乙)과 묘(卯), 일간이 임(壬)일 때 병(丙)과 사(巳), 일간이 계(癸)일 때 정(丁)과 오(午)를 말한다.

키워드

가치판단력, 개혁적, 결과 중시, 관계적, 기회포착력, 변화적, 보수적, 수리력, 수학적, 영업적, 외향적, 유동적, 유동적, 자율적, 적응적, 정보수집력, 지능적, 탐구적, 통계적, 포용력, 활동적

사회관계

편재의 사회성은 비정규적인 돈 또는 뭉칫돈을 상징한다. 편재라고 해서 큰돈이라고 생각해서는 안 된다.

인간관계

남자에게는 부인과 아버지, 여자에게는 아버지, 시어머니

7) 정재

정재는 내(일간)가 극하면서 음양이 다른 것을 말한다. 일간이 갑(甲)일 때 기(己)와 축(丑)·미(未), 일간이 을(乙)일 때 무(戊)와 진(辰)·술(戌), 일간이 병(丙)일 때 신(辛)과 유(酉), 일간이 정(丁)일 때 경(庚)과 신(申), 일간이 무(戊)일 때 계(癸)와 자(子), 일간이 기(己)일 때 임(壬)과 해(亥), 일간이 경(庚)일 때 을(乙)과 묘(卯), 일간이 신(辛)일 때 갑(甲)과 인(寅), 일간이 임(壬)일 때 정(丁)과 오(午), 일간이 계(癸)일 때 병(丙)과 사(巳)를 말한다.

키워드

가치판단력, 개인적, 검소함, 결과 중시, 계산적, 계획적, 과정 중시, 구성력, 규칙적, 논리적, 명시적, 설계능력, 섬세함, 수리적, 수학적, 실리적, 실재적, 장기적, 절차적, 치밀함, 현실적

사회관계

사회성은 정규적인 돈, 고정적인 돈을 상징한다. 직장 중에서도 영업을 하는 세일즈맨처럼 비정규적인 돈을 받는 것이 아니라 고정적인 월급, 항상 비슷한 월급을 받는 것을 말한다.

인간관계

남자에게는 부인과 아버지, 여자에게는 아버지와 시어머니

관성 〈편관과 정관〉

1) 관성의 특징

- 관성은 앞장서서 주도하고 이끌면서 사람들과 관계를 맺어가는 것이다.
- 관성은 명예와 권력을 추구하며 사람들을 리드해가는 것이다.
- 관성은 자신감이 넘치고 배짱이 두둑하다. 적극적이고 활동성이 있으며, 힘이 있고 강하며, 직설적이고 행동적이며 과단성이 있다.
- 관성은 자존심이 강하고 권력지향적이어서 자신에게 충성하는 사람은 보호하고 돌보아준다. 하지만 자신에게 저항하는 사람은 적극적으로 공격하고 권력을 휘두른다.
- 관성은 자신이 주변 환경을 장악하여 조직을 이끌고, 사람들을 통제해야 한다고 생각한다. 이렇듯 다른 사람과 갈등이나 대결을 하고 강압적으로 대하기도 한다.
- 관성은 자신보다 훨씬 강한 사람에게는 충성하다가, 어느 정도 힘의 균형을 이룬 것 같다고 생각되면 공격하기도 한다.
- 관성은 안정적인 심리상태에서는 자신의 힘이나 권력이나 능력을 조직이나 다른 사람들을 성장시키고 개선시키는 데 사용한다. 주도적이고 적극적으로 리더십을 발휘하여 조직이나 사람들을 감동시킨다.

- 관성은 스트레스 받는 상태에서는 자기절제나 자기조절을 못하여 조직이나 사람들 사이에 분란을 일으키고 다투며 파괴적으로 행동한다.
- 관성은 타이트한 조직에는 적응하기 힘들고 늘 독립하고 싶어하므로 일에 대한 집중도가 떨어질 수 있다.
- 관성은 말재주와 포장능력이 뛰어나다.
- 관성은 대장 기질과 리더십이 있으며, 누구에게나 지기 싫어하고 자기주도적이다.
- 관성은 힘이 있는 사람과 힘이 없는 사람을 정확하게 파악하는 독특한 능력이 있다.
- 관성은 작은 것을 큰 것으로 만드는 재주가 있다. 북극에 가서 냉장고를 팔고, 사막에 가서 온풍기를 팔 수 있다.

2) 관성의 육친관계

관성은 남성에게 육친관계상 자식을 상징한다. 여성에게는 육친관계상 남편이나 남자를 의미한다. 관성은 사회관계상 명예와 직장을 상징한다.

3) 관성의 성격

- 목표를 정하고 그것을 성취해 나가는 과정이 즐겁다.
- 자기주장이 강하고 추진력이 있다.
- 앉아서 기다리기보다는 자신이 원하는 상황을 적극적으로 만들어간다.
- 주어진 시간 안에 어떻게 많은 일들을 효율적으로 할 것인가를 잘 파악한다.
- 자기 계발을 위해 집중적으로 노력한다.
- 솔직한 사람이다.
- 당당하고 단도직입적이다.
- 자신의 소신을 감추지 않고 밝히는 사람이다.

- 다른 사람들을 지배하고 싶어한다.
- 에너지가 넘치고 힘이 세다.
- 어디에서나 당당히 자신을 내세우는 편이다.
- 감정을 감추지 않고 표현하는 편이다.
- 어릴 적 부모님과 선생님에게 고집을 피운 적이 있다.
- 단정적으로 말하고 단호하게 행동하는 편이다.
- 활기차고 열정적인 사람이다.
- 성격이 급해서 하던 일이 지체되는 것을 싫어한다.
- 강하고 힘이 있고 싶다.
- 다른 사람들에게 존경받는 사람이고 싶다.
- 다른 사람들에게 용기와 힘을 주고 싶다.
- 필요하다면 규칙이나 절차를 바꾸는 것도 때론 가능하다고 생각한다.
- 성공적인 인생을 위해서 다양한 능력을 가지려고 노력한다.
- 열정적으로 일해서 정상의 자리에 오르고 싶다.
- 사교적이고 대인관계의 폭이 넓다.
- 사람들에게 능력 있는 사람이란 소리를 듣는다.
- 빈 시간에도 성공을 위해 노력을 게을리하지 않는다.
- 책임감과 의무감이 강하다.
- 행동하고 실천하는 사람이다.
- 도량이 넓고 타인에게 안정감을 준다.
- 신념이 강하고 흔들림이 없다.
- 성실하고 용기 있다.
- 늘 할 수 있다는 신념이 강하다.
- 약자를 지키고 보호하려는 경향이 강하다.
- 행동을 부끄러워하지 않고 적극적이다.

- 표현을 적절하게 잘하는 편이다.
- 명예욕이 강하고 자아의식이 강하다.
- 작은 일보다는 큰일에 관심이 많은 편이다.
- 대인관계나 일에서 빨리 결정해서 손해를 보기도 한다.
- 명분이 뚜렷하거나 자신의 목표가 설정되면 두 배로 노력한다.
- 자존심이 강해 쓸데없는 고집을 부린다.
- 지나치게 자기주장을 내세우는 편이다.
- 주관이 뚜렷하고 자기세계가 뚜렷하다.
- 강직하고 타협을 잘 모른다.
- 결단력과 판단력이 뛰어나다.
- 자기 생각대로 움직여지지 않으면 심하게 화를 낸다.

4) 오행에 따른 관성의 특징

- **목(木) 관성** : 도덕성, 배려성, 실천성, 예민성, 자유성, 적극성, 책임성, 추진성, 포용성
- **화(火) 관성** : 과감성, 과시성, 대범성, 실용성, 실천력, 추진력, 통합성, 표현성
- **토(土) 관성** : 관리성, 대중성, 융합성, 인내성, 친화성, 통솔성, 평화성, 포용성, 활동성
- **금(金) 관성** : 계획성, 분석성, 실용성, 완벽성, 조직성, 준비성, 집착성, 통제성, 현실성
- **수(水) 관성** : 기억력, 두뇌력, 분석력, 수집력, 적극성, 정보성, 창의성, 창조성, 총명성

5) 관성의 직업적성

관성은 즉흥력, 추진력이 좋다. 쉽게 사람을 사귀어서 의형제도 많다. 쉽게 일을

벌이기도 한다. 성질이 급해서 빨리 성장해야 한다. 늘 자신감이 넘치고 책임감이 있어 자기 자신이 직업을 선택할 자유를 원하고, 자유로운 직업을 요구한다. 이들은 자신의 책임을 기꺼이 다하고 어려운 문제를 떠맡아 책임지고 해결하는 능력을 보여주는 직업을 선호한다.

이들은 단편적으로 보면 성공할 확률이 높다. 그러나 노력이 부족하다. 빨리 성공하고자 하는 조급함이 단점이다. 요즘은 개인의 성격이나 자질보다 부모의 재력 같은 주위 환경이 성공에 더 크게 작용한다는 점에서 안타까운 현실이다.

남자의 경우에는 정치나 사업 쪽으로 갈 확률이 높다. 일단 사업을 벌이면 망할 확률은 낮은 편이다. 북극에서 냉장고를 팔고, 아프리카에서 온풍기를 팔 수 있다고 할 정도로 세일즈 능력이 있다. 그리고 설령 망하더라도 다시 일어설 수 있는 능력이 있다. 그러나 이들과 동업을 하는 것은 생각해봐야 한다. 회사는 반드시 성공하겠지만, 동업자인 그에게 재산을 넘겨주게 된다고 봐야 한다.

관성이 많은 사람은 남을 지배한다고 생각할 때보다 「함께한다」고 생각할 때 더욱 성공할 확률이 높다는 사실을 생각해야 한다. 너무 강해 보이니 적이 많아지는 것도 단점이다. 자신은 옳은 말을 하고 있다고 생각하겠지만, 주변에서는 「싸가지가 없다」는 평가가 돌고 있을 것이기 때문이다. 권력을 너무 탐하다가 자칫 좋지 않은 결말을 얻게 될 가능성도 있으니 그 점도 늘 유의해야 한다.

적절한 직업

PD, 건축가, 검사, 법조인, 변호사, 판사, 경찰, 공무원, 군인, 과학자, 교육가, 교수(학자), 구성작가, 문학가, 비평가, 소설가, 언론인, 편집장, 내근직, 노조 지도자, 버스운전사, 사회복지사, 상담가, 성직자, 세일즈맨(보험영업·자동차 판매), 심리학자, 연구직, 연설가, 성격배우, 연예인, 예술가, 운동선수, 의사, 자선사업가, 사업가, 자유로운 직장(공장장·전문경영인·공무원·교사·교수), 경제학자, 정신과의사, 정치인, 정치학자, 종교인, 목사, 탐색가, 탐험가, 택시운전사, 회사원

6) 편관

편관은 나(일간)를 극하고 음양이 같은 것을 말한다. 일간이 갑(甲)일 때 경(庚)과 신(申), 일간이 을(乙)일 때 신(辛)과 유(酉), 일간이 병(丙)일 때 임(壬)과 해(亥), 일간이 정(丁)일 때 계(癸)와 자(子), 일간이 무(戊)일 때 갑(甲)과 인(寅), 일간이 기(己)일 때 을(乙)과 묘(卯), 일간이 경(庚)일 때 병(丙)과 사(巳), 일간이 신(辛)일 때 정(丁)과 오(午), 일간이 임(壬)일 때 무(戊)와 진(辰)·술(戌), 일간이 계(癸)일 때 기(己)와 축(丑)·미(未)를 말한다.

키워드

개혁적, 결과 중시, 결단력, 결정력, 과감함, 관리능력, 도전적, 도전정신 충만, 돌파적, 배짱적, 변화적, 분별력, 사회적, 성공적, 수행적, 신속성, 에너지 충만, 외향적, 이상적, 인내력, 자율적, 적극적, 조직력, 주도적, 책임감, 판단력, 행동적, 현실적, 화끈함

사회관계

명예, 관직, 리더십

인간관계

남자에게는 자식, 여자에게는 남편

7) 정관

정관은 나(일간)를 극하면서 음양이 다른 것을 말한다. 일간이 갑(甲)일 때 신(辛)과 유(酉), 일간이 을(乙)일 때 경(庚)과 신(申), 일간이 병(丙)일 때 계(癸)와 자(子), 일간이 정(丁)일 때 임(壬)과 해(亥), 일간이 무(戊)일 때 을(乙)과 묘(卯), 일간이 기(己)일 때 갑(甲)과 인(寅), 일간이 경(庚)일 때 정(丁)과 오(午), 일간이 신(辛)일 때 병(丙)과 사(巳), 일간이 임(壬)일 때 기(己)와 축(丑)·미(未), 일간이 계(癸)일 때 무(戊)와 진(辰)·술(戌)을 말한다

키워드

공정성, 관습적, 관행적, 규범적, 기획력, 내성적, 논리적, 도덕적, 명분적, 가능성 중시, 모범적, 보수적, 섬세함, 신사적, 원리성, 원칙성, 인간성 중시, 지각력, 책임감, 판단력, 학자적, 합리성

사회관계

편관의 사회성은 명예, 관직에 해당한다.

인간관계

남자에게는 자식, 여자에게는 남편

인성 〈편인과 정인〉

1) 인성의 특징

- 인성은 가족이나 주변 사람들의 사랑을 받으면서 사람들과 관계를 맺어가는 것이다.
- 인성은 지식이나 끼를 가지고 연구와 연습을 지속해 나가는 것이다.
- 인성은 조직이나 사람에 대한 애정과 충성심이 있다.
- 인성은 차분하고 침착하고 깔끔한 스타일이다. 변화는 많지는 않지만, 여유 있고 부드럽고 미소를 띤 듯한 표정을 가지고 있다.
- 인성은 쓸데없는 에너지를 낭비하고 싶지 않기 때문에 감정을 절제하고 합리적으로 대하려고 노력한다.
- 인성은 함부로 판단하거나 섣불리 행동하지 않으며 늘 신중하고 객관적으로 세상을 바라보려고 노력한다.
- 인성은 조직이나 가까운 사람들에게는 신뢰를 주려고 노력하며 그들에게 자신을 맞추고 의존하려고 한다.
- 인성은 절약정신과 인색함이 있다. 지적인 활동이나 육체적 활동을 할 때 에너

지를 최소한 소비하면서 최대한의 에너지를 얻고자 끊임없이 노력한다.

- 인성은 풍족하고 여유롭게 살더라도 최소한의 물건이나 살림만으로 생활한다. 한번 들어온 것은 자신의 품에서 내보내지 않는 편이다.
- 인성은 타인과 정보공유나 지식공유도 쉽게 하지 않으며, 가지고 있는 지식도 늘 부족하다고 생각하여 끊임없이 탐색하고 수집한다.
- 인성은 자신이 속한 조직이나 가까운 사람에게 의존적이다. 또한 그 조직이나 가까운 사람은 자신을 도와주고 책임져야 한다고 믿고 있다.
- 인성은 조직이나 가까운 사람들의 도움을 받고 사랑을 받는다.
- 인성은 학문을 학습(연구)하거나 예술이나 체육을 연습하는 데 열중하고, 학문 이외의 다양한 취미를 갖기도 한다.
- 인성은 자기 위주의 삶을 추구하기 때문에 이해심이 부족하고 인정이 없어 보이지만, 가족이나 일부 사람에 대해서는 모성애가 강하고 집착적인 사랑을 가지고 있다.
- 인성은 가족이나 당신이 인정한 사람에 대해 정이 많으며, 다정다감하고 최선의 사랑을 베푼다.
- 인성은 가족 외나 조직 외의 사람들에게는 자기본위적이고 이기적이며 예민하고 실용적이고 인색하다.
- 인성은 의존적이고 배짱과 열정이 약하기 때문에 마마보이, 마마걸 기질이 강하다.
- 인성은 안정적이고 평화주의자이기 때문에 갈등을 회피한다.
- 인성은 성공과 명예에 대한 갈망이 매우 크고 성공과 명예를 얻고자 끈기 있게 밀고 나간다.
- 인성은 어릴 적부터 받는 것에 익숙하고 인정을 받고 자라서 자기본위, 자기중심적 경향이 강하다.
- 인성은 자기제일주의와 자기우월감이 있다. 주변 사람들에게 사랑받고 존중받

아야 한다고 생각한다.

- 인성은 감각이 예민하고 영감이 뛰어나고 촉이 빠르다.
- 인성은 꾸준히 끈기 있게 연구하거나 공부하거나 연습하고 그로 인해 박학다식한 사람이 된다.

2) 인성의 육친관계

인성은 육친관계상 남자와 여자 모두에게 어머니를 상징한다. 사회관계상 인성은 공부(연구·연습), 부동산 문서, 주식, 도장 등을 상징한다.

3) 인성의 성격

- 조심성이 있고 방어적이다.
- 의심이 많고 방심하지 않는다.
- 지나치게 조심스럽다.
- 경계심이 많고 신중하다.
- 두려움이 매우 크다.
- 주변 사람에게 의존하려 한다.
- 친한 사람이 아니면 신뢰하지 않는다.
- 가족에게 정이 많고 가족을 잘 도와준다.
- 열심히 연구하거나 연습을 한다.
- 가족, 배우자, 친구에게 충실히 대한다.
- 지식이나 끼에 대한 능력에 대한 자부심이 있다.
- 행동하기 전에 신중하게 생각하고 면밀하게 검토하고 생각한다.
- 가장 위험한 상황을 늘 걱정하고 그것에 대해 대비한다.
- 결과가 증명된 적이 없는 일에 대해서 반복해 검토하고 여러 번 생각하거나, 하고난 후 적극성으로 확장한다.

- 개인적으로 만날 때는 에너지가 넘치고 경쟁적이다.
- 사람들이 자신을 잘 알아서 자신에게 관심을 가지게 하며, 필요할 때 자신을 도와줄 수 있도록 한다.
- 의존하거나 도움을 줄 수 있는 부모, 가족, 친구가 있어 계속적인 대화를 한다. 부모, 가족, 친구 등 자신에게 힘이 되는 그들은 자신에게 없어서는 안 되는 존재이다.
- 자기 가족이나 속한 조직 안에 있는 사람들에게 의존하고 그들과 함께하고자 한다.
- 자신에게 일, 자신이 믿는 명분을 위해서는 지치지 않고 일할 수 있다.
- 세상에서 가장 인정받아야 하고 가장 성공해야 한다.

4) 오행에 따른 인성의 특징

- **목(木) 인성** : 개성성, 독립성, 명예성, 배려성, 사회성, 설득성, 예술성, 자유성, 창의성, 포용성
- **화(火) 인성** : 개방성, 낙천성, 도덕성, 상상성, 예민성, 예술성, 자존성, 적극성, 통합성, 활동성
- **토(土) 인성** : 관계성, 기획성, 논리성, 융합성, 적극성, 직관성, 창의성, 책임성, 통찰성, 포용성
- **금(金) 인성** : 객관성, 계획성, 분석성, 실천성, 완벽성, 인내성, 준비성, 책임성, 합리성, 효율성
- **수(水) 인성** : 섬세성, 성실성, 수리성, 신중성, 의존성, 인내성, 직관성, 창의성, 통찰성, 합리성

5) 인성의 직업적성

인성이 발달한 이들은 뛰어난 정보수집 능력을 바탕으로 할 수 있는 일이 적합하

다. 수집한 정보들을 연관지어 발전시킬 수 있는 연구원, 기술자나 발명가도 잘 어울린다. 학문에 관심이 크고 연구하려는 의지가 강하므로 평생 공부를 해야 하는 학자(철학자, 신학자, 과학자 등)도 적합하다. 그들의 이런 의지는 예술 쪽으로도 곧잘 발휘되기 때문에 공예가나 화가, 무용가, 음악가 같은 직업군에서도 뛰어난 성과를 얻을 수 있다.

인성이 발달한 경우에는 동정심이 많고 사람들을 돌보고 싶어하는 경향도 강하다. 따라서 그 점을 살려 교육자, 상담가, 심리학자, 의사, 간호사, (사람들을 도울 일이 많은) 공무원, 행정가, 통역사로 활동한다면 직업에 대한 만족도가 높을 것이다.

어떤 일이 발생했을 때 결정을 내리는 것에 시간을 오래 들이는 편이지만, 한번 시작한 일은 완벽하게 처리하고자 하는 경향이 있으므로 컴퓨터프로그래머, 연구원, 기술제작자, 컴퓨터분석가가 되기에도 적합하다.

적절한 직업

간호사, 건설사업, 건축가, 부동산업, 검사, 판사, 공예가, 광고, 교사, 교수, 교육자, 군인, 경찰, 기술자, 기술제작자, 문학, 문화, 시인, 작가, 저널리스트, 행정, 공무원, 과학자, 발명가, 상담가, 성직자, 신학자, 심리학자, 철학자, 애널리스트, 연구원, 펀드매니저, 연예인(영화배우·탤런트·가수·패션모델), 예술, 예술가(성악가·음악가·화가·무용가), 의료인(의사·한의사), 외교, 운동선수, 체육인, 종교인, 컴퓨터그래픽, 컴퓨터분석가, 컴퓨터프로그래머, 탐색가, 토목사업, 통역사, 판매업자

6) 편인

편인은 나(일간)를 생하고 음양이 같은 것을 말한다. 일간이 갑(甲)일 때 임(壬)과 해(亥), 일간이 을(乙)일 때 계(癸)와 자(子), 일간이 병(丙)일 때 갑(甲)과 인(寅), 일간이 정(丁)일 때 을(乙)과 묘(卯), 일간이 무(戊)일 때 병(丙)과 사(巳), 일간이

기(己)일 때 정(丁)과 오(午), 일간이 경(庚)일 때 무(戊)와 진(辰)과 술(戌), 일간이 신(辛)일 때 기(己)와 축(丑)과 미(未), 일간이 임(壬)일 때 경(庚)과 신(申), 일간이 계(癸)일 때 신(辛)과 유(酉)를 말한다.

키워드

가설능력, 개인적, 공상력, 기술적, 미래적, 상상력, 선별적, 순발력, 심리성, 암기력, 영성적, 예술적, 이해력, 자율성, 재주능력, 재치적, 종교적, 직관력, 철학적, 초현실적, 총체적, 추리력

사회관계

편인의 사회성은 공부, 부동산, 문서, 도장을 상징한다. 다만 편인의 공부는 끼를 가지고 하는 직업으로 예를 들면 예술, 연예, 기술, 발명 등의 공부가 좋다.

인간관계

남자와 여자 모두에게 어머니

7) 정인

정인은 나(일간)를 생하고 음양이 다른 것을 말한다. 일간이 갑(甲)일 때 계(癸)와 자(子), 일간이 을(乙)일 때 임(壬)과 해(亥), 일간이 병(丙)일 때 을(乙)과 묘(卯), 일간이 정(丁)일 때 갑(甲)과 인(寅), 일간이 무(戊)일 때 정(丁)과 오(午), 일간이 기(己)일 때 병(丙)과 사(巳), 일간이 경(庚)일 때 기(己)와 축(丑)과 미(未), 일간이 신(辛)일 때 무(戊)와 진(辰)과 술(戌), 일간이 임(壬)일 때 신(辛)과 유(酉), 일간이 계(癸)일 때 경(庚)과 신(申)을 말한다.

키워드

간접적, 결과 중시, 공동의식, 끈기력, 독창적, 모성본능, 생각적, 성실성, 순박성, 순수성, 안정성, 의존적, 이해력, 자긍심, 자기중심, 자발적, 자존감, 정직성, 주관적, 질투심, 집중력, 충성심, 현실적, 현재적, 협동력

사회관계

정인의 사회성은 공부, 부동산, 문서, 도장을 상징한다.

인간관계

남자와 여자 모두에게 어머니

3 육십갑자카드의 분석방법

여기에서는 육십갑자카드의 분석방법을 설명한다. 사주타로 분석방법은 다양하다. 한 글자가 씌어진 오행·천간·지지 카드를 사용할 수도 있고, 두 글자가 씌어진 육십갑자카드를 사용할 수도 있으며, 각 카드의 배열법 또한 다양하다. 그리고 길흉을 분석하는 방법 또한 다양하다. 다양한 분석방법 중에서 어떤 방법을 활용하여 카드를 해석할 것인지는 상담하기 전에 미리 확정해야 한다.

사주타로 분석에서 중요한 핵심 중 하나는 어떤 분석방법이든 상담자(타로마스터)가 선택하는 순간 그 사람의 분석방법으로 확정된다는 것이다. 그러므로 분석방법을 다양하게 학습할 때 상담스킬이 확장되고, 다양한 상담방법을 구사하여 타로상담을 멋지게 이끌어갈 수 있다.

1) 제1분석방법

오행 생극과 천간지지의 합충을 활용한 단순한 분석방법이다.

1장 배열법

① 긍정적 해석

- 천간과 지지가 같은 오행
- 천간을 지지가 생하는 오행

② 부정적 해석

- 천간을 지지가 극하는 오행
- 천간이 지지를 극하는 오행

③ 보통의 해석

- 천간이 지지를 생하는 오행

예 ①

오늘 아침 아이의 교육문제로 남편과 싸웠는데, 남편이 퇴근하고 집에 와서도 말이 없습니다. 내일까지 화해할 수 있을까요?

甲
寅

천간과 지지가 같은 오행이니 내일이면 남편과 화해할 수 있을 것이다.

예 ②

아들이 주말 내내 컴퓨터 게임을 하다가 남편에게 크게 혼나고 집을 나갔어요. 오늘 안으로 들어올까요?

甲
申

지지가 천간을 극하는 오행이니 오늘 내에 들어오지 않을 것이다.

① 긍정적 해석

- 중심카드와 답변카드가 같은 오행
- 중심카드를 답변카드가 생하는 오행

② 부정적 해석

- 중심카드를 답변카드가 극하는 오행
- 중심카드가 답변카드를 극하는 오행

③ 보통의 해석

- 중심카드가 답변카드를 생하는 오행

예 ① **이번 주에 회사에서 승진시험 결과가 나오는데 합격할 수 있을까요?**

중심카드	답변카드	
庚	庚	미래
子	戌	과거

- **과거** : 중심카드를 답변카드가 극하니 여러 번 응시했다가 떨어졌다.
- **미래** : 중심카드와 답변카드가 금(金) 오행으로 같으니 합격하겠다.

예 ② 돈을 빌려간 친구가 이번 주에 갚기로 했는데 받을 수 있을까요?

중심카드	답변카드	
甲	庚	미래
午	子	과거

- **과거** : 과거에는 중심카드를 답변카드가 극하니 갚겠다고 하고 갚지 않았다.
- **미래** : 중심카드를 답변카드가 극하니 갚지 않겠다.

2) 제2분석방법

2장 배열법

① 긍정적 해석

- 중심카드와 답변카드가 같은 오행
- 중심카드를 답변카드가 생하는 오행
- 중심카드와 답변카드가 합할 때

② 부정적 해석

- 중심카드를 답변카드가 극하는 오행
- 중심카드가 답변카드를 극하는 오행
- 중심카드와 답변카드가 충할 때

③ 보통의 해석

- 중심카드가 답변카드를 생하는 오행

예 ① **여자친구가 겨울방학 때 여행을 가자고 하는데 갈 수 있을까요?**

중심카드	답변카드	
甲	己	미래
寅	亥	과거

- **과거** : 중심카드와 답변카드가 합을 하니 과거에 언제든지 갈 수 있었다.
- **미래** : 중심카드와 답변카드가 합을 하니 겨울방학에 즐거운 여행을 갈 수 있겠다.

예 ② **이번 주에 운전면허 시험이 있는데 합격할 수 있을까요?**

중심카드	답변카드	
甲	庚	미래
寅	申	과거

- **과거** : 중심카드와 답변카드가 충을 하니 과거에 운전면허 시험에서 떨어진 적이 있었다.
- **미래** : 중심카드와 답변카드가 충을 하니 미래에 운전면허 시험에 떨어질 것이다.

3) 제3분석방법

육십갑자카드 분석방법 중에서 세 번째는 육친을 활용한 분석방법이다.

내담자 본인의 점을 칠 때 중심카드를 중심으로 보는 방법

① 긍정적 해석

- 중심카드와 같은 오행(육친)
- 중심카드를 생하는 오행(육친)

② 부정적 해석

- 중심카드를 극하는 오행(육친)
- 중심카드가 극하는 오행(육친)

③ 보통의 해석

- 중심카드가 생하는 오행(육친)

예 ① **친동생과 동업을 하려고 하는데 괜찮을까요?**

중심카드	답변카드	
丙	丁	미래
子	亥	과거

- **과거** : 중심카드 자(子)와 답변카드 해(亥)가 같은 오행이니 동업했었거나 동업할 정도로 궁합이 좋았다.
- **미래** : 중심카드 병(丙)과 답변카드 정(丁)이 같은 오행이니 동업해도 좋겠다.

예 ② 오늘 아침에 남편과 말다툼을 했는데 오늘 중으로 화해할 수 있을까요?

중심카드	답변카드	
戊	己	미래
戌	卯	과거

- **과거** : 중심카드 술(戌)을 답변카드 묘(卯)가 극하니 오전에 싸웠다는 것을 보여주고 있다.
- **미래** : 중심카드와 답변카드가 무(戊)와 기(己)로 같은 오행이니 오늘 저녁에는 화해할 것이다.

내담자 본인의 점을 칠 때 육친을 중심으로 보는 방법

① 긍정적 해석

- 내담자(질문자)의 질문 오행(육친)과 같은 오행(육친)
- 내담자(질문자)의 질문 오행(육친)을 생하는 오행(육친)

② 부정적 해석

- 내담자(질문자)의 질문 오행(육친)을 극하는 오행(육친)
- 내담자(질문자)의 질문 오행(육친)이 극하는 오행(육친)

③ 보통의 해석

- 내담자(질문자)의 질문 오행(육친)이 생하는 오행(육친)

예 ① **오늘 아침에 남편과 말다툼을 했는데 오늘 중으로 화해할 수 있을까요?**

중심카드	답변카드	
戊	乙	미래
戌	卯	과거

남편과 관련된 질문은 관성이 나올 때 긍정적으로 본다.

- **과거** : 중심카드가 술(戌)이고 답변카드가 묘(卯) 관성이니 심각하게 싸운 것이 아니다.
- **미래** : 중심카드가 무(戊)이고 답변카드가 을(乙) 관성이니 저녁에는 화해할 것이다.

예 ② **친구에게 빌려준 돈을 오늘 중으로 받기로 했는데 잘될까요?**

중심카드	답변카드	
庚	甲	미래
申	寅	과거

돈과 관련된 질문은 재성이 나올 때 긍정적으로 본다.

- **과거** : 중심카드가 신(申)이고 답변카드가 인(寅) 재성이니 과거에도 돈을 빌려주었다가 받은 적이 있다.
- **미래** : 중심카드가 경(庚)이고 답변카드가 갑(甲) 재성이니 오늘 중으로 돈을 받을 수 있겠다.

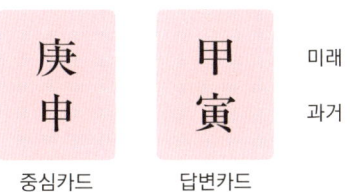

내담자가 가족 및 지인의 점을 칠 때 육친을 중심으로 보는 방법

① 긍정적 해석

- 가족 또는 지인에 해당하는 오행(육친)
- 가족 또는 지인에 해당하는 오행(육친)을 생하는 오행(육친)

② 부정적 해석

- 가족 또는 지인에 해당하는 오행(육친)을 극하는 오행(육친)
- 가족 또는 지인에 해당하는 오행(육친)이 극하는 오행(육친)

③ 보통의 해석

- 가족 또는 지인에 해당하는 오행(육친)이 생하는 오행(육친)

예 ① **남편이 친구에게 빌려준 돈을 오늘 중으로 받을 수 있을까요?**

중심카드	답변카드	
辛	庚	미래
亥	子	과거

남편이 빌려준 돈도 남편 관성으로 분석한다.

- **과거** : 중심카드 해(亥), 답변카드 자(子)로 같은 오행 비겁이니 과거에도 돈을 빌려 주었는데 못 받은 적이 있다.
- **미래** : 중심카드 신(辛), 답변카드 경(庚)으로 같은 오행 비겁이니 오늘 돈을 받을 수 없겠다.

예 ② 남편이 이번 달에 자격증 시험을 보는데 합격할 수 있을까요?

중심카드	답변카드	
辛	丁	미래
亥	未	과거

남편의 자격증 시험 합격 여부도 남편 관성으로 분석한다.

- **과거** : 중심카드가 해(亥)이고 답변카드가 미(未) 관성 남편이니 과거에도 자격증 시험에 합격한 적이 있었다.
- **미래** : 중심카드가 신(辛)이고 답변카드가 정(丁) 관성 남편이니 이번 달 자격증 시험도 합격하겠다.

예 ③ 아들이 이번 달에 취업 시험을 보는데 합격할 수 있을까요?

중심카드	답변카드	
甲	壬	미래
戌	午	과거

아들의 자격증 시험 합격 여부도 아들 식상으로 분석한다.

- **과거** : 중심카드가 술(戌)이고 답변카드가 오(午) 인성이다. 인성이 식상 자식을 극하니 과거에 취업 시험에 떨어졌었다.
- **미래** : 중심카드가 갑(甲)이고 답변카드가 임(壬) 인성이다. 인성이 식상을 극하니 이번 달에 취업하기 어렵겠다.

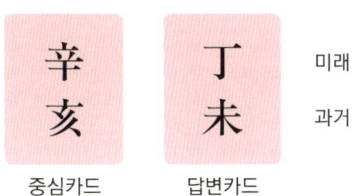

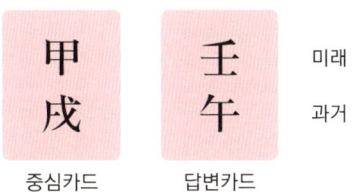

CHAPTER

2

육친을 활용한 배열법

KEY POINT

오행·천간·지지 카드와 육십갑자카드의 육친 활용 배열법을 소개하고, 다양한 예들을 학습하면서 각 배열법을 실전에 응용할 수 있도록 구성하였다. 사주타로의 육친을 활용하여 내담자들의 다양한 관심사에 대한 답을 찾을 수 있을 것이다.

1 오행카드·천간카드·지지카드의 육친 활용 배열법

내담자(질문의 주인공)의 사주팔자 일간을 중심으로 하는 경우와, 타고난 사주팔자와는 상관없이 용신(질문의 주인공)을 중심으로 하는 경우로 나뉜다. 앞서 1장에서 설명한 것처럼, 내담자의 사주팔자 일간은 카드를 뽑지 않고 상담자가 종이에 따로 적기 때문에 카드 장수에 포함되지 않는다.

1장 배열법

사주팔자 일간을 중심으로 보는 육친 활용법으로, 카드를 셔플한 후 1장을 뽑는다.

예 **부모님이 올해 안에 유산상속을 하신다는데 받을 수 있을까요?**

辛	土
나(일간)	유산상속

내담자의 사주팔자 일간을 중심에 두고 유산상속에 해당하는 카드를 1장 뽑는다. 신금(辛金) 일간이고, 유산상속에 해당하는 인성은 토(土)인데 토(土) 인성을 뽑았으니 유산상속을 받을 수 있겠다.

2장 배열법

예 ① **부모님이 올해 안에 유산상속을 하신다는데 받을 수 있을까요?**

• **용신(질문의 주인공)을 중심으로 보는 배열법**

壬	酉
나(용신 · 질문의 주인공)	유산상속

앞의 질문에 배열법을 다르게 하여 카드를 뽑았다.
처음 뽑은 질문의 주인공 카드는 임수(壬水)이고, 유산상속에 해당하는 카드는 유금(酉金)이다. 유금(酉金)이 금생수(金生水)로 인성에 해당하니 유산상속을 받을 수 있다.

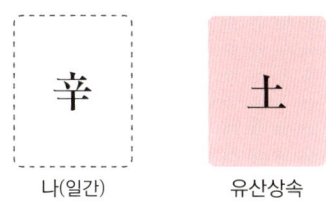

예 ② 두 명의 여자가 제가 좋다고 따라다니는데 누구와 사귀는 것이 좋을까요?

• **일간을 중심으로 보는 배열법**

己
나(일간)

子	癸	재성
A여자	B여자	

내담자의 사주팔자 일간을 중심에 두고, A여자와 B여자를 나타내는 2장의 카드를 뽑는다. A여자도 재성이고 B여자도 재성이기 때문에 둘 중 누구와 사귀어도 좋다.

3장 배열법

예 아들이 수능시험을 치는데 성적이 잘 나올까요?

• **일간을 중심으로 보는 배열법**

癸	木	卯	酉
일간	미래	현재	과거

아들의 시험도 식상으로 보아야 한다.

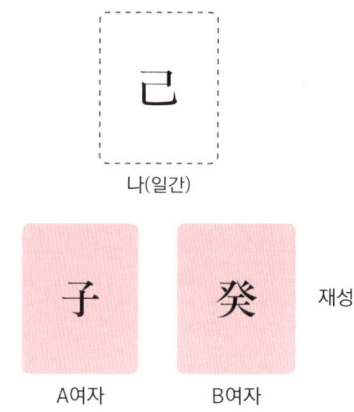

• **과거** : 아들에 해당하는 식상 목(木)을 극하는 유금(酉金)을 뽑았으니 생각만큼 시험 성적이 좋지 않았다.
• **현재** : 아들에 해당하는 식상 목(木)을 뽑았으니 시험성적이 좋다.
• **미래** : 아들에 해당하는 식상 목(木)을 뽑았으니 수능시험을 잘 볼 것이다.

4장 배열법

예 **제가 삼수생인데 수능 성적이 잘 나올까요?**

• **용신(질문의 주인공)을 중심으로 보는 배열법**

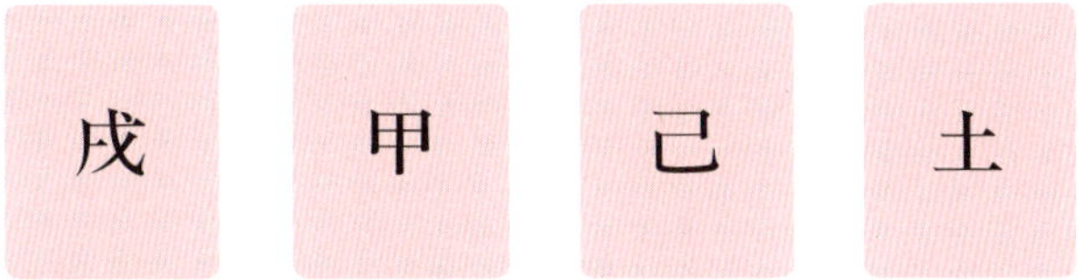

나(용신·질문의 주인공)　과거　현재　미래

자신의 점을 칠 때는 용신을 자신(비겁)으로 볼 것인지, 질문내용으로 볼 것인지를 먼저 정해야 한다. 자신의 점이니 비겁으로 볼 수도 있고, 수능시험에 대한 질문내용이니 인성으로 볼 수도 있다. 여기서는 자신(비겁)으로 분석한다.

먼저, 셔플 후 자신의 카드를 뽑는다. 이후 다시 셔플 후 과거, 현재, 미래의 카드를 뽑는다.

• **과거** : 나에 해당하는 술토(戌土)를 극하는 갑목(甲木)을 뽑았으니 원하는 성적이 나오지 않았다.
• **현재** : 나에 해당하는 술토(戌土)와 같은 오행인 기토(己土)를 뽑았으니 어느 정도 원하는 성적을 얻고 있다.
• **미래** : 나에 해당하는 술토(戌土)와 같은 오행인 토(土)를 뽑았으니 수능시험 결과가 좋을 것이다.

5장 배열법

사주의 일간과 5장의 답변카드로 구성된다. 사주의 일간은 장수에 포함되지 않고 상담자가 종이에 적는다.

① 셔플 후 5장의 카드를 뽑고, 순서대로 비겁, 식상, 재성, 관성, 인성을 해석한다.

② 첫 번째 배열법은 일간과 같은 오행 또는 일간을 생하는 오행은 긍정적이지만, 일간을 극하거나 일간이 극하는 오행은 불리하다.

③ 두 번째 배열법은 질문내용에 해당하는 육친(오행)이 가장 유리하고, 그것을 생하는 오행(육친)이 그 다음으로 유리하다.

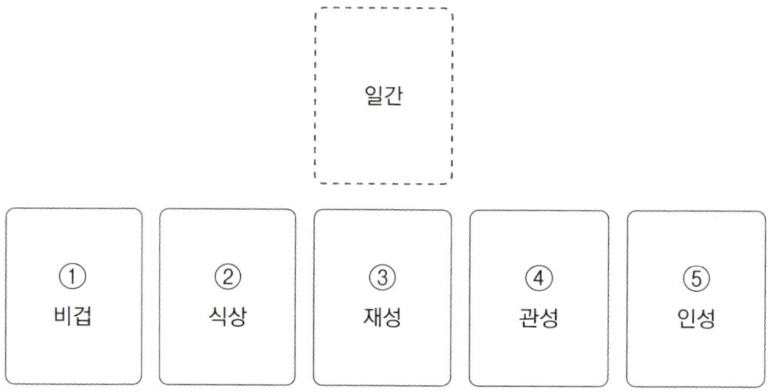

- 비겁 : 형제, 자매, 친구, 선후배
- 식상 : 남자에게는 할머니, 장모, 여자에게는 할머니, 자식
- 재성 : 남자에게는 아버지, 부인, 여자 상사, 여자에게는 아버지, 할머니, 상사
- 관성 : 남자에게는 자식, 여자에게는 남편, 남자
- 인성 : 어머니

예 급하게 돈이 필요한데 누구에게 빌려야 할까요?

① 첫 번째 배열법

庚
일간

金	丁	土	午	巳
비겁	식상	재성	관성	인성

일간과 같은 오행이나 일간을 생하는 오행은 긍정적이고, 일간을 극하거나 일간이 극하는 오행은 불리하다. 따라서 일간 경금(庚金)과 같은 금(金) 비겁, 그리고 경금(庚金)을 생하는 토(土) 재성에게 부탁해야 한다.

② 두 번째 배열법

庚
일간

土	酉	庚	木	寅
비겁	식상	재성	관성	인성

돈에 대한 질문이니 재성이 가장 유리하고, 식상이 그 다음으로 유리하다. 따라서 일간 경금(庚金)이 극하는 목(木) 관성, 인목(寅木) 인성에게 부탁해야 한다.

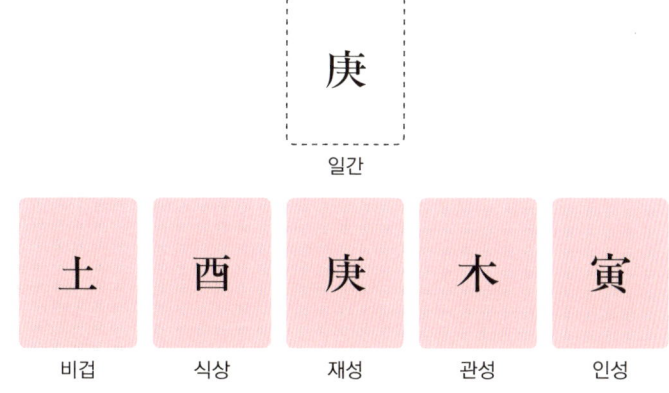

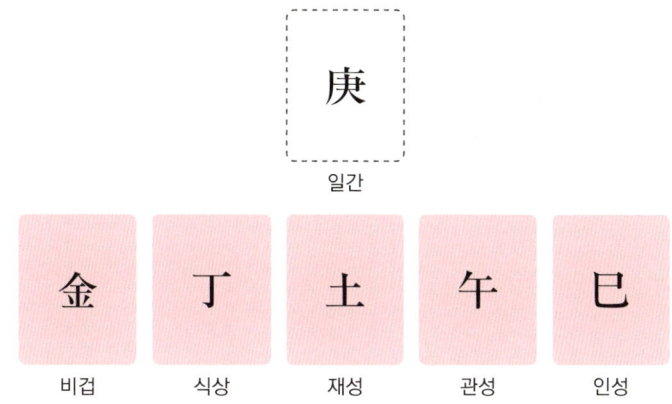

6장 배열법

1장의 중심카드(용신카드 · 질문자카드 · 내담자카드)와 5장의 답변카드로 구성된 배열법이다.

① 셔플 후 먼저 중심카드를 뽑는다.

② 다시 셔플 후 비겁, 식상, 재성, 관성, 인성에 해당하는 5장의 카드를 뽑는다.

③ 첫 번째 배열법은 같은 오행 또는 생하는 오행을 선택한다.

④ 두 번째 배열법은 질문내용에 해당하는 육친(오행)을 선택한다.

예 고민이 있는데 어떤 사람과 상의하는 것이 가장 좋을까요?

① 첫 번째 배열법

丁

중심카드

辛	酉	卯	巳	壬
비겁	식상	재성	관성	인성

첫 번째 배열법은 같은 오행 또는 생하는 오행이 유리하다. 중심카드가 정화(丁火)이고 관성에 사화(巳火)가 있으니 관성과 상의한다. 또는 정화(丁火)를 생하는 재성 묘목(卯木)이 있으니 재성과 상의한다.

② 두 번째 배열법

酉

중심카드

壬	木	火	己	乙
비겁	식상	재성	관성	인성

두 번째 배열법은 질문내용에 해당하는 육친(오행)이 유리하다. 상담은 식상에 해당하니 식상 오행 카드를 선택한다. 중심카드 유금(酉金)이 생하는 식상이 수(水) 오행이고, 비겁에 임수(壬水)가 있으니 비겁과 상의한다.

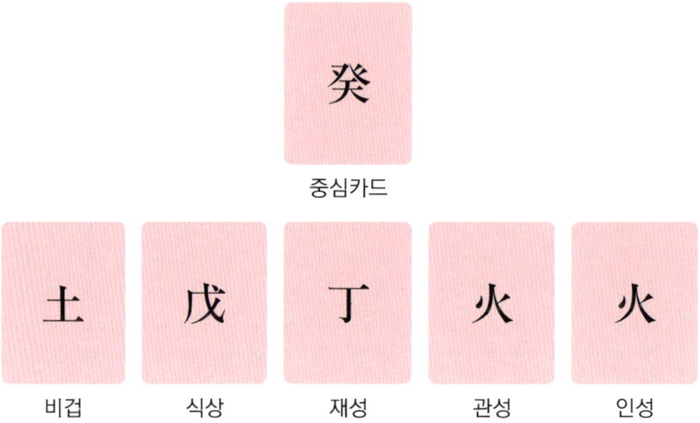

같은 질문이다. 이번에는 중심카드 계수(癸水)가 생하는 식상이 목(木) 오행인데, 목(木) 오행이 없으니 상의할 사람이 없고 고민은 해결되지 않는다.

7장 배열법

사주의 일간과 7장의 답변카드로 구성된 배열법이다.

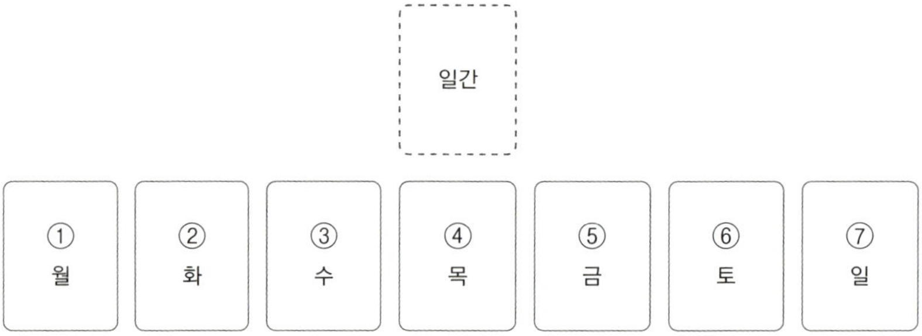

예

이번 주 운세를 알려주세요?

			甲			
			일간			
戊	己	甲	庚	子	酉	辛
월 편재 갑무충 (甲戊沖)	화 정재	수 비견	목 편관 갑경충 (甲庚沖)	금 정인 도화	토 정관 도화	일 편관 역마

- **월요일** : 돈 문제로 시비구설이 있겠다.
- **화요일** : 재물이 들어오겠다.
- **수요일** : 사람들과 즐거운 시간을 가지겠다.
- **목요일** : 교통법규 위반, 음주운전, 다툼 등을 조심해야 하겠다.
- **금요일** : 계약이나 문서에 좋은 소식이 있고 인기도 많아지겠다.
- **토요일** : 승진, 합격, 당선 등 긍정적인 변화변동이 있고 인기도 많아지겠다.
- **일요일** : 승진, 합격, 당선 등 변화변동이 있고 활동 반경이 넓어지겠다.

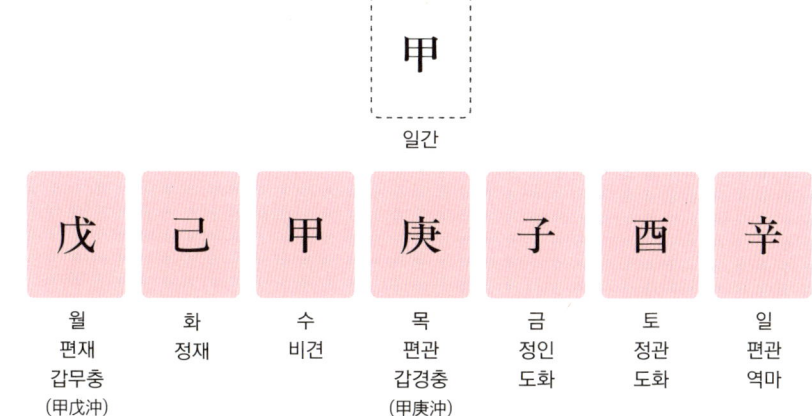

10장 배열법(켈틱 크로스)

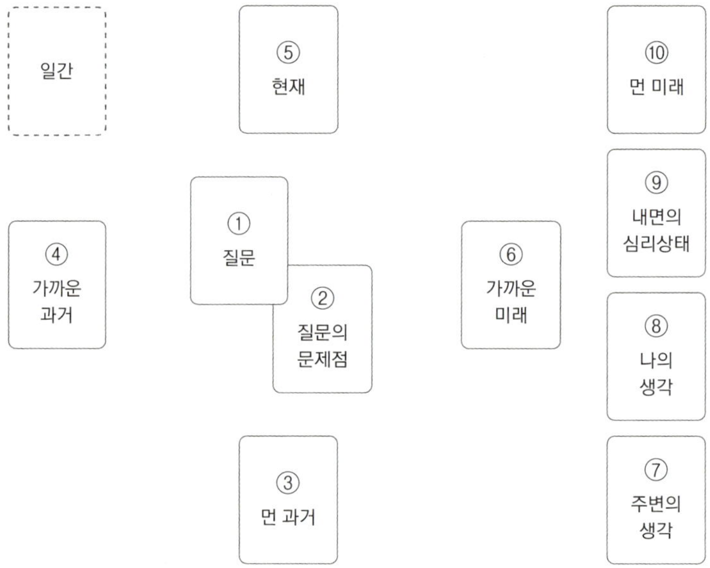

예 음식장사를 하고 있는데 월세 내기도 힘듭니다. 그만두어야 할까요?

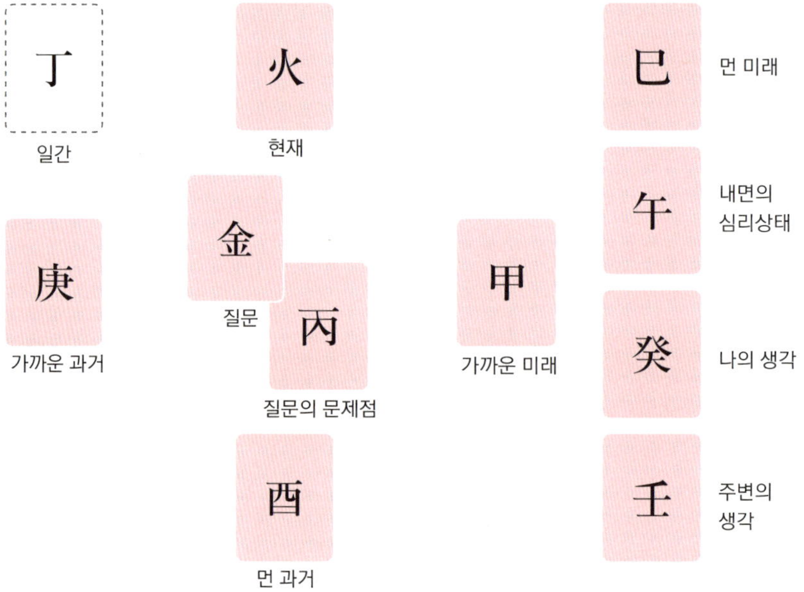

장사나 사업은 돈벌이를 위한 것이니 재성이 나오면 유리하다.

- **1번 카드** : 질문은 금(金)이 재성이니 재물에 대한 질문이다.
- **2번 카드** : 문제는 병화(丙火)가 비겁이고, 비겁은 재성을 극하니 금전적 어려움이 문제다.
- **3번 카드** : 먼 과거는 유금(酉金) 재성이니 장사가 잘되어 돈을 벌었었다.
- **4번 카드** : 가까운 과거는 경금(庚金) 재성이니 장사가 잘되어 돈을 많이 벌었다.
- **5번 카드** : 현재는 화(火) 비겁이니 비겁이 재성을 극하여 금전의 어려움이 크겠다.
- **6번 카드** : 가까운 미래는 갑목(甲木) 인성인데, 인성이 재성은 극하고 비겁은 생하니 금전적 어려움이 크겠다.
- **7번 카드** : 주변의 생각은 임수(壬水) 관성이 정임합목(丁壬合木)을 하여 인성으로 변화하니 가게가 오래가기 힘들겠다고 생각하고 있다.
- **8번 카드** : 나의 생각은 계수(癸水) 관성이 정계충(丁癸沖)으로 관성과 충하니 관재수나 사건 사고가 생길 수 있겠다고 생각하고 있다.
- **9번 카드** : 내면의 심리상태는 오화(午火) 비겁이 재성을 극하니 지속적으로 돈 걱정을 하고 있다.
- **10번 카드** : 먼 미래는 사화(巳火) 비겁이 재성을 극하니 가게가 회복될 기미가 보이지 않는다.

2 육십갑자카드의 육친 활용 배열법

육십갑자카드를 활용하는 배열법이다. 이때 일주를 중심으로 내담자(질문의 주인공)를 볼 것인지, 사주와 상관없이 맨 처음에 뽑는 용신카드로 내담자(질문의 주인공)를 볼 것인지는 질문하기 전 또는 질문한 다음 곧바로 정해야 한다.

① 일주를 중심으로 볼 때는 일주를 따로 종이에 적고, 카드를 셔플한 다음 질문내용에 해당하는 답변카드를 뽑는다.

② 용신을 중심으로 볼 때는 셔플 후 용신(질문의 주인공)카드를 뽑은 다음, 다시 카드를 섞은 후 질문내용에 해당하는 답변카드를 뽑는다.

비견 · 겁재

인기, 사람들의 사항, 형제자매, 친척, 친구, 선후배, 동업자, 팬클럽

예 **친구가 동업하자고 하는데 괜찮을까요?**

• 일주를 중심으로 보는 배열법

壬子	丙午
내담자(일주)	답변(친구)

병임충(丙壬沖), 자오충(子午沖)을 하므로 동업을 하면 절대 안 된다.

壬子	壬子
내담자(일주)	답변(친구)

천간과 지지 모두 비견에 해당하므로 동업을 해도 괜찮다.

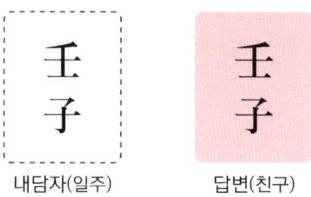

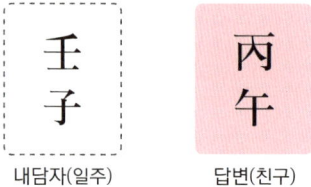

• **용신을 중심으로 보는 배열법**

癸 亥	丁 巳
내담자(용신)	답변(친구)

정계충(丁癸沖), 사해충(巳亥沖)을 하므로 동업하면 절대 안 된다.

식신 · 상관

의식주, 기획력, 교육력, 언어능력, 남자는 할머니와 장모, 여자는 자식과 할머니

예 ① **맞벌이 신혼부부인데 아내가 임신 8개월입니다. 출산 후 아이를 돌보기 위해 장모님이 와 계시기로 했는데 잘 지낼 수 있을까요?**

• **일주를 중심으로 보는 배열법**

辛 酉	壬 子
내담자(일주)	답변(장모)

식상으로 이루어져 있으니 장모가 반드시 필요하고, 장모와의 관계가 좋을 것이다.

• **용신을 중심으로 보는 배열법**

내담자(용신)	답변(장모)
己	辛
酉	亥

천간과 지지가 식상이니 장모가 반드시 필요하고, 장모와의 관계도 좋을 것이다.

예 ② 중학생 아들이 남편에게 혼나고 화를 내면서 가출했는데 오늘 중으로 돌아올까요?

• **일주를 중심으로 보는 배열법**

내담자(일주)	답변(아들)	
丁	癸	행동
亥	酉	마음

아들의 마음은 집으로 들어오고 싶지만, 아버지가 두려워 들어오지 못하고 있다.

• **용신을 중심으로 보는 배열법**

내담자(용신)	답변(아들)	
己	丙	행동
巳	戌	마음

아들은 지금 집으로 돌아오고 싶어하고 오늘 내에 집으로 돌아올 것이다.

戊	甲	미래
寅	申	현재
내담자(용신)	답변(아들)	

아들은 현재도 화가 풀리지 않았고 미래도 화가 풀리지 않아 오늘 중으로 집에 돌아오지 않는다.

편재 · 정재

불규칙적으로 들어오는 돈(편재), 남자에게는 아버지, 부인, 여자 어른, 여자에게는 아버지, 어른

예 ① **요즘 썸을 타는 여자가 있는데 나와 궁합이 맞을까요?**

- **일주를 중심으로 보는 배열법**

丙	庚	겉궁합
子	午	속궁합
내담자(일주)	답변(여자)	

- **속궁합** : 수극화(水剋火)로 재성에 해당하니 좋다.
- **겉궁합** : 화극금(火剋金)으로 재성에 해당하니 좋다.

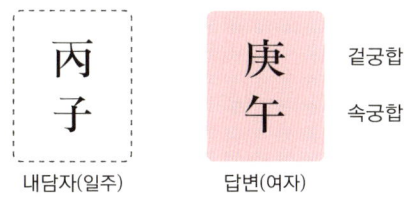

예 ② 친구가 빌려간 돈을 이번 달에 갚는다고 했는데 받을 수 있을까요?

• **용신을 중심으로 보는 배열법**

내담자(용신)	답변(돈)	
丙	丁	미래
申	酉	현재

• **현재** : 신금(申金)과 유금(酉金)으로 비겁에 해당하고 재성을 극하니 오랫동안 돈을 받을 수 없다.

• **미래** : 병화(丙火)와 정화(丁火)로 비겁에 해당하고 재성을 극하니 돈을 받을 수 없다.

정관 · 편관

명예, 리더십, 권력, 평생 직업시험, 남자에게는 자식, 여자에게는 남편, 애인, 남자친구

예 ① 요즘 내가 좋다고 쫓아다니는 남자가 있는데 나와 궁합이 잘 맞을까요?

• **일주를 중심으로 보는 배열법**

내담자(일주)	답변(남자)	
戊	甲	겉궁합
戌	寅	속궁합

• **속궁합** : 술토(戌土) 입장에서 나를 극하고 남자에 해당하는 인목(寅木) 편관을 뽑

았으니 속궁합이 좋겠다.

• **겉궁합** : 무토(戊土) 입장에서 나를 극하고 남자에 해당하는 갑목(甲木) 편관을 뽑았으니 겉궁합이 좋겠다.

예 ② **삼성전자 입사 시험을 보았는데 합격할까요?**

• **용신을 중심으로 보는 배열법**

내담자(용신)	답변(직장)	
乙	辛	미래
亥	卯	과거

• **과거** : 직장인 관성을 극하는 상관 묘목(卯木)을 뽑았으니 과거에 도전하였지만 실패하였다.

• **미래** : 직장에 해당하는 관성 신금(辛金)을 뽑았으니 합격할 가능성이 높겠다.

내담자(용신)		답변(직장)	
乙		辛	미래
亥	문제	卯	과거

위와 똑같은 카드인데 용신카드의 을(乙)과 나머지 세 글자의 육친관계로 해석하는 방법도 있다.

• **문제** : 해수(亥水) 정인이니 직장에 들어가고 싶은 생각이 없다. 또는 취직시험에 계속 떨어졌다.

• **과거** : 묘목(卯木) 비견이니 과거에도 도전하였지만 실패하였다.

• **미래** : 신금(辛金) 편관이니 미래에는 합격할 가능성이 높겠다.

정인 · 편인

부동산, 문서, 주식, 비트코인, 계약서, 자격증 시험(운전면허 · 공인중개사 등), 남자와 여자 모두에게 어머니

예 ① **바리스타 자격증 시험을 보는데 합격할까요?**

• 일주를 중심으로 보는 배열법

내담자(일주)	답변(결과)	
壬	庚	미래
寅	戌	과거

• **과거** : 놀면서 준비하여 시험에 떨어졌다.
• **미래** : 바리스타 자격증 시험에 합격할 것이다.

내담자(일주)	답변(결과)	
壬	庚	미래
寅	戌	현재

• **현재** : 열심히 공부하지 않고 자심감에 놀고 있다.
• **미래** : 현재 상황에 비해 결과가 좋을 것이다.

내담자(일주)	답변(결과)	
壬	丙	결과
寅	辰	문제

• **문제** : 열심히 공부하지 않고 노는 것이 문제이다.

• **결과** : 열심히 공부하지 않고 놀다가 시험 결과가 좋지 않을 것이다.

예 ② **현재 주식에 투자하고 있는데 30일 뒤에 현재 가격보다 올라갈까요?**

• **용신을 중심으로 보는 배열법**

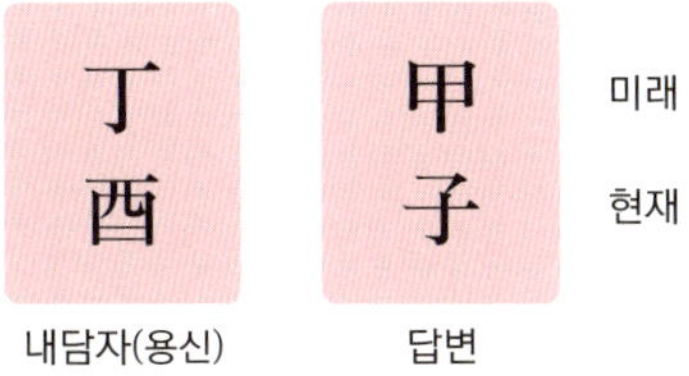

• **현재** : 식상에 해당하므로 주식은 많이 하락한 상태이다.

• **미래** : 인성에 해당하므로 주식 가격이 올라갈 것이다.

위와 똑같은 카드인데 용신카드의 정(丁)과 나머지 세 글자의 육친관계로 해석하는 방법도 있다.

• **문제** : 유금(酉金) 편재이니 일확천금을 꿈꾸는 것이 문제이다.

• **과거** : 자수(子水) 편관이 주식에 해당하는 인성을 생하니 어느 정도 수익을 보았을 것이다.

• **미래** : 갑목(甲木) 정인이니 앞으로 주식 가격이 올라갈 것이다.

색상을 활용한 사주타로

3

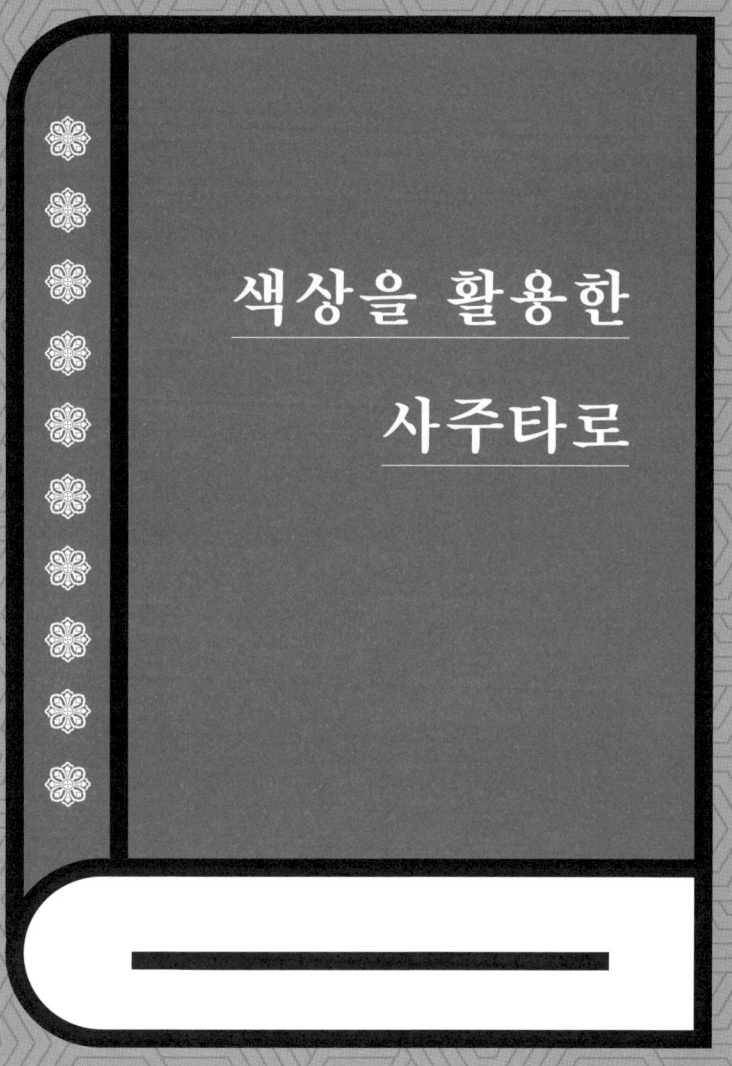

CHAPTER

1 색채의 이해

KEY POINT

대덕이론으로 사주팔자 여덟 글자를 점수화하여 오행의 무존재, 고립, 발달, 과다, 태과다를 분석하고, 오행 목화토금수(木火土金水)가 상징하는 색상과 방향을 실생활에 활용하는 방법을 배운다.

1 색의 상징과 이미지, 그리고 건강

우리는 경험을 통해 색에 다양한 이미지를 입히고, 혹은 색을 통해 어떤 개념을 구체화하기도 한다. 색은 건강과도 관련이 있다. 우리가 색을 통해 연상하는 개념이나 이미지는 다음과 같이 건강과 연결된다.

• **색의 상징과 건강 도표**

색상	상징과 연상	건강
빨간색	열정, 정열, 행동, 모험, 표현, 활력, 화려함, 개방, 끌림, 과격, 다혈질, 흥분, 산만, 태양, 사과, 장미, 피, 투우사의 빨간 천, 앵두, 불, 소방차, 우체국, 혁명, 전쟁, 수술	순환기, 심장, 혈관, 중풍
분홍색	열정, 요염, 감미로움, 섹시, 쾌감, 발랄, 애교, 달콤, 행복, 애정, 흥분, 귀여움, 질투, 조울, 가식, 키스, 연지(립스틱), 입술, 사탕	심장, 빈혈

주황색	활기, 유쾌, 명랑, 활력, 담대, 만족, 따뜻함, 온화, 쾌활, 풍부, 적극, 온정, 행복, 초조, 가련, 오렌지, 귤, 살구, 노을, 주스	
노란색	명랑, 긍정, 희망, 평화, 대담, 끈기, 고집, 회피, 가식, 밝음, 발랄, 행복, 기쁨, 환희, 산뜻, 질투, 병아리, 개나리, 바나나, 봄, 유치원, 어린이, 나비, 해바라기	
초록색	안정, 평화, 인정, 젊음, 포용, 신선, 가치, 소박, 생장, 충만, 평정, 부드러움, 건실, 착한 심미, 질투, 관대, 나무, 숲, 봄, 자연	
파란색	성실, 숭고, 지성, 사랑, 신비, 성장, 포용, 평화, 투명, 인애, 자유, 자연, 질투, 고독, 냉담, 냉철	
자주색	창조, 창의, 우아, 신비, 예술, 위엄, 품격, 숭고, 권위, 권력, 조울, 냉철, 고독, 냉담	
보라색	우아, 매력, 섹시, 창조, 창의, 신비, 예술, 사랑, 심미, 애정, 연모, 질투, 낭비, 우울, 고독	조울증
회색	겸손, 생각, 권위, 위엄, 안정, 안전, 소극, 얌전, 절박, 우울, 걱정, 무기력, 부정, 먼지, 안개, 잿빛, 비구름	알레르기, 만성피로, 스트레스, 과민성, 불면증
검은색	침묵, 저장, 생각, 창의, 아이디어, 수리, 억압, 상상, 위엄, 신성, 부정, 망상, 걱정, 불안, 슬픔	신장, 방광, 자궁, 비뇨기, 스트레스, 과민성, 불면증
흰색	순수, 순결, 청결, 소박, 깔끔, 완벽, 정의, 정직, 솔직, 깐깐, 계획, 고독, 폐쇄, 자폐, 결백	대장, 폐, 뼈
갈색	견고, 안정, 확고, 권위, 헌신, 현실, 결과, 자연, 영감, 신비, 차분, 고독, 끈기, 대지, 가을, 초콜릿, 담배, 낙엽, 흙, 밤, 나무, 가구, 커피	

2 색채 명리학

모든 사람에게는 사주팔자가 있다. 저마다 타고난 사주팔자에는 필요한 오행이 있고, 오행이 나타내는 색상과 방향을 실생활에 활용하면 흉한 일을 피하고 길한 운을 끌어들일 수 있다. 사주명리학은 타고난 사주팔자의 단점을 보완하고, 운명을 개척하며 삶의 희망을 찾을 방법을 알아보고자 하는 학문이다.

사주명리학 일반 이론에서는 사주팔자에 필요한 오행, 즉 용신(用神)을 찾기 위해 매우 복잡하고 어려운 과정을 거친다. 그러나 이 책에서 소개하는 대덕의 이론은 사주팔자 여덟 글자를 점수화해서 오행의 무존재, 고립, 발달, 과다, 태과다를 비교적 쉽게 분석한다. 이 방법으로 누구나 각자의 사주팔자에 가장 필요한 오행을 간단하게 찾을 수 있으며, 그 오행이 나타내는 색상과 방향도 알 수 있다.

색상과 방향이 중요한 이유는 이 두 가지가 우리의 운명을 긍정과 희망이 있는 삶으로 변화시키는 작용을 하기 때문이다. 먼저 오행의 색상은 의상과 인테리어, 차량 등에 다양하게 적용할 수 있다.

실내를 꾸밀 때, 방향은 중요한 요소를 차지한다. 대문이나 현관문의 방향, 방문의 방향, 책상이나 침대를 놓는 위치, 사무실의 위치 설정 등을 잘 살펴야 한다. 이 밖에 각각의 오행에 배속된 발음을 상호나 이름을 지을 때 활용할 수도 있다. 액세서리용 보석의 색깔을 선택할 때에도 오행의 원리를 잘 이용하면 건강에 도움이 된다.

여기서 사주명리학의 복잡한 이론을 하나하나 설명하지는 않는다. 다만 사주팔자를 뽑는 방법과 대덕 이론의 핵심인 오행의 무존재, 고립, 발달, 과다, 태과다를 분석하는 방법, 그리고 그 오행을 실생활에서 활용하는 방법을 중점적으로 설명한다.

1) 음양오행과 천간지지

사주명리학을 구성하는 중요한 개념에는 음양과 오행, 천간(天干)과 지지(地支)가 있다. 음양은 우주의 근본인 태극이 처음 분화하여 생겨났으며, 땅과 하늘, 달과 태양, 여자와 남자, 밤과 낮, 겨울과 여름, 어둠과 밝음, 작은 것과 큰 것 등 모든 대립적인 만물과 형상을 상징한다.

오행은 음양의 변화를 한 단계 더 세분화한 것으로 우주 만물을 구성하는 다섯 가지 요소인 목(木), 화(火), 토(土), 금(金), 수(水)를 말한다. 각각의 오행은 고유의 성격과 속성을 지닌다. 또 서로 힘을 실어주는 상생(相生) 작용과 힘을 빼앗는 상극(相剋) 작용을 한다. 여기서 말하는 상생과 상극은 오행 활용의 중요한 원리다.

① 오행

- 목(木) : 나무가 상징하는 굵고 곧은 성질, 뻗어 나가려는 의지,의욕, 성장, 명예
- 화(火) : 불이 상징하는 타오르는 열정, 정열, 자신감
- 토(土) : 흙이 상징하는 모든 것을 감싸안는 포용과 중재, 안식, 고집, 끈기
- 금(金) : 쇠가 상징하는 단단한 성질, 자신을 다스리는 의지, 절제
- 수(水) : 물이 상징하는 생각, 지혜, 욕망, 본생

② 상생과 상극

오행의 다섯 가지 기운은 서로 힘을 실어준다(상생). 목(木)은 화(火)를 생하고, 화(火)는 토(土)를 생한다. 토(土)는 금(金)을 생하고, 금(金)은 수(水)를 생하며, 수(水)는 목(木)을 생한다.

또한 오행의 다섯 가지 기운은 서로 힘을 빼앗아간다(상극). 목(木)은 토(土)를 극하고, 토(土)는 수(水)를 극하고, 수(水)는 화(火)를 극하고, 화(火)는 금(金)을 극하고, 금(金)은 목(木)을 극한다.

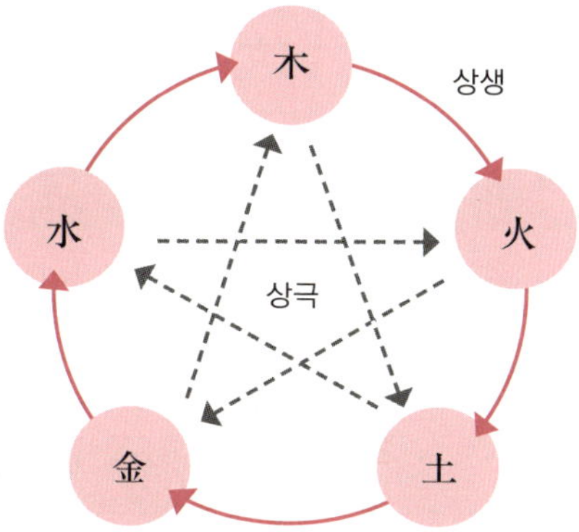

③ 천간과 지지

천간은 모두 10개의 글자이며 갑(甲), 을(乙), 병(丙), 정(丁), 무(戊), 기(己), 경(庚), 신(辛), 임(壬), 계(癸)이다. 지지는 모두 12개의 글자이며 자(子), 축(丑), 인(寅), 묘(卯), 진(辰), 사(巳), 오(午), 미(未), 신(申), 유(酉), 술(戌), 해(亥)이다.

10개의 천간과 12개의 지지는 각각 음양과 오행에 배속된다. 특히 시공간의 원리가 함축된 십이지지에는 각각 한 달씩 1년 열두 달이, 그리고 각각 두 시간씩 하루 24시간이 배정된다. 10개의 천간과 12개의 지지는 서로 결합하여 육십갑자를 만든다. 이때 양의 천간과 양의 지지, 음의 천간과 음의 지지가 만나기 때문에 120가지가 아닌 60가지 조합이 만들어진다.

• **천간의 음양오행**

천간	甲	乙	丙	丁	戊	己	庚	辛	壬	癸
	갑	을	병	정	무	기	경	신	임	계
음양	양	음	양	음	양	음	양	음	양	음
오행	목(木)		화(火)		토(土)		금(金)		수(水)	

• **지지의 음양오행**

지지	子	丑	寅	卯	辰	巳	午	未	申	酉	戌	亥
음양	양	음	양	음	양	음	양	음	양	음	양	음
오행	水	土	木	木	土	火	火	土	金	金	土	水
음력달	11월	12월	1월	2월	3월	4월	5월	6월	7월	8월	9월	10월
시간	23:30 ~ 1:30	1:30 ~ 3:30	3:30 ~ 5:30	5:30 ~ 7:30	7:30 ~ 9:30	9:30 ~ 11:30	11:30 ~ 13:30	13:30 ~ 15:30	15:30 ~ 17:30	17:30 ~ 19:30	19:30 ~ 21:30	21:30 ~ 23:30

④ 천간 지지와 방위

천간과 지지에는 방향이 있다. 각각의 방위를 북쪽에서 시작하여 시계방향으로 정리하면 다음과 같다.

• 24방위 배치도

자(子) : 정북	오(午) : 정남	무(戊) : 중앙
계(癸) : 북북북북동	정(丁) : 정서	기(己) : 중앙
축(丑) : 북북북동	미(未) : 남서서	
인(寅) : 북북동	신(申) : 남서서서	
갑(甲) : 북동	경(庚) : 남서서서서	
묘(卯) : 정동	유(酉) : 정서	
을(乙) : 남동	신(辛) : 북서	
진(辰) : 남남동	술(戌) : 북북서	
사(巳) : 남남남동	해(亥) : 북북북서	
병(丙) : 남남남남동	임(壬) : 북북북북서	

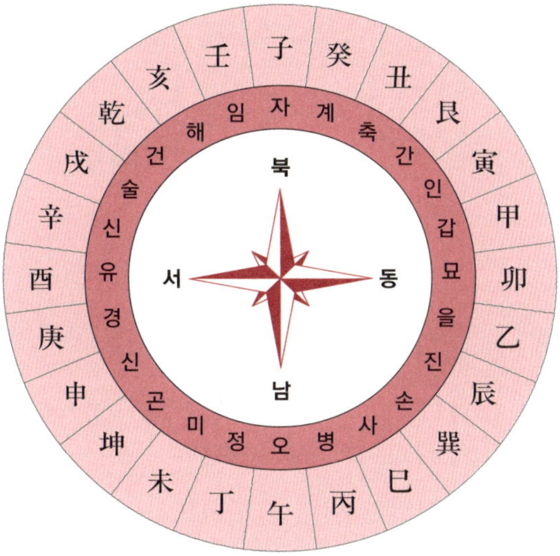

2) 천간과 지지의 보석

다음은 천간과 지지에 상응하는 색과 그에 어울리는 보석들이다.

① 천간의 보석

• 갑(甲) 초록색 : 크리소베릴(금록석), 다이아몬드, 옥, 말라카이트(공작석), 페리

도트(감람석의 일종), 투르말린(전기석), 지르콘

- 을(乙) 연두색 : 페리도트, 차보라이트, 바델라이트
- 병(丙) 빨간색 : 베릴(녹주석), 커런덤(강옥), 산호, 다이아몬드, 가닛(석류석), 스피넬(첨정석), 토파즈(황옥), 투르말린, 지르콘, 루비
- 정(丁) 분홍색 : 핑크 투르말린, 분홍 수정, 분홍 진주, 장미석, 산호, 핑크 사파이어
- 무(戊) 노란색 : 토파즈, 황수정, 호박, 지르콘
- 기(己) 연노란색 : 레몬 쿼츠, 드라바이트(갈전기석), 시트린(황수정), 사파이어
- 경(庚) 흰색 : 지르콘, 고세나이트(무색 녹주석), 다이아몬드, 토파즈, 사파이어, 문스톤, 칼사이트
- 신(辛) 회색 : 문스톤(월장석), 오팔(단백석), 헤미몰파이트(이극석)
- 임(壬) 검은색 : 오닉스(흑마노), 흑진주, 전기석, 흑요석, 블랙 오팔, 블랙 사파이어
- 계(癸) 자주색 : 자수정, 자주색 스피넬, 알만다이트 가닛

② 지지의 보석

- 자(子) 검은색 : 오닉스, 스피넬, 다이옵사이드(투휘석), 사파이어
- 축(丑) 흑갈색·고동색 : 스모키 쿼츠(연수정), 드라바이트, 칼세도니(옥수)
- 인(寅) 남색 : 탄자나이트, 사파이어, 피터사이트
- 묘(卯) 파란색 : 아마조나이트(천하석), 알렉산드라이트, 아쿠아마린(남옥), 혹스아이(응안석), 사파이어, 스피넬, 토파즈, 지르콘
- 진(辰) 터키옥색 : 터키석, 크리소콜라(규공작석), 아마조나이트
- 사(巳) 보라색 : 아이올라이트(근청석), 자수정, 제이드(옥), 스피넬, 탄자나이트
- 오(午) 빨간색 : 루비, 가닛, 스피넬, 알렉산드라이트, 루벨라이트(홍전기석)
- 미(未) 주황색 : 오렌지 산호, 호박, 베릴, 시트린, 지르콘, 파이어 오팔(화단백석), 스페사르틴(망간 석류석), 가닛, 카넬리안(홍옥수)
- 신(申) 짙은 갈색 : 연수정, 구리, 아게이트(마노), 재스퍼(벽옥), 마호가니 옵시디

언, 타이거즈 아이(호안석)

- **유(酉) 흰색** : 지르콘, 고세나이트, 다이아몬드, 칼사이트, 문스톤, 사파이어, 토파즈
- **술(戌) 회갈색** : 스모키 쿼츠, 드라바이트, 칼세도니
- **해(亥) 고동색** : 호박, 시트린, 벽옥, 갈색 마노

3) 보석의 성향과 특색

보석들은 그 신비로운 색과 내구성으로 오래 전부터 인류에게 귀한 대접을 받아왔다. 다음은 색상별 보석과 그것이 상징하는 내용들이다.

- **분홍색** : 핑크 투르말린, 핑크 산호, 분홍 수정, 분홍 진주, 분홍 사파이어, 장미석

  _ 정신적, 육체적 긴장을 풀어준다.

  _ 사랑이 충만하다.
- **빨간색** : 루비, 가닛, 스피넬, 알렉산드라이트, 루벨라이트

  _ 심장을 튼튼하게 해준다.

  _ 심신을 건강하게 해준다.
- **검은색** : 오닉스, 스피넬, 다이옵사이트, 흑진주, 전기석, 흑요석, 블랙 오팔, 블랙 사파이어, 오닉스, 블랙 투르말린

  _ 심신을 건강하게 해준다.

  _ 심신을 안정시켜준다.
- **노란색** : 토파즈, 황수정, 호박석, 지르콘

  _ 대화와 소통을 원활하게 해준다.

  _ 명랑하고 활기차게 해준다.
- **보라색** : 자수정, 알렉산드라이트, 컬러체인지 사파이어, 제이드, 스피넬, 탄자라이트, 아이올라이트

_ 감수성을 확장시켜준다.

_ 자신을 돌아보게 해준다.

• **초록색** : 에메랄드, 다이옵사이트, 말라카이트

_ 편안한 마음을 유지시키고 휴식을 준다.

_ 스트레스를 완화시키고 감성을 차분하게 해준다.

• **파란색** : 탄자나이트, 토파즈, 지르콘, 옥, 다이아몬드, 스피넬

_ 지적이고 이상을 추구하게 해준다.

_ 창의적이고 겸손하며 정신적 리더십을 갖추게 해준다.

• **주황색** : 문스톤, 피치 베릴, 스피넬, 스포듀민

_ 일에 하는 데 활기와 열정을 제공한다.

_ 생동감으로 주변을 변화시킨다.

• **갈색** : 아게이트, 재스퍼, 연수정, 타이거즈 아이, 마호가니 옵시디언

_ 안전하고 편안함을 준다.

_ 공포와 스트레스를 막아주고 내적 안도감을 준다.

• **흰색** : 다이아몬드, 아게이트, 칼사이트, 문스톤, 사파이어, 토파즈, 지르콘, 고세나이트

_ 차갑고 원칙적이며 구체적이다.

_ 기계적이고 완벽함을 추구한다.

• **연두색** : 페리도트, 차보라이트, 바델라이트

_ 부드럽고 우아하며 따뜻하다.

_ 여성적이고 정신을 이완시키며 여유가 있다.

• **자주색** : 자수정, 알만다이트 가닛, 자주색 스피넬

_ 관능적이고 예술적이다.

_ 감수성이 예민하고 감정이 솔직하다.

• **회색** : 오팔, 헤미몰파이트, 문스톤

_ 지적이고 과학과 수학 등에 호기심이 있다.

_ 나약하고 유약하며 생각이 많다.

• **주황색** : 산호, 지르콘, 커런덤

_ 활발하고 활동적이며 명랑하다.

_ 대인관계가 원만하고 소통을 잘한다.

4) 오행 활용법

오행은 각자 고유한 성격과 직업 적성을 내포한다. 뿐만 아니라 건강과 관련하여 인체의 부위도 담당한다.

① 성격

• 목(木) : 배려 지향, 인간 지향, 성장 지향, 교육 지향, 자유 지향

• 화(火) : 열정 지향, 모험 지향, 행동 지향, 활동 지향, 표현 지향

• 토(土) : 여유 지향, 평화 지향, 끈기 지향, 포용 지향, 관계 지향

• 금(金) : 계획 지향, 완벽 지향, 구조 지향, 원칙 지향, 실천 지향

• 수(水) : 생각 지향, 수리 지향, 창조 지향, 상상 지향, 정보 지향

② 직업적성

• 목(木) : 교육, 상담, 복지, 정치, 사법

• 화(火) : 예술, 교육, 체육, 경찰, 사법

• 토(土) : 무역, 중개, 외교, 건설, 정치

• 금(金) : 기계, 공학, IT, 경찰, 체육

• 수(水) : 전산, 회계, 금융, 문학, 정치

③ 육체적 건강

- 목(木) : 간, 담(쓸개), 성기, 뼈, 관절
- 화(火) : 소장, 심장, 혈관 질환과 순환기 질환(고혈압·중풍·뇌출혈·뇌일혈)
- 토(土) : 위장, 비장, 비뇨기과, 산부인과
- 금(金) : 대장, 폐, 뼈
- 수(水) : 산부인과, 비뇨기과

④ 정신 건강

- 목(木) : 행복 공포증, 이성 개조 성향, 평강공주 증후군
- 화(火) : 정신 분열증, 애완동물 집착증(펫로스 증후군), 정서 산만, 화병, ADHD
- 토(土) : 평화 집착증, 나태와 태만(게으름), 폭식증, 리플리 증후군, 과도한 고립
- 금(金) : 자폐증, 게임 중독증, 사이코패스, 집착증, 완벽 증후군
- 수(水) : 건강 염려증, 리플리 증후군, 음식 중독증(마약·술·담배), 소시오패스, 파랑새 증후군

5) 나는 어떤 색일까?

만세력에 생년월일시를 입력하면 사주팔자 여덟 자가 나온다. 여기서 「사주」란 4개의 기둥 즉, 내가 태어난 연·월·일·시를 말하며, 「팔자」란 여기에 대응하는 4개의 천간과 4개의 지지를 말한다. 그래서 보통 「팔자」는 다음과 같이 생성된다.

	연	월	일	시
천간	○	○	●	○
지지	○	●	○	○

이때 「월」에 해당하는 지지와 「일」에 해당하는 천간을 알면 누구나 자신의 색을 알 수 있다. 천간 10자와 지지 12자에 대응하는 색은 다음과 같다.

• 천간의 색

천간	갑(甲)	을(乙)	병(丙)	정(丁)	무(戊)	기(己)	경(庚)	신(辛)	임(壬)	계(癸)
색상	파란색	초록색	빨간색	분홍색	노란색	황토색	흰색	은색	검은색	자주색

• 지지의 색

지지	자(子)	축(丑)	인(寅)	묘(卯)	진(辰)	사(巳)	오(午)	미(未)	신(申)	유(酉)	술(戌)	해(亥)
색상	검은색	흑갈색	흑남색	파란색	연두색	보라색	빨간색	주황색	분홍색	흰색	회갈색	회색

이 월지(월지지)와 일간(일천간)의 색이 자신이 타고난 색이다. 이를 바탕으로 태어난 달을 잘 계산하면 자신의 운에 가장 크게 작용하는 색을 알 수 있다. 태어난 절기는 매년 조금씩 다르지만, 사주명리학에서 사용하는 절기는 매달 양력 6일 전후로 보면 된다. 한편 점성학에서 사용하는 절기는 매달 양력 21일 전후이다.

지지	절기	날짜	색상
인(寅)	입춘~경칩	2월 6일 전후~3월 6일 전후	흑남색
묘(卯)	경칩~청명	3월 6일 전후~4월 6일 전후	파란색
진(辰)	청명~입하	4월 6일 전후~5월 6일 전후	연두색
사(巳)	입하~망종	5월 6일 전후~6월 6일 전후	보라색
오(午)	망종~소서	6월 6일 전후~7월 6일 전후	빨간색
미(未)	소서~입추	7월 6일 전후~8월 6일 전후	주황색
신(申)	입추~백로	8월 6일 전후~9월 6일 전후	분홍색
유(酉)	백로~한로	9월 6일 전후~10월 6일 전후	흰색
술(戌)	한로~입동	10월 6일 전후~11월 6일 전후	회갈색
해(亥)	입동~대설	11월 6일 전후~ 12월 6일 전후	회색
자(子)	대설~소서	12월 6일 전후~1월 6일 전후	검은색
축(丑)	소서~입춘	1월 6일 전후~2월 6일 전후	흑갈색

• 별자리의 색상

별자리	색	지배행성	탄생석	① 성향 ② 구성요소 ③ 장단점	수호신	월지오행과 색
양자리 3/21~ 4/20	빨간색	화성 Mars	루비	① 멈출 수 없는 열정 ② 낮의 힘, 남성적, 적극적, 지도적 ③ 장점 : 적극성, 배짱, 활발, 열정, 용기 / 단점 : 난폭, 무모, 낭비, 고집, 관능	불	묘목(卯木) : 청색 진토(辰土) : 청갈색
황소자리 4/21~ 5/20	녹색	금성 Venus	사파이어	① 곧고 완고하며 아름다움을 추구 ② 밤의 힘, 여성적, 소극적, 가정적 ③ 장점 : 세련, 화목, 평화, 가정적, 예술적 / 단점 : 사치, 고집, 호색, 조잡, 예민	흙	진토(辰土) : 청갈색 사화(巳火) : 적색
쌍둥이자리 5/21~ 6/20	보라색	수성 Mercury	자수정	① 자신감과 천재적인 두뇌 ② 낮의 힘, 적극적, 유동적, 논리적 ③ 장점 : 지식, 논리, 재주, 다양, 재능 / 단점 : 민감, 교활, 수다, 신경, 이기적	공기	사화(巳火) : 적색 오화(午火) : 적색
게자리 6/21~ 7/22	은색 흰색	달 Moon	진주은	① 강인한 모성애와 약한 정신력 ② 밤의 힘, 여성적, 소극적, 중심적, 이기적 ③ 장점 : 상상, 창의, 낭만, 감성, 낙천 / 단점 : 변덕, 이기심, 인색	물	오화(午火) : 적색 미토(未土) : 적갈색
사자자리 7/23~ 8/23	황금색 노란색	태양 Sun	금	① 타고난 열정과 봉사정신, 밝고 화려하고 지도자의 능력 ② 낮의 힘, 남성적, 고전적, 적극적 ③ 장점 : 쾌활, 평등, 관대, 지배, 독립, 성공 / 단점 : 완고, 고집, 독단, 성급, 사치, 고독	불	미토(未土) : 적갈색 신금(申金) : 분홍색

처녀자리 8/24~ 9/23	파란색	수성 Mercury	사파이어	① 이상과 정의감 ② 밤의 힘, 여성적, 유동적, 소극적 ③ 장점 : 재주, 논리, 재능 / 단점 : 수다, 잔소리, 변덕, 교활	흙	신금(申金) : 분홍색 유금(酉金) : 흰색
천칭자리 9/24~ 10/23	초록색	금성 Venus	사파이어	① 냉정하고 냉철한 결단 ② 낮의 힘, 남성적, 적극적, 중심적 ③ 장점 : 평화, 가정, 재능, 고상, 재치 / 단점 : 사치, 호색, 고집, 게으름	공기	유금(酉金) : 흰색 무토(戊土) : 회갈색
전갈자리 10/24~ 11/22	빨간색	화성 Mars	루비	① 인내력, 침착함, 강한 매력 ② 밤의 힘, 여성적, 소극적, 고정적, 창조적 ③ 장점 : 총명, 창조, 영민, 논리 / 단점 : 강압, 강제, 폭력, 고압, 게으름	물	술토(戌土) : 회갈색 해수(亥水) : 검은색
사수자리 11/23~ 12/21	파란색	목성 Jupiter	다이아몬드	① 매사 신속한 일처리, 능력 ② 낮의 힘, 남성적, 유동적, 적극적 ③ 장점 : 권위, 위엄, 열정, 정의, 권력 / 단점 : 난폭, 사치, 극단, 강압, 허영	불	해수(亥水) : 검은색 자수(子水) : 검은색
염소자리 12/22~ 1/20	검은색	토성 Saturn	다이아몬드	① 끈기 있게 밀고 나가는 강직함 ② 밤의 힘, 여성적, 중심적, 소극적 ③ 장점 : 연구, 독립, 근면, 계획, 정화 / 단점 : 고집, 독단, 욕심, 소심, 고독	흙	자수(子水) : 검은색 축토(丑土) : 흑갈색

물병자리 1/21~2/19	검은색	천왕성 Uranus	다이아몬드	① 예리한 관찰력과 추진력, 상식이나 인간관계에 얽매이지 않는 소신 ② 낮의 힘, 남성적, 고정적, 소극적 ③ 장점 : 독창적 아이디어, 우호적, 추진력 / 단점 : 변덕, 예민, 고집, 배신	공기	축토(丑土) : 흑갈색 인목(寅木) : 청색
물고기자리 2/20~3/20	보라색	해왕성 Neptune	자수정 진주	① 뛰어난 적응력 ② 유동적, 소극적, 감상적, 도피적 ③ 장점 : 예술적, 안정적, 재능, 상상력, 감수성 / 단점 : 변덕, 민감, 불안정, 도피, 방랑	물	인목(寅木) : 청색 묘목(卯木) : 청색

• **계절의 색상**

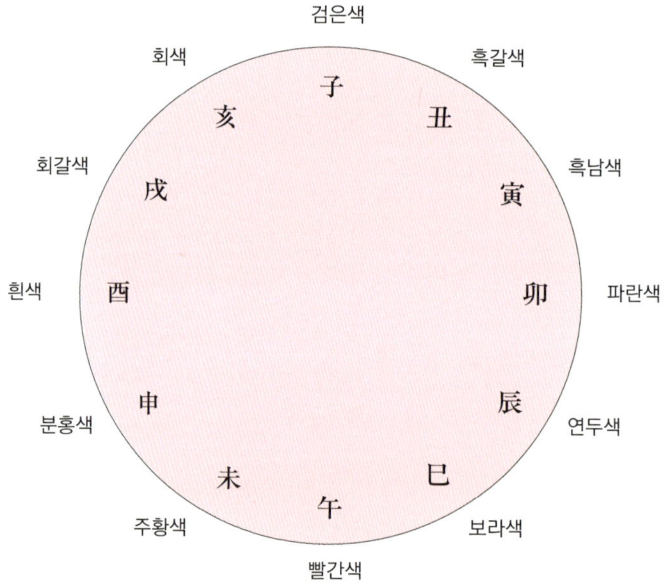

2

사주팔자와 색의 모든 것

CHAPTER

KEY POINT

지금까지 살펴본 사주팔자와 색의 관계를 총정리한다. 예를 들어 색채의 심리를 활용하여 각자의 장점을 살리고 단점을 보완하는 방법, 신체 각 부위의 건강을 관리하는 방법 등 실제 삶에서 응용할 수 있는 다양한 방법을 배울 수 있다.

1 색채의 종합분석

앞서 사주팔자와 색의 관계, 우리의 일상을 색과 연결 지어 생각하는 법 등을 이야기했다. 이제 지금껏 이야기한 것을 하나로 모을 차례다. 색깔별로 다음 15가지 차원에서 종합하여 정리해보고자 한다.

① 색상의 특성과 성정

색상의 기본 특성과 의미를 설명한다.

② 색상의 연상, 색상의 키워드

각 색상별로 떠오르는 단어와 키워드를 분석한다.

③ 색채의 심리 활용

우리가 가진 장점을 살리고 단점을 보완하는 데 색상 선택이 중요하다. 예를 들어 너무 생각이 많고 걱정이 많은 사람은 활발하고 관계에 뛰어난 빨간색과 노란색 옷을 입어 자신감과 적극성을 보완할 수 있다.

④ 직업 적성

색채심리에는 색채와 어울리는 직업 적성이 있다. 어떤 특정한 색상을 좋아하는 사람은 그 색에 해당하는 직업을 선택하면 적성을 살릴 수 있다. 파란색을 좋아하면 파란색에 맞는 직업을 찾는 것이다. 또는 사주팔자에 어떤 오행이 많이 존재할 때 그에 해당하는 직업을 선택하면 적성에 맞는다. 예를 들어 사주에 수(水)가 많은 사람의 경우, 수(水)는 검은색이니 검은색이 나타내는 직업이 어울린다.

⑤ 무언의 메시지와 커뮤니케이션

그 사람의 간절한 바람을 밖으로 드러나는 행동에서 유추해볼 수 있듯이, 어떤 사람이 특별한 색을 선택했을 때 이를 통해 알리고자 하는 속마음을 읽을 수 있다.

⑥ 색으로 보는 나의 상태

해당 색을 고집하게 될 때의 상황이나 상태를 말한다. 이때는 자기를 돌아보고 자신의 상태를 살펴야 한다. 과한 욕망은 찾아온 기회를 놓치는 원인이 될 수 있다. 어떤 색상의 옷을 입고 싶거나 그 색을 활용하고 싶을 때, 사주에 과다한 색상을 활용하고 싶을 때는 조심할 필요가 있다. 반대로 사주에 없거나 고립된 색상을 활용하고 싶은 마음이 든다면 오히려 안정적일 수 있다고 보면 된다.

⑦ 과다와 거부

과다란 사주에 과다한 색상을 실생활에서 활용하거나 사주와는 상관없이 활용할 때를 말한다. 거부란 사주에서 고립된 색상 또는 없는 색상, 현실에서 전혀 활용하지 않는 색상을 의미한다.

⑧ 건강

각각의 색은 신체 부위의 건강을 나타낸다. 사주나 실생활에 적당한 색상을 쓰면 그 색에 해당하는 부위의 건강이 좋다고 해석한다. 다만 너무 과다한 색, 반대로 무존재하거나 고립된 색을 쓰면 그 색에 해당하는 부위의 건강이 좋지 않다.

⑨ 누가

사주에 과다하거나 발달한 색상 또는 실생활에서 자주 사용하는 색상을 그 색상에 해당하는 성격이나 성향의 사람으로 분석한다.

⑩ 언제

사주에 과다하거나 발달한 색상과 실생활에서 자주 사용하는 색상을 그 색상에 해당하는 시기, 즉 계절이나 날짜, 환경으로 분석한다.

⑪ 어디서

색상에 따라 그 색상에 해당하는 장소가 있다. 특정 색이 사주에 과다할 때는 피하는 것이 좋고, 발달했을 때는 적당하게 활용하는 것이 좋다. 고립되거나 무존재는 적극적으로 활용하는 것이 현명하다. 실생활에서 자신에게 부족하다고 생각되는 성격이나 특성을 살리기 위해 해당 장소를 자주 활용하면 도움이 된다. 반대로 자신에게 너무 과다하다고 생각되는 성격, 특성을 바꾸고 싶다면 해당하는 장소를 피하는 것이 좋다.

⑫ 무엇을

한 가지 색이 사주에 과다할 때나 발달했을 때, 또는 특정한 색을 선호할 때 우리 무의식에 어떤 목적이 있는지 알 수 있다.

⑬ 어떻게

마찬가지로 사주에 과다한 색상이나 발달한 색, 또는 좋아하고 자주 쓰는 색이 있을 때 우리가 무의식적으로 어떤 행위를 하고 싶어하는지 알아본다.

⑭ 왜

특정한 색을 좋아하는데 그 색이 과다한 사주라면, 그것이 우리 운명에서 어떤 의미를 갖는지 알아본다.

⑮ 예술 작품

각 색상을 활용한 그림과 영화를 말한다. 사주에 색상이 없거나 고립되었을 때, 해당 색상의 그림을 인테리어에 활용하거나 영화를 보면 도움이 된다.

빨간색 화(火)

① 색상의 특성과 성정

빨간색은 안전을 상징한다. 그래서 금지할 때 자주 등장하는 색이다. 불조심, 출입 금지, 접근 금지, 긴급 상황 등을 알릴 때 쓰인다. 또한 분노와 복수의 색이기도 하다. 화가 났을 때 우리는 얼굴이 발갛게 달아오른다. 영화에서 주인공은「피의 복수」를 하고 결국 피를 보고 마는 일을 저지른다.

빨간색은 자기 확신과 자신감, 강렬한 열정의 색이고, 색 중에서 가장 자극적이고 감정을 고조시킨다. 사람을 흥분시켜 긴장감을 주기 때문에 과도하게 사용하면 피로감을 줄 수 있고 보는 이의 주의가 산만해질 수 있으니 유의해야 한다.

빨간색은 행동적이고 강하며 정열적이면서 드라마틱하다. 아드레날린 분비가 활발하기 때문에 에너지 발산에 효과가 크다. 외향적이어서 사람을 좋아하고 에너지가 넘치며 호기심이 왕성하며 활동적이다. 리더십을 필요로 할 때나 커다란 용기가 필요할 때, 결단의 시기에 힘을 주는 색이다.

② 색상의 연상, 색상의 키워드

- **장점** : 태양, 불, 피, 혁명, 열정, 흥분, 적극, 과감, 과단, 소방차, 응급실, 맥박, 용기, 용맹, 공격, 도전, 현실적, 정열적, 쾌락적, 감정적, 힘, 에너지, 감각, 환희, 행복감, 사랑의 감정, 본능적, 따뜻함, 사랑하는, 섹시한, 뜨거운, 명쾌한, 야망, 낙관적인, 자유로운, 감성적, 활발함, 강인함, 행동하는, 표현하는, 솔직한
- **단점** : 위험, 경고, 다혈질, 욕망, 위험물, 흥분, 반항, 피, 레드 콤플렉스, 야심가, 고집, 지나친 열등감, 공포심, 무절제한 열정, 욕정, 지나친 분노심, 악마, 고통, 광란, 방화, 폭발, 위급한 병환, 공격적
- **신체** : 심장, 혈관, 눈
- **음식** : 붉은색 살코기, 붉은 고추, 고춧가루, 파프리카, 붉은색 과일(딸기 · 사과 · 산딸기 · 토마토 · 대추 · 체리 · 수박 · 앵두 · 석류)
- **사물** : 불, 장미, 태양, 피, 소방차, 입술, 노을, 일출

③ 색채의 심리 활용

- **정서적으로 안정적일 때** : 열정적이고 에너지가 넘친다. 시원시원하고 적극적이며 자신의 감정을 논리적으로 표현한다.
- **정서적으로 불안정할 때** : 안정되고 싶거나 평정심을 찾고 싶을 때는 빨간색을 피

해야 한다.

- **활용** : 적극적으로 자신을 표현하고 에너지를 발산하고 싶을 때는 빨간색을 적극적으로 활용하면 좋다.

④ 직업 적성

빨간색의 직업 적성으로는 무용, 뮤지컬, 경영, 건축, 정치, 음악, 체육(운동선수·격투기선수), 배우(영화배우·연극배우), 개그맨, 코미디언, 이벤트, 강연, 자영업, 디자이너, 패션모델, 에어로빅, 관광, 레저가 있다.

⑤ 무언의 메시지와 커뮤니케이션

빨간색이 의미하는 무언의 메시지는「나를 보이고 싶다, 나를 알리고 싶다, 나는 건강하다, 사람들과 어울리고 싶다, 컨디션이 좋아진다, 활기찬 관계를 만들고 싶다」등이다.

⑥ 색으로 보는 나의 상태

정서적으로 불안하고 불만이 많을 때 빨간색에 집착할 수 있다. 산만하고 안정감이 떨어질 때도 마찬가지이다. 분노를 조절하기 어렵고 다혈질적으로 폭발하는 타입이라면 특히 조심하자.

⑦ 과다와 거부

- **과다** : 열정적이고 외향적이다. 충동적인 감정을 드러낸다.
- **거부** : 감정을 통제하고 억제한다.

⑧ 건강

혈액 순환을 촉진하고 감각신경을 자극한다. 순환기와 심장 건강을 관장하여 뇌출혈, 중풍, 고혈압, 빈혈, 심장 무기력을 일으킬 수 있다.

⑨ 누가

- **긍정적인 모습** : 열정적인, 행동하는, 육체적으로 힘이 있는, 모험적인, 물질을 추구하는, 자신감이 있는, 낙천적인, 감성적인, 추진력이 강한, 외향적인, 정열적인, 격정적인, 자유로운, 예술성이 있는
- **부정적인 모습** : 자기 주장이 강한, 공격적인, 야심 있는, 성적 충동이 강한, 자기 감정을 조절하지 못하는, 다혈질인, 욱하는, 감정 기복이 심한, 산만한, ADHD 증후군, 방만한, 쾌락적인, 향락적인

⑩ 언제

- **긍정적인 시간과 계절** : 여름, 낮, 축제 시기, 운동할 때, 경기할 때, 오락할 때, 게임을 할 때, 도전 시기, 사랑이 싹틀 때
- **부정적인 시간과 계절** : 전쟁, 화재, 위기, 재난, 사건, 사고, 고통, 흥분할 때, 화가 치밀 때

⑪ 어디서

- **긍정적인 장소** : 체육관, 공연장(뮤지컬 · 춤 · 노래 · 연극), 운동 경기장, 투우장, 경연장, 축제장, 소방서, 경찰서, 극장, 용광로, 온천, 훈련소, 시장
- **부정적인 장소** : 홍등가, 전쟁터, 화재, 지옥, 위험한 곳, 화산, 싸움터

⑫ 무엇을

- **긍정적인 키워드** : 불, 태양, 에너지, 용기, 열정, 행동, 모험, 실행, 창조, 창의, 결심, 결단, 기쁨, 환희, 쾌락, 승리, 행복, 생명
- **부정적인 키워드** : 화재, 피, 욕망, 증오, 흥분, 다혈질, 충동, 분노, 소란, 고통, 광

란, 난폭, 잔인, 전쟁, 투쟁, 폭력, 공격, 반항, 대항, 살육, 살인

⑬ **어떻게**

- **긍정적인 마음과 행동** : 자유롭게, 열정적으로, 활동적인, 적극적인, 독립적, 자주적, 야심차게, 용맹하게, 가열차게, 창조적으로, 창의적으로, 온몸을 던져, 망설이지 않고, 저돌적으로, 공개적으로, 표현하며
- **부정적인 마음과 행동** : 난폭하게, 급하게, 혼란스럽게, 흥분해서, 복잡하게, 무모하게, 생각 없이, 충동적으로, 도발적으로, 위압적으로, 공격적으로, 폭력적으로, 무력으로, 무리하게, 무시하며, 자기 멋대로

⑭ **왜**

- **긍정적인 이유** : 주장을 관철하기 위해, 감정을 속일 수 없어, 표현하고 싶어, 모험하고 싶어, 새로운 아이디어가 떠올라, 주변 사람들의 민원을 대신해서, 새로운 시작을 꿈꾸며, 성장하고 싶어, 발전을 위해
- **부정적인 이유** : 본능에 충실해서, 성질이 나서, 화가 나서, 급해서, 반항적이라서, 폭력적이라서, 독선적이어서, 독단적이어서, 흥분해서, 자기조절 능력이 떨어져서, 과격해서

⑮ **예술 작품**

- **그림** : 에드바르트 뭉크의 〈절규〉, 얀 판 에이크의 〈아르놀 피니 부부의 초상〉, 프리다 칼로의 〈삶이여, 영원히!〉, 요하네스 페르메이르의 〈빨간 모자를 쓴 소녀〉
- **영화** : 장이머우 감독의 〈붉은 수수밭〉

주황색

화(火)
+
토(土)

① 색상의 특성과 성정

주황색은 창조적이고 매사에 열의가 넘치며 용기 있는 색이다. 사람들 사이에서 친밀감을 주고 이목을 모으고 인기가 있다. 눈에 강렬하게 다가오기 때문에 강한 인상을 남기고 식욕을 증진시킨다. 이국적이면서 기분 좋은 분위기가 감돌고, 의욕적이고 사람을 즐겁게 하는 재능이 뛰어나다. 주변 분위기가 밝아지고 활발한 소통이 가능하다.

때론 과식하거나 과도한 친절, 과도한 사교성으로 구설수가 생길 수 있다. 신경이 예민해지고 피곤함을 주기도 하니까 주의하자.

② 색상의 연상, 색상의 키워드

- **장점** : 구명조끼, 이국적, 사교적, 의욕적, 즐거움, 대인관계가 뛰어남, 맛있음, 식욕이 증진됨, 오렌지, 비타민, 유쾌함, 낭만적임, 활기참, 저녁 노을, 정열적, 활동성, 창조성, 포부, 자긍심, 힘, 인내, 활력 넘침, 생명력, 약진하는, 희망, 화사한, 행복한, 밝음, 활발한, 원기 있는, 화려한, 열정이 넘치는, 따뜻한, 소통하는, 생생한, 이해력이 빠른, 적응력
- **단점** : 위험, 집요함, 피곤함, 불안함, 불안정한, 천박한, 사치스러운, 요란한, 애정결핍, 경박한, 속을 알 수 없는, 성격이 급한, 고집이 센
- **음식** : 한라봉, 파파야, 감, 귤, 호박, 오렌지, 레몬, 자몽, 유자, 멜론, 카레(강황), 당근

③ 색상의 심리 활용

- **정서적으로 안정적일 때** : 대인관계가 원만하면서 누구하고도 쉽게 어울리고 활발한 성향이다. 긍정적이고 낙천적이다. 자발적이며 적극적이고 밝고 명랑하여 소통의 달인이라 부를 만하다.
- **정서적으로 불안정할 때** : 자기중심적이며 질투심이 있다. 자기를 드러내고 싶은 욕망 때문에 사람들과 갈등이나 다툼이 생겨 관계가 어색해지기도 한다.
- **활용** : 다른 사람과 잘 지내고 싶을 때는 주황색을 활용하면 도움이 된다. 현재 사람들과 갈등이 있거나 사람들과 어울리기 싫고 우울하다면 주황색을 써보자. 사람들과 갈등도 줄어들고 우울증에서도 벗어나게 될 것이다.

④ 직업 적성

정치, 경영, 건축, 스포츠선수, 배우, 뮤지컬, 무용가, 개그맨, 공연, 오락, 이벤트, 예술가, 스턴트맨, 격투기, 패션모델, 에어로빅, 연예, 연기, 방송, 운동, 무역, CEO

⑤ 무언의 메시지와 커뮤니케이션

주황색의 메시지는「활기차고 싶다, 사람들과 어울리고 싶다, 즐겁고 싶다, 에너지를 비축하자, 새로운 동기를 부여하자, 성과를 만들어내자」이다.

⑥ 색으로 보는 나의 상태

다른 사람들과 소통하고 싶을 때, 다른 사람들과 어울려 행복을 느끼고 싶을 때, 자신에게 활력을 주고 싶을 때, 자신감 있는 결단을 내리고 싶을 때, 자신의 현재 감성에 맡기고 싶을 때

⑦ 과다와 거부

- **과다** : 활력이 있고, 원기가 넘치며, 유쾌하고 만족하고 풍부하며, 적극적이다.
- **거부** : 무기력하고, 침체되어 있고, 자신감이 저하된다.

⑧ 건강

자궁, 방광, 신장 등의 비뇨기 계통과 산부인과 계통, 갑상선 기능을 관장하여 생리불순, 자궁근종, 갑상선 항진증, 담석, 신장결석 등을 활성화시킨다.

⑨ 누가

- **긍정적인 모습** : 열성적인, 활동적인, 예술적인, 사교적인, 탐미적인, 감각적인, 감수성이 뛰어난, 대인관계가 원만한, 적극적인, 행동하는, 표현하는, 어울리는, 즐기는, 유쾌한, 낙천적인
- **부정적인 모습** : 쾌락적인, 탐욕적인, 호색적인, 폭력적인, 변절하는, 배신하는

⑩ 언제

- **긍정적인 시간과 계절** : 한여름, 일몰, 석양, 가을, 수확기, 청춘, 축제, 연회, 공연, 행사
- **부정적인 시간과 계절** : 일출, 봄, 파종기, 연구

⑪ 어디서

- **긍정적인 장소** : 동남쪽, 공연장, 축제장, 경기장, 오락장, 야외 파티장, 행사장, 유람지, 관광지, 해변, 열대지방, 레저센터, 헬스클럽
- **부정적인 장소** : 카지노, 불법 오락실, 홍등가

⑫ 무엇을

- **긍정적인 키워드** : 열정, 정열, 태양, 에너지, 왕성, 건강, 힘, 창의적, 영감, 창조성, 사교성, 자유, 성취, 성공, 명랑, 풍요, 풍성, 기쁨, 환희, 열광, 행복, 낙관, 자신감
- **부정적인 키워드** : 야심가, 자유분방, 폭발, 쾌락, 흥분, 탐욕, 욕정, 성욕, 도취, 향락, 독선, 위선, 배신, 저속성, 음란, 광기, 화재

⑬ 어떻게

- **긍정적인 마음과 행동** : 열정적으로, 정열적으로, 행동으로, 모험하는, 에너지 충만하게, 집중해서, 낙천적으로, 사교적으로, 지혜롭게, 용감하게, 관대하게, 통크게, 화끈하게, 즐겁게, 주도적으로, 친절하게
- **부정적인 마음과 행동** : 충동적으로, 쾌락적으로, 흥분하여, 무모하게, 자극적으로, 위선적으로, 안달하며, 초조하게

⑭ 왜

- **긍정적인 이유** : 합격, 당선, 승진, 성공, 승리, 영광, 경축, 축제, 공연, 낙관, 행복, 창의, 창작, 교육
- **부정적인 이유** : 욕망, 욕구, 흥분, 불륜

⑮ 예술 작품

- **그림** : 앙리 마티스의 〈춤〉, 피테르 데 호흐의 〈델프트의 집 안뜰〉, 빈센트 반 고흐의 〈과수원과 주황색 지붕이 있는 집〉, 클로드 모네의 〈해돋이 인상〉, 마크 로스코의 〈주황과 노랑〉, 폴 고갱의 〈자화상 - 레미제라블〉
- **음악** : 조지 해리슨(비틀즈 멤버)의 앨범 〈콘서트 포 방글라데시(The Concert For Bangladesh)〉 커버

노란색 토(土)

① 색상의 특성과 성정

노란색은 본래 긍정적이고 낙천적이며 관계 지향적이다. 기쁨, 이해심, 직관력, 통찰력을 지닌 색상이다. 평화롭고 즐거움과 기쁨을 불러오며 휴식을 가져다준다. 밝고 경쾌하고 가볍고 활발하고 지속성이 있다. 노란색을 너무 과다하게 쓰거나 오래 노출되면 게을러지거나 초조해져서 분열 증세가 나타나기도 한다. 노란색은 절박한 상태에서 벗어나고자 하는 결단의 시기, 결단의 상황을 맞이하고 있는 상태를 상징한다. 기쁨에 가득 찬 감정과 만족스러운 미래에 대한 기대감도 동시에 존재한다.

② 색상의 연상, 색상의 키워드

- **장점** : 주의, 준비, 안전도, 중장비 차량, 태양, 빛, 밝음, 번창, 명랑, 쾌활, 적극적, 유쾌, 긍정적, 대인관계, 지혜로움, 숙성됨, 풍요로움, 보호, 전등, 조화, 온화, 기쁨, 솔직, 사람관계 무난, 외향적, 새로운 일에 관심, 왕권, 영광, 희망, 만남, 기대, 만족, 행복, 애교, 결단력이 있는, 의지력이 있는, 속이 깊은, 평화, 애정
- **단점** : 배신, 이중성, 다중성, 비겁함, 악담, 불순함, 속을 모름, 위험, 경고, 독성 표시, 겁쟁이, 편견, 파괴, 외로움, 응석, 무질서한, 고집이 센, 산만한, 질투하는, 경박한
- **음식** : 바나나, 호박, 파프리카, 당근, 메밀, 치자, 참외
- **사물** : 병아리, 유치원, 개나리, 봄, 어린이, 해바라기, 나비

③ 색상의 심리 활용

- **정서적으로 안정적일 때** : 세상을 긍정적이고 여유롭게 바라보며 대인관계가 폭넓고 원만하다. 사람들로부터 인정받고 주목받는 인기 있는 사람이 된다.
- **정서적으로 불안정할 때** : 질투가 심하고 고집이 세다. 조직에서 갈등을 유발하고, 아는 것을 표현하기를 좋아하고 잘난 척한다. 지식이나 정보를 얻기 위해 과도하게 친절히 접근하기도 한다
- **활용** : 타인에게 인정받고 주목받고 싶거나 인기를 얻고 싶을 때 노란색을 활용하면 좋다. 감정이 가라앉거나 소심해질 때도 활용하면 좋은 색상이다.

④ 직업 적성

무역, 정치, 영업, 경영, 건축, 컨설턴트, 중매, 유통업, 스포츠 선수, 커뮤니케이션 관련 직종(아나운서·캐스터·패널리스트), 작가, 저널리스트, 영화(제작·감독·연출·출연), 연예계, 예술, 방송, 오락, 이벤트, 패션, 카운슬러, 상담가, 교육가, 부동산 중개업, 농업, 변호사, 역마(군인·항공사 스튜어디스·산악·여행가)

⑤ 무언의 메시지와 커뮤니케이션

노락색의 마음속 외침은「함께하고 싶다, 어울리고 싶다, 대화하고 싶다, 친해지고 싶다」등이다. 의사소통에서 노란색은 새로운 변화를 추구하며 욕망을 자극한다. 에너지를 솟구치게 하여 커뮤니케이션을 활발하게 하며 감정을 활성화시킨다.

⑥ 색으로 보는 나의 상태

자신감이 넘칠 때, 기분이 매우 좋을 때, 자신을 알리고 싶을 때, 자신이 무엇을 할 수 있는지 주변에 말하고 싶을 때, 자신을 자극하고 싶을 때, 감정적으로 육체적으로 가라앉는 것을 방지하고 싶을 때 노란색에 끌리게 된다.

⑦ **과다와 거부**

- **과다** : 평화를 추구하여 평온하고 안정적이다. 감정 표현을 적재적소에 적합하게 한다.
- **거부** : 회피하거나 게을러지고 감정 표현이 서투르다.

⑧ **건강**

간, 신장, 방광, 자궁, 우울증, 알레르기 등에 영향을 준다. 간 기능과 신장 기능 향상, 우울증 약화 기능이 있으며, 운동신경을 호전시킨다. 소화 기능이 원활해지고 운동 감각도 원활해진다. 알레르기 호전 등의 치료 효과를 발휘할 수 있다.

⑨ **누가**

- **긍정적인 모습** : 따뜻한, 명랑한, 부드러운, 대인관계가 뛰어난, 적극적인, 낙천적인, 발랄한, 야망이 있는, 포용력이 있는, 관용적인, 낙관적인
- **부정적인 모습** : 방만한, 산만한, 변절하는, 속을 알 수 없는, 고집불통, 비겁한, 흥을 깨는

⑩ **언제**

- **긍정적인 시간과 계절** : 환절기, 초가을, 초봄, 초여름, 초겨울
- **부정적인 시간과 계절** : 한겨울, 한여름

⑪ **어디서**

- **장소** : 중앙, 중심, 핵심, 종교시설, 중국, 땅, 대지, 운동장

⑫ **무엇을**

- **긍정적인 키워드** : 표현력, 순발력, 관계성, 임기응변, 유머감각, 사회성, 사교성,

명랑, 낙천, 도약, 원기왕성, 평화, 야망, 끈기

- **부정적인 키워드** : 경솔, 경박, 쾌락, 눈치, 질투, 모함, 실망, 배신, 비열, 기회주의, 거짓말, 허세, 과장

⑬ 어떻게

- **긍정적인 마음과 행동** : 독립적으로, 자주적으로, 활발하게, 적극적으로, 낙천적으로, 포용적으로, 평화적으로, 표현하며, 쾌활하게, 명랑하게, 열광적으로, 독창적으로
- **부정적인 마음과 행동** : 산만하게, 독점적으로, 고집으로, 회피하는

⑭ 왜

- **긍정적인 이유** : 명랑해서, 관계가 좋아서, 평화로워, 명쾌해서, 행복해서
- **부정적인 이유** : 불안해서, 산만해서, 공포가 있어서, 고집불통이어서

⑮ 예술 작품

- **그림** : 빈센트 반 고흐의 〈까마귀가 나는 밀밭〉, 〈해바라기〉, 〈아를의 침실〉, 요하네스 페르메이르의 〈뚜쟁이〉, 〈우유를 따르는 여인〉, 〈여주인과 하녀〉, 프레데릭 레이턴의 〈유카리스_ 과일 바구니를 인 소녀〉, 브라이언 보마이슬러의 〈노란 십자가〉
- **영화** : 클린트 이스트우드 감독 〈매디슨 카운티의 다리〉
- **소설** : 가스통 르루의 〈노란 방의 수수께끼〉

초록색

목(木)
+
토(土)

① **색상의 특성과 성정**

초록색은 새싹이 돋아나는 초봄의 연두색부터 한여름 무성한 나뭇잎의 진초록색까지 자연의 시작과 무성함을 상징한다. 초록색은 시원하고 신선하며 상쾌하다. 자연의 대표적인 색으로 치유, 치료, 위로 등의 작용이 있다. 무엇보다 초록색은 안정, 평화, 휴식, 위안 등의 작용이 강하다. 새로운 출발, 새로운 생명의 탄생, 순수함, 순진함, 배려, 성장에 대한 욕구 등이 나타난다. 생명력이 강하고 향상심이 있으며 건강하다.

초록색은 피곤함을 회복시켜주는 색, 기분을 안정시키고 안정감을 주는 색이기도 하다. 하지만 너무 강한 초록색이나 장기간 노출된 초록색은 어둡고 우울하다. 질투심과 예민함, 극단적 관계, 심신 허약 등의 특징이 나타나기도 한다.

② **색상의 연상, 색상의 키워드**

- **장점** : 안전, 생명, 비상구, 의료장비, 환경보호운동, 채소, 경작, 봄, 평화, 자연, 대지, 풍요, 번창, 젊음, 청년, 신선함, 동정, 희망, 개혁, 부흥, 부활, 화해, 위로, 봉사, 고요함, 부드러움, 순수함, 균형, 성실, 솔직함, 도덕심, 예의 바름, 상상력 풍부, 연민, 치료, 치유, 위안, 안정, 풍요로운, 신선한, 평온한, 희망적인, 안전한, 사리 판단이 있는, 따뜻한, 사려 깊은, 조절하는, 온순한, 친절한, 자제하는, 신중한, 생각하는, 자신을 돌아보는, 성숙한, 배려, 타인을 돕는, 창조하는, 치유하는, 참을성 있는, 성장력이 있는, 위안을 주는, 안정적인, 지성적인, 확실한, 공평한, 중성적인, 아늑한, 억압에 대항하는
- **단점** : 질투, 경박함, 도덕적 타락, 반목, 재앙, 죽음, 피터팬(유아적인), 무서움,

어둠, 경계함, 거부함, 미숙한, 완고한, 반항하는, 규율을 거부, 감정을 표현하지 않는

- **음식** : 청포도, 멜론, 풋사과, 개구리참외, 키위, 수박, 매실, 브로콜리, 양배추, 오이, 아보카도, 풋고추, 깻잎, 상추, 부추, 시금치, 녹차, 아스파라거스

③ 색상의 심리 활용

- **정서적으로 안정적일 때** : 예의 바르고 품위가 있으며 끈기 있게 성장하는 능력을 발휘한다. 안정과 균형, 그리고 꾸준한 성장과 변화를 추구하는 능력이 있다.
- **정서적으로 불안정할 때** : 과도하게 헌신하거나 집착적으로 베풀거나 삶에 대한 거부반응 등의 심리상태가 나타나게 된다. 또한, 가까운 사람들에게 엄격하게 도덕성을 요구하기도 한다.
- **활용** : 휴식을 취하고 싶거나 심신의 안정을 찾고 싶을 때는 초록색을 활용하면 좋다. 조직 내부에 다툼이 심하거나 갈등이 있을 때, 갈등 조정을 하는 색이 초록색이다.

④ 직업 적성

교육, 복지, 사회단체, 문학, 여행, 인권운동, 여행가, 정치, 의료, 의술, 자연요법, 예술, 원예, 상담, 심리, 자연보호, 문화, 마케팅, 언론, 의사, 법조, 친환경, 생물, 동물, 농업

⑤ 무언의 메시지와 커뮤니케이션

초록색이 의미하는 마음속 외침은 「도움이 되고 싶다, 힘이 되고 싶다, 성장하고 싶다, 인정받고 싶다」 등이다. 초록색은 자애로운 행동을 만들어주고 정신적, 정서적 성장을 돕는다. 새로운 희망을 품고 싶을 때 유용한 색이다.

⑥ 색으로 보는 나의 상태

자신을 위로해주고 싶을 때, 다른 사람의 성장을 돕고 싶을 때, 다른 사람에게 희망을 주고 싶을 때, 사랑을 고루 나누어주고 싶을 때, 배려하고 친절을 베풀고 싶을 때, 다른 사람들에게 존재의 의미를 부여하고 싶을 때이다.

⑦ 과다와 거부

- **과다** : 감수성이 풍부하고 따뜻한 성품이다.
- **거부** : 감수성이 메말라 있고 감정과 표현이 서투르다.

⑧ 건강

간 기능과 뇌, 그리고 뼈를 자극하여 활력을 준다. 뇌척수액을 자극하여 교감신경계를 원활하게 한다.

⑨ 누가

- **긍정적인 모습** : 부드러운, 수줍은, 따뜻한, 소극적인, 배려하는, 친근한, 호감 있는, 순진한, 청순한, 유순한, 친화력 있는, 희망이 있는, 감성적인, 자비로운, 사랑스러운
- **부정적인 모습** : 철없는, 어설픈, 어리석은, 위축된, 부끄러운, 철부지, 나약한, 시샘하는, 우유부단한, 유약한

⑩ 언제

- **긍정적인 시간과 계절** : 이른 봄, 이른 아침, 싹틀 때, 유년기, 청소년기, 사춘기, 시작하는 시기, 임신기, 연애 시절
- **부정적인 시간과 계절** : 이른 저녁, 이른 가을, 수확기, 장년기, 노년기

⑪ 어디서

- **긍정적인 장소** : 숲, 공원, 식물원, 동물원, 유치원, 초원, 들판, 산, 강, 밭, 농장, 목장, 휴양소, 상담소, 절, 교회, 성당, 휴가지, 조용한 곳, 아무도 없는 공간, 기도실, 불우이웃돕기 행사장
- **부정적인 장소** : 피난처, 은신처, 도피처

⑫ 무엇을

- **긍정적인 키워드** : 탄생, 새싹, 시작, 출발, 교육, 지식, 지혜, 정직, 정의, 배려, 사랑, 자비, 우정, 동정심, 믿음, 마음, 의지, 자유, 순수, 순진, 순결, 투명, 유연성, 성장, 평화, 신중, 책임감, 촉감, 감각, 하늘, 산소, 물, 천국, 명상, 상상력, 휴식, 진심, 진정성, 신뢰, 성실, 신비, 창조, 창의, 이상, 공동체, 공감, 경청, 관용, 포용, 청량, 청결, 평온, 초월, 소통, 대화, 표현, 생각
- **부정적인 키워드** : 무계획, 철없는, 무분별, 경솔, 미숙, 건성, 가벼운, 우유부단, 집중력 부족, 도피, 회피, 낯가림, 냉담, 무관심, 눈치, 우울, 슬픔, 공허함, 자기애 부족, 구설수

⑬ 어떻게

- **긍정적인 마음과 행동** : 따뜻하게, 배려하는, 성장하는, 양육하는, 도와주는, 신뢰하는, 신중한, 책임감 있는, 침착한, 진정성 있는, 창의력 있는, 여유 있는, 안정감 있는, 성실한, 조용한, 시원한, 상쾌한, 고요한, 진지한, 평화로운, 인내심이 있는, 교감하는, 소통하는, 이타심 있는, 공동체 의식, 공공성을 추구하는, 심사숙고하는, 권위 있는, 존경심 있는, 성찰하는, 통찰력이 있는, 심오한, 직관력이 있는, 원숙한, 영감이 발달한, 명예를 추구하는
- **부정적인 마음과 행동** : 경솔한, 우유부단한, 집중력이 부족한, 가벼운, 소심한, 자기 주관이 부족한, 실속이 부족한

⑭ **왜**

- **긍정적인 이유** : 이타심이 강해서, 명예를 추구해서, 성실해서, 믿음직해서, 소통하여, 배려하여, 평화주의자라서, 책임감이 강해서, 공감하여, 경청하여, 반성하는, 성찰하는, 순진하여, 순수하여, 침착하여, 산뜻하여, 너그러워서, 조화로워서, 평화로워서, 자유로워서, 토론하며, 감성적으로, 창의력이 뛰어나서
- **부정적인 이유** : 반목하여, 불화하여, 불안정하여, 무계획하여, 무분별하여, 낯가림이 심해, 회피하여, 모호하여, 경솔하여, 비현실적으로, 수동적이어서, 냉정하여, 침묵하여, 관리능력이 부족하여

⑮ **예술 작품**

- **그림** : 폴 세잔의 〈목욕하는 사람들〉, 〈큰 소나무〉, 〈생 빅투아르 산〉, 요하네스 페르메이르의 〈진주 귀고리를 한 소녀〉, 〈열린 창가에서 편지를 읽는 여인〉, 구스타프 클림트의 〈아델레 블로흐 바우어의 초상 Ⅱ〉, 폴 고갱의 〈녹색의 그리스도〉, 엘스워스 켈리의 〈빨강, 파랑, 초록〉, 조르주 쇠라의 〈그랑드자트 섬의 일요일〉
- **소설** : 제임스 매슈 배리의 〈피터팬*〉

* 영원한 어린이 피터팬은 녹색 옷을 입고 있다.

파란색 **목(木)**

① **색상의 특성과 성정**

많은 사람이 좋아하는 색상이다. 상쾌하고 시원하며, 신비로움을 간직하고 있으며 창조성, 창의성, 명료성을 증가시키는 색이다. 심신의 안정감과 회복력을 가져

다준다. 한편으로는 냉정함, 신비로운 색상으로 표현하기도 한다.

파란색은 진실하고 희망적이며 긍정적이고 조화로운 색이다. 자신의 감정을 쉽게 드러내지는 않지만, 내면에는 따뜻한 열정과 부드러운 배려와 성장의 기운이 담겨 있다. 멀리에서 보는 하늘, 정글, 바다와 같은 느낌으로 겉으로는 아주 조용하고 침착하고 안정적이어서 진정의 효과가 있다. 하지만 너무 과도한 파란색은 우울감, 생각 없는 배려, 쓸데없는 헌신, 과도한 욕구 등이 나타날 수 있다.

② 색상의 연상, 색상의 키워드

- **장점** : 바다, 하늘, 물, 봄, 신선함, 시원함, 동경, 초월성, 명랑함, 자상함, 낭만, 상쾌함, 차가움, 신비함, 내향적, 감수성 예민, 강력한 신념, 양심적, 재능, 창조성, 성장, 평화, 종교적인, 신성함, 여성성이 있는, 자비로운, 배려하는, 헌신적인, 의리, 순수한, 변함없는, 성장하는, 정직함, 모성애, 돌보는
- **단점** : 비현실적, 추상적, 냉정, 독단적, 자기 고집, 비상식적인 헌신, 우울한, 의무감에 시달리는, 긴장하는, 공상적인, 움츠리는, 고독, 불안, 내성적
- **음식** : 청상추, 블루베리
- **사물** : 드넓은 태양, 시원한 그늘, 맑게 갠 하늘

③ 색상의 심리 활용

- **정서적으로 안정적일 때** : 깊이 생각하고 안정적이며 철학적이다. 인간 중심적이어서 배려가 많고 타인에 대한 애정이 깊다. 자유주의자이면서 성장주의자로서 은근한 끈기와 욕구로 완성해 나가는 힘이 있다.
- **정서적으로 불안정할 때** : 자신의 감정을 잘 드러내지 않고 자존감이 낮다. 주변 눈치를 많이 보고 감상적이 되고 우울해진다. 자기 관리가 부족하고 방만해져 자포자기하거나 일의 진척이 더디다.
- **활용** : 감정이 들뜨거나 안정적이지 못할 때나 일에 쫓기거나 너무 많은 스트레

스가 있을 때 활용하면 좋은 색상이다. 휴식을 취하거나 독서 중에도 사용하면 좋다. 마음을 소통하고자 하는 사람을 만날 때에도 활용하면 좋다.

④ 직업 적성

교육, 경영, 정치, 법조, 사업, 방송, 복지, 작가, 언론, 기획, 광고, 음악, 미술, 사회복지, 종교, 출판, 상담심리, 친환경, 여행, 농업

⑤ 무언의 메시지와 커뮤니케이션

파란색이 의미하는 마음속의 외침은「타인의 성장을 돕고 싶다, 배려하고 싶다, 인정받고 싶다, 성장하고 싶다」등이다. 파란색은 스스로 감정을 조절할 수 있고 에너지를 좋은 방향으로 전환한다. 또 이타심이 생기고 인정받고자 하는 기질을 자극한다.

⑥ 색으로 보는 나의 상태

다른 사람들의 인정을 받고 싶을 때, 다른 사람의 멘토가 되고 싶을 때, 일에서 능력을 보여주고 싶을 때, 현명하고 자상함을 보여주고 싶을 때, 주변 사람들에게 용기 있고 자신감 있는 모습을 보여주고 싶을 때, 과도한 행동을 자제하고 싶을 때

⑦ 과다와 거부

- **과다** : 자신의 감정을 절제하고 상대를 배려하는 따뜻한 인정이 있다.
- **거부** : 자신의 감정을 조절하지 못하고 질투하고 갈등한다.

⑧ 건강

간 기능, 뼈, 근육을 자극하고 관장한다.

⑨ 누가

- **긍정적인 모습** : 신비로운, 긍정적인, 부드러운, 따뜻한, 배려하는, 희망적인, 성장하는, 명예를 소중하게 생각하는, 불의에 저항하는, 자유를 추구하는, 헌신하는, 시원한, 희생하는
- **부정적인 모습** : 독단적인, 비현실적인, 무계획한, 의무감에 시달리는, 자신을 희생하는, 비상식적인, 행복 집착증과 공포증이 있는

⑩ 언제

봄, 아침, 하늘이 푸른 날, 맑은 날, 화창한 날, 기분 좋은 날

⑪ 어디서

공원, 숲속, 산림, 시골, 산골, 농촌, 전원주택, 물가, 강, 바다

⑫ 무엇을

- **긍정적인 키워드** : 봄, 아침, 청명함, 상쾌, 명랑, 신비, 차가움, 시원함, 고요한, 물, 바다, 강, 산, 하늘, 자비, 배려, 사랑, 자유, 평화, 여성성, 헌신, 의리, 순수, 모성, 정직
- **부정적인 키워드** : 냉정, 독단, 우울, 고집, 비현실, 내성적, 고독

⑬ 어떻게

- **긍정적인 마음과 행동** : 신비로운, 창의적인, 인간적인, 침착한, 정이 많은, 모성애가 있는, 희망적인, 긍정적인, 돌보는, 함께하는, 전체를 생각하는
- **부정적인 마음과 행동** : 냉정한, 쓸데없이 헌신하는, 사랑에 집착하는

⑭ 왜

• **긍정적인 이유** : 따뜻해서, 모성애가 많아서, 정이 많아서, 희망적이어서, 정직해서, 돌보아주려고
• **부정적인 이유** : 냉정해서, 집착해서, 희생해서, 추상적이어서

⑮ 예술 작품

• **그림** : 마르크 샤갈의 〈서커스의 약혼자들〉, 〈파리 하늘 아래의 신랑과 신부〉, 앙리 마티스의 〈푸른 누드〉, 〈폴리네시아 바다〉, 빈센트 반 고흐의 〈아를르의 포룸 광장의 카페 테라스〉, 〈별이 빛나는 밤에〉, 장 오귀스트 도미니크 앵그르의 〈브로이 공작부인〉, 파블로 피카소의 〈기타 치는 노인〉
• **문학** : 괴테의 〈색채론〉. "우리가 저 멀리 사라져가는 매력적인 사물을 잡고 싶은 것처럼 파란색을 보고 있으면 빠져들게 된다. 우리가 파란색에 매력을 느끼기 때문이 아니라 파란색이 우리를 끌어당기기 때문이다." 노발리스의 시 〈푸른 꽃〉
• **영화** : 뤽 베송의 〈그랑 블루〉
• **음악** : 조지 거슈윈의 피아노 협주곡 〈랩소디 인 블루〉

보라색

화(火) + 목(木)

① 색상의 특성과 성정

품격과 품위가 있고 고상하고 우아함이 함께하는 색이다. 두려움과 공포를 해소하고 불안한 마음을 정화시키는 역할을 한다. 정서적, 정신적 안정감을 주고, 감수성과 감각을 확장시키고 조절해준다. 예술성과 신앙심을 배가시키는 특성이

강하다. 우아하고 화려하며 풍부한 기운이 강하고 위엄 있고 장엄하다.

② 색상의 연상, 색상의 키워드

- **장점** : 우아함, 풍부함, 화려함, 고귀함, 예술성, 신앙심, 고상함, 품격 있음, 위엄이 있음, 장엄함, 현명함, 감수성이 풍부함, 직관적인, 감각적인, 섬세한, 신비로운, 재능이 뛰어난, 신성한, 지능이 높은, 응용력이 강한, 창의성이 있는
- **단점** : 슬픔, 고독함, 외로움, 비애, 불만이 있는, 질투심, 광기가 넘치는, 공포심이 있는, 분노하는, 욕구불만인, 불안정한, 고집이 센, 어울리지 못하는, 애정의 욕구가 심한, 불안한, 경솔한

③ 색상의 심리 활용

- **정서적으로 안정적일 때** : 자신감이 있고 화사하고 화려하다. 고귀한 인품과 행동으로 창의성과 창조성을 풍부하게 발휘하는 색이다.
- **정서적으로 불안정할 때** : 우울하고 쉽게 상처받고 감정 기복이 심해서 이중적이고 다중적인 성격이 나타난다. 또 자신을 조절할 수 없는 복잡함이 존재한다.
- **활용** : 몸과 마음이 피로하거나 스트레스를 받을 때 활용하면 좋은 색이다. 보라색은 빨간색의 열정적 에너지와 파란색의 자유롭고 인정받고 싶은 에너지가 공존한다. 감각과 직관이 공존하는 보라색은 정신적인 안정감과 적당한 자신감을 북돋아준다.

④ 직업 적성

연예, 방송, 예술, 무용, 미술, 음악, 패션, 정신과의사, 상담사, 철학, 인테리어디자이너, 헤어디자이너, 패션디자이너, 컬러 분석, 교육, 상담심리, 영성, 종교, 역학자, 타로 전문가, 미래학자

⑤ 무언의 메시지와 커뮤니케이션

보라색이 마음속으로 외치는 소리는 「인정받고 싶다, 위로가 필요하다, 사람이 그립다, 자유로운 영혼이 되고 싶다, 나만의 공간이 필요하다」 등이다. 보라색은 로맨틱한 정서를 키우고 변화를 만든다. 또한 감수성을 향상시키며 창의력과 상상력을 키운다.

⑥ 색으로 보는 나의 상태

설렘을 유지하고 싶을 때, 첫사랑이나 짝사랑이 생겼을 때, 자신만의 분위기를 즐기고 싶을 때, 타인의 사랑을 독차지하고 싶을 때, 센티멘털하고 감정 기복이 심할 때, 자기 감정을 자기도 잘 모를 때 등이다.

⑦ 과다와 거부

- **과다** : 극단적 과다는 조증과 울증이 번갈아 나타나고 사회 적응력이 떨어진다. 반면 적당한 과다는 감수성이 뛰어나고 예술성과 창의성이 풍부해진다.
- **거부** : 자신감이 떨어지고 자존감이 낮아지며 타인의 뒷말을 많이 하게 된다.

⑧ 건강

백혈구, 정신질환, 감수성을 조절하고 관장한다.

⑨ 누가

- **긍정적인 모습** : 로맨틱한, 호기심이 가득한, 우아한, 매력적인, 신비한, 세련된, 섬세한, 호감 가는, 품위 있는, 품격 있는, 고상한, 고매한, 예술성 있는, 창의력 있는
- **부정적인 모습** : 가벼운, 몽상적인, 자제력이 부족한, 본능에 이끌리는, 유혹에 끌리는, 방황하는, 비현실적인, 좌절하는

⑩ 언제

환절기, 새벽, 석양, 춘분, 추분, 초겨울, 노년의 시작, 부활절, 생리 시기, 배란기, 고독할 때, 우울할 때

⑪ 어디서

- **긍정적인 장소** : 타국, 타지, 객지, 지평선, 수평선, 사원, 성당, 교회, 절, 수도원, 수녀원, 박물관, 미술관, 공원, 요가원, 상담실
- **부정적인 장소** : 병원, 정신병원, 영안실, 나이트클럽, 고급 술집

⑫ 무엇을

- **긍정적인 키워드** : 고귀, 고급, 고상, 고결, 고매, 기품, 품격, 품위, 위엄, 존엄, 우아, 신비, 세련, 로맨틱, 명품, 영성, 종교, 예술, 의학, 역학, 꿈, 몽상, 예지, 휴식, 환상, 지혜, 창의성, 감성, 사랑, 예지력, 초능력, 초연, 초월
- **부정적인 키워드** : 유혹, 갈등, 비정상, 콤플렉스, 불안, 분열, 방황, 주저, 복종, 체념, 좌절, 포기, 자신감 결여, 미숙, 침전, 도취, 중독, 시련, 우울, 희생, 비밀, 수난, 고독, 망설임, 모호, 유약, 나약

⑬ 어떻게

- **긍정적인 마음과 행동** : 품위 있는, 매력 있는, 자비로운, 섹시한, 기품 있는, 창조적인, 예술적인, 우아한, 로맨틱한, 환상적인, 창의적인, 감성적인, 감각적인, 사랑스러운, 예지력이 있는, 고상한, 신비로운, 독특한
- **부정적인 마음과 행동** : 혼란한, 질투하는, 비밀을 간직한, 신비한, 감정 기복이 심한, 너무 독특한, 튀는, 도드라진

⑭ **왜**

- **긍정적인 이유** : 매력적이어서, 품위 있어서, 섹시해서, 품격 있어서, 창조적이어서, 로맨틱해서, 창의성이 있어서
- **부정적인 이유** : 혼란스러워서, 감정 기복이 커서, 너무 튀어서, 질투해서, 음란해서, 감정 조절이 부족해서

⑮ **예술 작품**

- **그림** : 클로드 모네의 〈화가의 지베르니 정원〉, 패트릭 헤론의 〈보라색, 주홍색, 에메랄드, 레몬 그리고 베네치아풍의 카드뮴〉, 구스타프 클림트의 〈에밀리 플뢰게〉, 피터르 브뤼헐의 〈장님의 우화〉

흰색 금(金)

① **색상의 특성과 성정**

흰색은 순결함, 순수함, 투명함, 원칙, 완벽함의 색이다. 미래나 일의 계획이 흰색처럼 잘 정리되고 정돈되어 있어야 하며, 준비되고 계획된, 빈틈없고 자신의 감정이 잘 드러난 상태이다. 청결하고 하얗고 맑은, 티끌을 허용하지 않는 색이다.

② **색상의 연상, 색상의 키워드**

- **장점** : 청결, 위생, 병원, 위생복, 순수, 순진, 맑음, 순결, 종교, 회개, 정확, 성숙, 신중, 겸손, 단념, 회상, 단호, 완벽, 개혁, 혁명, 결단, 빛, 밝음, 선함, 신, 깨달음, 부활, 영적임, 지혜, 엄격함, 깨끗함, 명료함, 시원함, 솔직함, 순수함, 절대적 자유, 긍정적, 투명성

- **단점** : 추움, 유령, 무감각, 차가움, 감정의 결여, 엄격함, 경직됨, 공허함, 절망감, 금욕적인, 흰눈, 무기력한, 고지식한, 고집이 센, 자기 아집이 강한, 집착하는, 결벽증이 있는
- **음식** : 마늘, 버섯, 콩나물, 양파, 도라지, 무, 감자, 바나나, 옥수수
- **사물** : 병원, 위생복

③ 색채의 심리 활용

- **정서적으로 안정적일 때** : 주변 환경에 흔들리지 않고 침착하고 여유롭고 냉정하게 자신을 통제한다. 모든 일에 초월한 듯, 욕망을 버리고 순수하고 밝은 정신으로 능숙하게 전진한다.
- **정서적으로 불안정할 때** : 완벽한 것에 집착하고 결벽 등의 행동으로 자신과 주변 사람들을 피곤하게 하며, 매사에 지적과 비판을 하고 실수를 용서하지 못한다.
- **활용** : 혼란스럽고 복잡할 때, 자신의 감정을 억누르고 비워야 할 때 흰색을 활용하면 좋다.

④ 직업 적성

종고, 공학(컴퓨터 · 기계 · 로봇), 디자이너, 조각가, 요리사, 헤어디자이너, 언론, 방송, 군인, 경찰, 철학, 정치, 학술, 연구, 작가, 과학자, 의술, 의료, 스포츠, 개그, 코미디, 웨딩플래너

⑤ 무언의 메시지와 커뮤니케이션

흰색이 마음속으로 외치는 소리는「스트레스가 있다, 타인과 얽히고 싶지 않다, 나만의 공간이 필요하다, 감정의 기복이 심하다」등이다. 이때 흰색을 응용하면 새로운 아이디어가 솟아나면서 상상력이 발달한다. 편안하고 안정적인 감정이 생기며 스트레스가 완화된다.

⑥ 색으로 보는 나의 상태

자신의 감정을 억제하고 싶을 때, 깔끔하고 빈틈없는 모습을 보이고 싶을 때, 순수하고 맑은 모습을 강조하고 싶을 때, 종교적이거나 지적인 면을 드러내고 싶을 때, 권위와 기품을 보여주고 싶을 때

⑦ 과다와 거부

- **과다** : 과도한 사용은 현실 사회를 거부하고 자기 폐쇄나 단절을 가져온다. 적당한 사용은 계획성과 완성도가 높아지고 실수 없이 깔끔한 능력을 발휘한다.
- **거부** : 자기 통제, 자기 억제가 부족하고 맺고 끝내는 것이 없이 산만하다.

⑧ 건강

대장, 폐, 정신질환, 전신 마비를 포함한 기능장애 등을 관장한다.

⑨ 누가

- **긍정적인 모습** : 완벽한, 계획하는, 단순한, 단조로운, 정리하는, 정돈하는, 순수한, 집중하는, 순진한, 마무리를 잘하는, 완성하는, 책임감 있는, 분석력 있는, 일관성 있는, 구조화하는, 구체적인, 정확한, 정직한, 솔직한, 진정성이 있는, 냉정한, 정의로운, 냉철한, 끈기 있는, 잔잔한, 정적이 흐르는, 과묵한, 신중한, 침묵하는, 숙고하는, 성찰하는, 신념 있는, 현실적인, 사명감이 있는
- **부정적인 모습** : 극단적인, 결벽증이 있는, 잔소리하는, 창백한, 감각이 없는, 까칠한, 냉정한, 냉혹한, 자책하는

⑩ 언제

- **긍정적인 시간과 계절** : 가을, 저녁, 해질 무렵, 석양, 백야, 임종, 공백기, 휴가기, 연구 시기, 정리 정돈 시기, 휴식기, 태어날 때

- **부정적인 시간과 계절** : 봄, 아침, 한밤중, 해뜰 무렵

⑪ 어디서

- **긍정적인 장소** : 서쪽, 바위, 종교 시설(성당·절·교회), 수련장, 기도원, 도서관, 병원, 사막, 세미나실, 회의실, 연구실, 세탁소
- **부정적인 장소** : 영안실, 불모지, 전쟁터

⑫ 무엇을

- **긍정적인 키워드** : 눈, 흰 구름, 가을, 낮, 백합, 금(金), 백야, 다이아몬드, 금속, 소금, 빛, 순결, 순수, 고상, 품격, 기품, 매력, 세련, 깔끔, 절제, 계획, 진리, 정의, 지혜, 정직, 결백, 공정성, 완벽, 결단, 통찰력, 현실적, 이성적, 명확, 명료, 숭고함, 청결, 정결
- **부정적인 키워드** : 결벽, 독선, 독재, 아집, 고집, 비판, 무관심, 공포, 극단, 차가움, 자기중심적, 이기적, 냉정, 냉담, 냉혹

⑬ 어떻게

- **긍정적인 마음과 행동** : 깔끔하게, 청결하게, 정결하게, 순수하게, 순진하게, 완벽하게, 경건하게, 신성하게, 성실하게, 정직하게, 신의 있게, 믿음성 있게, 세련되게, 정돈되게, 빈틈없이, 현실적으로, 이성적으로, 명료하게, 명확하게, 정확하게, 냉철하게
- **부정적인 마음과 행동** : 냉정하게, 냉담하게, 무관심으로, 냉혹하게, 비판적으로, 독재적으로, 결벽증으로, 이기적으로, 자기중심적으로, 잔소리하며

⑭ 왜

- **긍정적인 이유** : 정직해서, 순수해서, 깔끔해서, 완벽해서, 경건해서, 근엄해서,

품격 있어서, 고귀해서, 정리 정돈을 잘해서, 확실해서

- **부정적인 이유** : 고집이 세서, 이기적이어서, 잔소리가 심해서, 비판적이어서, 빈틈이 없어서, 냉혹해서, 자기중심적이어서

⑮ 예술 작품

- **그림** : 제임스 애벗 맥닐 휘슬러의 〈흰색 교향곡 1번_ 흰옷을 입은 소녀〉, 장 바티스트 오드리의 〈흰 오리〉, 존 싱어 사전트의 〈프라스카티의 빌라 토를로니아 저택의 분수〉, 피에트 몬드리안 〈국화〉
- **영화** : 스티븐 스필버그 감독의 〈쉰들러 리스트〉

검은색 수(水)

① 색상의 특성과 성정

검은색은 흰색의 반대색으로 빛이 없는 색이다. 밤처럼 캄캄하고 어둠을 상징해 점잖음과 슬픔, 원대와 암흑, 중후와 사악, 금욕과 걱정, 신비와 추모 등 서로 통하지 않을 것 같은 여러 가지 상징이 공존하는 색이다. 조용하면서도 쓸쓸하며 신중하면서도 걱정이 많은 색이다.

② 색상의 연상, 색상의 키워드

- **장점** : 담대함, 엄격함, 위엄 있음, 결단력, 장엄함, 신중함, 원대함, 인내력, 상상력, 창의력, 신비함, 정숙함, 금욕적임, 무의식, 조용함, 진지한, 겸손한, 지능이 높은, 생각이 많은, 수리력이 뛰어난, 생각이 깊은, 섬세한, 조심성
- **단점** : 불안함, 두려움, 캄캄함, 암흑, 죽음, 상복, 그림자, 지옥, 부정, 악마, 슬

픔, 후회, 쓸쓸함, 걱정이 가득함, 금지됨, 무모함, 사후세계, 위축된, 근심이 많은, 공포심, 눈치를 보는, 자신감이 부족한, 예민한, 절망, 침묵하는, 억제하는, 압박하는

- **음식** : 김, 미역, 버찌, 가지, 검은콩, 건포도, 아로니아
- **사물** : 상복

③ 색상의 심리 활용

- **정서적으로 안정적일 때** : 도전적이고 권위적이며 자신감이 가득하고 적극적이어서 매사에 자신감이 넘친다. 감각이나 감수성도 뛰어나 새로운 아이디어나 창의력이 발휘되는 상태가 된다
- **정서적으로 불안정할 때** : 감정이 복잡하고 긴장하며, 두려움이 몰려오고 혼란스럽고 불안한 상태가 된다. 죽음과 같은 두려움, 우울감과 절망감이 가득한 상태이다.
- **활용** : 검은색은 자신의 감정을 드러내지 않고 조용하고 평온한 상태를 유지하고 싶을 때 활용하면 좋은 색상이다. 자신을 강하게 단련시킬 때 활용해도 좋다.

④ 직업 적성

작가, 수학자, 과학자, 교육자, 건축설계, 디자이너, 공무원, 경찰, 군인, 연구, 교육, 회계, 감리, 분석, 정보, 통신, 컴퓨터, 통계, 경제, 금융, 상담심리, 역학자, 타로 상담사, 정치인, 법조, 정치, 감사, 감독, 언론

⑤ 무언의 메시지와 커뮤니케이션

검은색이 의미하는 무언의 메시지는 「자신만의 공간에 있고 싶다, 안전한 공간이 좋다, 생각이 많다, 걱정이 많다, 아이디어가 많아진다, 상상력이 풍부해진다, 차분한 감정이 생긴다, 안정적인 편안함이 생긴다, 외부의 스트레스가 줄어든다」

등이다.

⑥ 색으로 보는 나의 상태

자신의 감정을 누르고 싶을 때, 힘이나 자신감을 드러내고 싶을 때, 타인을 위로하고 싶을 때, 안정되고 안전한 심리상태를 유지하고 싶을 때, 세련되고 깔끔한 이미지를 보여주고 싶을 때, 지적이고 유식함을 과시하고 싶을 때

⑦ 과다와 거부

- **과다** : 극도의 과다일 때 자신감이 없어지고 무기력과 부적응이 강하게 나타난다. 적당히 과다하면 창의성과 상상력, 감수성 등이 좋아지고 암기력도 향상된다.
- **거부** : 자기 억제나 자기 통제 능력이 떨어져 사회에서 갈등을 유발할 수 있다.

⑧ 건강

신장, 방광, 자궁 등의 산부인과와 비뇨기과, 그리고 가려움증, 습진, 피부병, 불면증, 두통 등을 관장한다.

⑨ 누가

- **긍정적인 모습** : 생각이 많은, 정보력이 많은, 수집하는, 상상력이 뛰어난, 배려하는, 신중한, 진중한, 모험하는, 낙천적인, 성공을 바라는, 꿈이 큰, 창의력이 있는, 차분한, 조용한, 진지한, 성숙한, 사색하는
- **부정적인 모습** : 걱정이 많은, 소심한, 여유롭지 못한, 고독한, 우울한, 폐쇄적인, 어두운, 자신감이 부족한, 수동적인, 타인의 눈치를 보는, 생각을 알 수 없는, 쾌락을 추구하는, 한 방을 노리는, 욕망이 강한, 소극적인, 쉽게 친해지기 어려운, 과묵한, 자기 주장이 없는, 거짓말을 하는, 혼란스러운, 염세주의

⑩ 언제

- **긍정적인 시간과 계절** : 겨울, 한밤중, 동지, 폐막, 잠복, 잠적, 은닉, 은둔, 명상, 휴식, 휴면, 침묵, 파업, 생각, 부활, 새로운 시작, 상상력, 창의력, 장례식, 상중, 소멸, 폐업, 멸망, 이별의 시기, 우울의 시기, 슬픔의 시기, 은폐 시기, 음모의 시기, 불행의 시기, 절망의 시기, 마지막 시기
- **부정적인 시간과 계절** : 활동, 여름, 한낮, 하지, 확장

⑪ 어디서

- **긍정적인 장소** : 북쪽, 북극, 컴컴한 곳, 어두운 곳, 미지의 세계, 상상의 세계, 보이지 않는 세계, 깊은 곳, 지하, 바다 깊은 곳, 동굴, 밀림, 밤하늘, 비밀의 장소, 수도원, 기도원, 명상실, 작업실
- **부정적인 장소** : 밀폐된 곳, 감옥, 지옥, 피난처, 은신처, 외부와 차단된 곳, 병원, 장례식장, 영안실, 쓰레기 매립장, 도축장, 정보부, 감찰부, 감사원, 암흑가

⑫ 무엇을

- **긍정적인 키워드** : 밤, 어둠, 상상력, 창의력, 정보수집, 생각, 저장, 아이디어, 명상, 첨단기술, 탐구, 발견, 창작, 신앙, 잠재능력, 휴식, 수면, 안정, 회개, 엄중, 장엄, 고상, 침묵, 인내, 엄격, 진지, 신중, 미지의 세계, 내면세계, 잠재의식, 무의식, 신비
- **부정적인 키워드** : 불안, 불평, 고민, 절망, 실망, 좌절, 슬픔, 비극, 위험, 위기, 분노, 반항, 배반, 반역, 반란, 불행, 불운, 혼란, 혼돈, 끝, 종말, 부정, 포기, 고독, 고립, 속임, 은닉, 감춤, 거짓, 은폐, 의심, 의혹, 음모, 음해, 흑심, 비관, 비밀, 심령

⑬ 어떻게

- **긍정적인 마음과 행동** : 신중하게, 심오하게, 진지하게, 생각하며, 깊이 있게, 고상

하게, 기품 있게, 사고하며, 창작하며, 아이디어를 가지고, 성실하게, 모험하며

- **부정적인 마음과 행동** : 은밀하게, 거짓으로, 장막을 치고, 부정적으로, 극비리에, 슬픔으로, 좌절하며, 절망하고, 포기하고, 맹목적으로, 과대망상으로, 수동적으로, 음험하게, 음모적으로, 걱정으로, 혼돈스러운

⑭ **왜**

- **긍정적인 이유** : 생각하느라, 생각이 많아, 신중하여, 새로운 아이디어가 떠올라, 창의력이 발동해, 감수성이 뛰어나, 연구하느라, 공부하느라, 정보를 수집하느라, 상상력이 뛰어나, 고상해서, 품격 있어, 배려하여, 따뜻하여, 포근하여, 안전감이 있어
- **부정적인 이유** : 걱정하느라, 불안하여, 불만이 많아, 좌절하여, 분노하여, 슬퍼서, 깜깜하여, 고독해서, 이별해서, 허무해서, 부정적이어서, 비밀이 있어서

⑮ **예술 작품**

- **그림** : 제임스 애벗 맥닐 휘슬러의 〈화가의 어미니(휘슬러의 어머니)〉, 애드 라인하르트의 〈블랙 페인팅 시리즈〉, 페테르 파울 루벤스의 〈자화상〉, 산치오 라파엘로의 〈자화상〉

CHAPTER

3 색채심리

KEY POINT

색에는 인간의 심리가 숨겨져 있어서 선호하는 색이 그 사람의 심리를 나타낸다. 따라서 색채심리를 통해 무의식 속의 자신을 발견하고 알아갈 수 있을 뿐만 아니라 스트레스를 치유할 수도 있다.

1 색채는 마음의 거울이다

색채심리(Color Psychology)는 색에 숨겨진 인간의 심리를 연구하는 학문이다. 색채심리는 사람의 타고난 성격과 마음의 소리, 한 사람이 살아온 삶의 흔적을 발견한다. 나아가 무의식 안에 존재하는 자신을 발견하고 알아가면서 자신의 방어기제, 스트레스 등을 치유하도록 도와준다.

색에 대한 관심은 동양과 서양이 다르지 않았다. 오래 전부터 색에 대한 관심이 컸고 색이 사람에게 미치는 심리현상을 분석하였다. 색에 대한 생각과 방향이 조금씩 달랐을 뿐, 색이 고유한 파장과 진동수를 가지고 있어 자신만의 에너지로 작용한다고 생각하였다. 서양에서는 실생활에 직접적으로 영향을 미치는 상품의 홍보와 판매, 음식의 맛, 성격 등 다양한 분야에 미치는 영향을 분석하고 연구해왔다면, 동양에서는 직접적 분석과 연구보다는 색상을 통한 오행, 방향, 계절, 사주, 운명 등 생각과 상상의 관점에서 접근하고 발전시켜왔다.

색채심리는 응용 색채심리, 심층 색채심리로 나뉜다. 응용 색채심리는 색의 이미지, 색의 인상, 색의 특성 등 색의 심리학적 효과를 시각적 분위기 조성에 활용하는 것으로 마케팅이나 건축환경 디자인에 적용된다. 심층 색채심리는 심리학적으로 색을 활용하는 연구로 아동심리학에서 주로 활용된다.

색은 물리학, 생리학, 심리학, 경영학, 사회학, 철학, 법학 등 다양한 학문과 밀접하게 관련되어 있다. 그중에서 색채치료는 색채의 파장을 이용해 질병의 원인을 진단하고 치료하는 대체의학이다. 세계적인 색채치료 전문가 카시마 하루키(Kashima Haruki) 박사는 색의 에너지와 성질이 몸의 통증을 없애거나 심리치료에 도움이 된다고 설명한다.

• **색채치료 효과**

색상	치료 부위와 효과	색상	치료 부위와 효과
자주색	우울증, 저혈압, 생리불순, 노이로제	시안색	심신안정, 불안해소, 화를 가라앉힘
빨간색	빈혈, 무기력증, 노쇠	파란색	심신안정, 피로회복, 염증, 눈의 피로
분홍색	빈혈, 황달, 정력감퇴	청자색	살균, 심신안정
주황색	무기력증, 정력감퇴, 체력증진	보라색	창의성 발휘, 심신안정
노란색	피로회복, 신경질, 염증	흰색	두뇌안정, 심신안정
연두색	피로회복, 심신안정	회색	감정 침착
초록색	피로회복, 안정감, 위로감	검은색	감정 침착
청록색	심리안정, 창의성 발전		

2 색채심리 검사법

심리를 연구하는 학자들, 특히 색채심리학자들은 오래 전부터 선호하는 색이 어떤 심리를 나타내는지 관심을 가졌다. 그리고 더욱 체계적이고 과학적으로 사람의 심리상태를 이해하기 위해 색채심리 검사법을 연구하고 개발해왔다. 그중에서 헤르만 로르샤흐(Hermann Rorschach), 막스 뤼셔(Max Lüscher), 하워드&도로시 선(Howard and Dorothy Sun)의 색채심리 검사법을 소개한다.

1) 로르샤흐 테스트

서양의 색채검사 중 잘 알려진 방법으로 1911년 스위스의 정신치료학자 헤르만 로르샤흐가 개발하였다. 종이에 잉크방울을 떨어뜨리고 종이를 반으로 접었다 펴서 데칼코마니처럼 좌우 대칭으로 만든 그림(로르샤흐 카드)을 사용한다. 카드는 무채색 5장, 유채색 5장의 카드로 구성되며, 각 카드의 크기는 17㎝×24㎝이다.

검사 방법

① 피실험자에게 카드를 1장씩 보여준다.

② 카드의 그림이 무엇처럼 보이는지, 왜 그렇게 보이는지, 무슨 생각이 나는지 등을 자유롭게 말하게 하여 피험자의 정신적 상태를 진단한다.

이 과정에서 카드를 보여준 후 첫 반응이 나타나기까지의 시간, 우연한 반응 등이 심리상태를 파악하는 중요한 포인트가 된다. 로르샤흐 테스트 이전에도 잉크 반점을 활용한 검사 등이 이미 있었지만, 로르샤흐가 최초로 임상적 경험을 분석하여 연구결과로 제시했다는 데 의미가 있다. 로흐샤르 테스트는 실시 및 해석에 전문적인 지식과 통합적인 이해가 요구되기 때문에 오랜 임상경험이 있는 전문가가 실시해야 한다.

2) 막스 뤼셔의 컬러 테스트

세계적인 색채심리학자 막스 뤼셔에 따르면, 각각의 색은 감정적 가치를 지니고 있으며 색의 선호도는 그 사람의 심리상태를 나타낸다. 막스 뤼셔의 컬러 테스트는 매우 간단하다. 피실험자(내담자)는 직접 색을 보고 좋아하는 색을 순서대로 나열하면 된다. 한편, 이 컬러 테스트를 타로카드처럼 응용할 수도 있다.

타로카드 응용법

① 색상을 세 번 고른다. 타로카드를 사용하는 경우에는 뒤집혀 있는 카드를 3장 뽑는다.

② 첫 번째 색 또는 첫 번째 카드는 「내담자의 무의식 또는 내담자의 진실한 자아」를 나타낸다. 두 번째 색 또는 두 번째 카드는 「내담자의 현재 상태 또는 내담자의 현재 모습」을 나타낸다. 세 번째 색 또는 세 번째 카드는 「내담자의 미래 모습과 내담자의 미래 모습에 대한 대처방법」을 보여준다.

3) CRR 검사법

CRR(Color Reflection Reading) 분석법은 영국의 리빙컬러센터 운영자인 하워드와 도로시 선 부부가 개발한 색채심리 검사법이다.

검사 방법

① 다양한 도형으로 이루어진 8가지 색상을 두 줄로 배열한다.

② 가장 마음에 드는 색상을 3가지 고른다. 깊이 생각하지 말고 순간적으로 선택해야 한다.

③ 선택한 색상을 왼쪽부터 순서대로 놓는다.

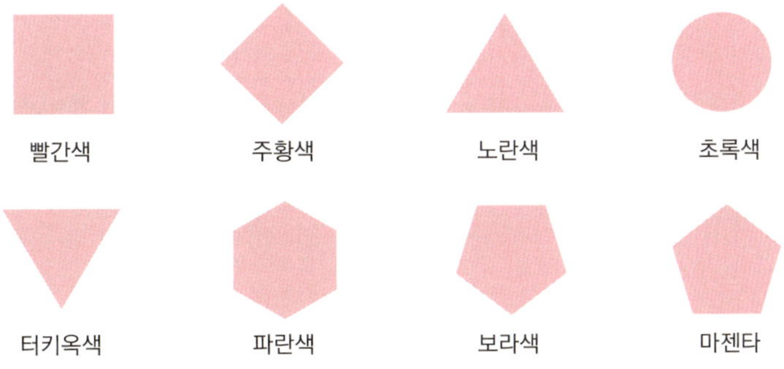

색상 순서의 의미

① 첫 번째 색은 당신의 본질을 나타낸다. 즉 당신이 어떤 사람인지를 말해준다.

② 두 번째 색은 현재를 의미한다. 지금 당신이 처한 상황과 관련이 있다.

③ 세 번째 색은 미래의 목표를 나타낸다.

색상의 의미

① 첫 번째와 두 번째 색이 조화를 이룰 때 본질과 현재는 조화롭다.

② 첫 번째와 세 번째 색이 조화를 이룰 때 본질과 목표가 조화롭다.

③ 두 번째와 세 번째 색이 조화를 이룰 때 현재의 도전을 극복하면 목표 달성이 가능하다.

빨간색

① **첫 번째로 선택했을 때 :** 당신의 성격은 남에게 지배받지 않고 앞장서서 열정적으로 이끌고 나가는 타입이다. 타인보다 먼저 개척하고 창조하고 시작한다. 대인관계가 적극적이고 사교적이며 정열적이다. 경쟁심과 추진력, 지도력이 강하고 뻗어 나가려고 하는 성취욕의 에너지가 넘쳐난다.

② **두 번째로 선택했을 때 :** 자신감이 부족하고 침체되어 있으므로 조금 더 적극적이고 활기차고 열정적으로 신체적·정신적 힘을 길러야 한다. 힘을 너무 소진하지 말고 조금씩 길러 나가야 한다.

③ **세 번째로 선택했을 때 :** 너무 과도한 상상력과 욕망으로 현실적이지 못하고 허공에 떠 있는 사람이다. 두 발을 땅에 단단히 붙이고 현실을 직시하고 현재에 집중하고 행동하라. 반드시 기회가 올 것이니 신중하게 자기 것으로 만들어야 한다.

주황색

① **첫 번째로 선택했을 때** : 당신은 활기차고 적극적이며 낙천적이고 경쾌한 사람이다. 매사 긍정적인 사람으로 인생을 최대한 즐겁고 행복하게 살아가려고 한다. 명랑하고 적극적이며 용기가 있고 솔직하며 외향적이고 사교적인 사람이다.

② **두 번째로 선택했을 때** : 흥분하여 들떠 있지 말고 내면의 자아를 차분하게 돌아보고 매사에 균형 잡힌 감각으로 평온함을 찾아야 한다.

③ **세 번째로 선택했을 때** : 즉흥적이고 충동적인 감정과 무모하게 낙천적이거나 모험적인 방식을 줄이고, 깊게 생각하고 신중하게 계획하여 차근차근 준비해 나가야 한다.

노란색

① **첫 번째로 선택했을 때** : 당신은 사람과 관계를 맺으면서도 오감을 활용하여 이성, 감정, 논리, 평가, 인식, 판단 등 인간이 지닌 의식적 능력을 발휘하는 사람이다. 상황판단 능력이 뛰어나고 타인보다 우월해지고 지배하려고 하며, 자신의 뜻대로 안 될 때 쉽게 토라지거나 보복하는 타입이다.

② **두 번째로 선택했을 때** : 과도한 환상, 꿈, 상상력 등에 빠져 흥분하기 쉬운 상태이므로 정신적·육체적인 안정감을 찾아야 하며, 허상과 허망의 세계에서 벗어나야 한다.

③ **세 번째로 선택했을 때** : 과도한 꿈과 상상력을 줄이고 적당한 상상력과 명석한 아이디어로 현실적이고 긍정적이고 철저하고 차분하게 행동해 나가야 한다.

초록색

① **첫 번째로 선택했을 때** : 당신은 차분하고 배려적이며 균형감각이 있는 사람이다. 지배하려고도 복종하려고도 하지 않고, 내성적이지도 외향적이지도 않다. 매사 극단을 배제하고 균형을 추구하며, 행동을 하기 전에 신중하게 생각하는 타입이다.

② **두 번째로 선택했을 때** : 인간애, 자비, 사랑이 있는 사람이기에 사람으로 인한 상처가 있을 수 있다. 불안, 외로움, 시기심, 질투, 환멸 등 감정의 상처를 잘 어루만져야 한다.

③ **세 번째로 선택했을 때** : 안정되고 편안하고 대등한 인간관계 속에서 사람들과 어울리고 관계를 맺어가고 서로 소통해 나가야 진정 배려와 베풂에 대한 가치를 깨닫고 사람에 대한 배신감과 외로움을 극복할 수 있다

터키옥색

① **첫 번째로 선택했을 때** : 당신은 밝고 맑고, 젊은이의 기상과 신선한 상상력 그리고 창의적인 아이디어가 있는 사람이다. 겉으로는 차분하고 침착하며 대인관계도 원만하고 일처리도 원만하다.

② **두 번째로 선택했을 때** : 당신의 따뜻한 배려심과 창의적인 아이디어로 인해 많은 사람들이 당신의 공간을 활용하고 이용하려 할 것이다. 주변사람들에게 휘둘리지 말고 자기 관리를 철저히 하고 자신의 정체성을 확립할 필요가 있다.

③ **세 번째로 선택했을 때** : 미래에 대한 모든 것을 도전이라 생각하고 있으며, 새로운 변화에 대한 대처능력이 부족하여 삶에 굴곡이 있고 복잡해질 수 있으니 변화와 변동이 인생의 한 부분이라고 생각하는 것이 좋겠다.

파란색

① **첫 번째로 선택했을 때** : 당신은 착하고 배려적이며 부드럽고 온화하고 평화로운 사람이다. 매사에 차분하고 안정적이며 평온하고 영혼이 맑은 사람으로 보인다. 심성이 착하고 정신이 맑기 때문에 진실하고 솔직한 기질이 있다.

② **두 번째로 선택했을 때** : 현재 당신의 상태는 정신적으로나 육체적으로나 안정적이고 평온한 고요가 있는 상태이다. 조용한 침묵 같은 상태에서 따뜻함이 공존하는 모습이다.

③ **세 번째로 선택했을 때** : 평화, 평온, 고요, 상상, 생각, 명상 등의 모습이 자연스럽지만, 현실적이고 세속적인 모습도 길러 나가야 하고 현실의 삶을 직시해야 미래의 희망도 찾을 수 있다.

보라색

① **첫 번째로 선택했을 때** : 당신은 신비롭고 그윽하고 정신적인 세계가 충만하며 영적인 의식과 인식이 풍부한 사람이다. 명상, 종교, 기도 등에 관심이 크면서도 현실에 적응력이 있다.

② **두 번째로 선택했을 때** : 현재 당신은 다양한 상황을 잘 조합하고 소통하는 능력을 지닌 사람들 사이에서 리더로서 무리와 조직을 이끌고 있다.

③ **세 번째로 선택했을 때** : 타고난 창의적 아이디어와 독특한 상상력으로 사람들 앞에서 자신을 드러내고 나누고 싶어한다. 멘토로서의 기질이 충분하니 차분하고 체계적으로 지혜와 지식을 닦아 나갈 필요가 있다.

마젠타

① **첫 번째로 선택했을 때** : 당신의 성격은 친절하고 부드럽고 온화하여 애교 있고 사려 깊은 사람이다. 주변 사람들에게 따뜻한 애정과 애교로 사랑을 주고 연민을 보낼 줄 안다. 성숙한 인품으로 인생을 깊이 있게 이해하고 타인의 잠재력을 성장시켜주고 격려해주는 타입이다.

② **두 번째로 선택했을 때** : 현재 타인에 대한 격려와 성장도 중요하지만, 자신에 대한 사랑과 배려, 격려가 필요한 시기이다. 타인의 욕망과 욕구에 대한 관심만큼 자신의 욕구와 욕망에 대해 생각해야 한다.

③ **세 번째로 선택했을 때** : 빨간색의 열정과 추진력, 보라색의 신비로움과 영적인 모습을 잘 결합하고 조화롭게 하여 자신이 지닌 능력을 발휘해 나가면 좋을 것이다.

CRR 검사법의 한계

① 색상을 고르는데 도형이 혼란스럽다.

② 첫째 본질, 둘째 현재, 셋째 목표인데 그 타당성이나 근거가 약하다.

3 다양한 색채 분석 도표

정신분석학에서 각각의 색채가 의미하는 내용과 나이별·성별 선호도, 그리고 공간 활용법을 표로 정리하였다.

• 색채의 정신분석

색	방어기제	정신병증	페르소나(Persona)
빨간색	허언증 허세	분열증 쇼핑중독증	밝고 명랑한 사람
분홍색	자아도취(자기애)	나르시시즘	화려하고 섹시한 사람
주황색	활발 대인관계 집중		열정적이고 멋진 사람
노란색	과도한 친절 회피	허언증 리플리증후군	명랑하고 관계성이 좋은 사람
초록색	배려 희생	행복공포증 평강공주증후군	착하고 따뜻한 사람
파란색	인간애 자비	파랑새증후군 행복공포증 평강공주증후군	배려적이고 인간성이 뛰어난 사람
자주색	나르시시즘		자기를 드러내고 싶은 사람
보라색	자기애 환상 과대포장		자신감이 있는 사람, 다른 사람보다 뛰어난 사람
회색		허언증 뮌하우젠증후군 오셀로증후군	정보력이 뛰어난 사람
검은색	의심 걱정 허언증	과대망상 분리불안장애 리플리증후군	똑똑하고 지적인 사람, 성공한 사람
흰색	완벽주의 비판	자폐증 편집증 과민성	완벽한 사람, 능력 있는 사람
갈색	슬픔 비애		지적이고 똑똑한 사람

※ 페르소나 : 가면, 인격. 타인에게 파악되는 자아.

• 색채의 상징표

색	빨간색	노란색	초록색	파란색	보라색	흰색	검은색
연상 단어	정열	명랑	상쾌	정숙	고상	청결	불안
	위험	가볍다	신선	차가운	우아	공허	죽음
	흥분	약동	평온	시원	매력	가능성	음산한
	더운	한가로운	안식	해방감	불량	가벼운	힘
	분노	불안	안전	정신	화려	진리	악
	폭발	느슨한	행복	지성	여성적	허탈감	무거운
	압력	긴장	풍요	깊이	촌스러운	결벽	고독
	사랑	위험	생명력	청결	자부심	순결	침묵
	활동적	경솔	건강	슬픔	고독	밝은	어두움
	생명	부드러운	산뜻함	평화	복잡	차가운	씁쓸한
	용기	유쾌	자연	기분 좋은	불안	화려	자신
	기쁨	초조	평온	안식	기품	새로움	남성적
	싸움	발전	미숙	온화	염원	위엄	극한
	잔혹	사랑스러운	청결	안락	신비	방심상태	절대적
	유혹	연약	정적	냉혹	호화로움	매정한	절망
	격렬	활발	침착	우울	무드	냉담	냉혹
	적극		아름다움	섬세	고급	무한	허무
	애정				숭고	무의미	엄숙

• 나이별 가장 좋아하는 색

여성

색 \ 나이	14~25세	26~49세	50세 이상
검은색	15%	8%	6%
파란색	52%	41%	38%
빨간색	8%	12%	20%
노란색	4%	7%	7%
분홍색	1%	2%	5%

남성

색 \ 나이	14~25세	26~49세	50세 이상
검은색	20%	9%	0%
초록색	12%	16%	20%
빨간색	8%	12%	17%
노란색	5%	6%	8%
보라색	2%	3%	5%

• 나이별 가장 싫어하는 색

여성

색 \ 나이	14~25세	26~49세	50세 이상
갈색	10%	20%	20%
분홍색	25%	16%	8%
회색	10%	12%	10%
노란색	8%	8%	4%
검은색	3%	5%	12%

남성

색 \ 나이	14~25세	26~49세	50세 이상
갈색	16%	26%	26%
분홍색	29%	17%	7%
회색	9%	11%	20%
검은색	2%	8%	10%
황금색	5%	2%	1%

※ 나이별 가장 좋아하는 색과 싫어하는 색 출처 : 에바 헬러 지음, 『색의 유혹』, 예담(2002)

• 색채의 공간 활용

색	활용 공간	특성
파란색	공부방, 중고등학생방, 아이방, 침실, 남향 거실, 욕실, 병실	하늘, 바다, 평화, 편안, 복지, 배려, 사랑, 희망, 지적, 침착, 냉정, 시원, 신뢰
빨간색	북향 거실, 공연홀, 운동실, 무용실	열정, 행동, 표현, 활동, 따뜻함, 대담, 흥분, 긴장, 자극, 용기, 결단
노란색	거실, 식당, 부엌, 주방, 영업팀실, 운동실, 무용실	관계, 포용, 생기, 발랄, 밝음, 자극, 조화, 생동감, 명랑, 햇살, 태양
흰색	병원, 연구실, 의사 가운, 다른 색과 혼합하여 사용	정리, 정돈, 깨끗, 신선, 차가움, 원칙, 종교, 완벽, 결벽, 강박, 청순, 세련, 순수, 결백
검은색	장례식장, 영화관, 명상실, 기도실, 종교시설, 다른 색과 혼합하여 사용	신중, 침착, 안정, 안전, 걱정, 불안, 우울, 창의, 상상, 창조, 고급, 부, 명예, 권위, 엄숙
초록색	수술실, 수술복, 병원, 거실, 식당, 주방, 휴게 공간	시원, 조용, 평화, 평온, 자연, 순수, 젊음
보라색	연습실, 거실, 식당, 종교시설, 명상실, 기도실	고급, 품격, 몽환, 환상, 예술, 권위, 독선
분홍색	무용실, 연습실, 방송실	예술, 연예, 방송, 표현, 도화
남색	공부방, 도서관, 독서실, 상담실	총명, 명예, 교육, 강의, 강연, 방송, 상담

4

색의 궁합

CHAPTER

KEY POINT

궁합은 「좋다, 나쁘다」를 따지는 것이 아니라 서로의 장단점을 분석하여 장점을 살려주고 단점을 보완하는 것이다. 즉 궁합은 서로 간의 이해이며 조화이다. 여기서는 태과다나 과다, 발달, 일간의 오행을 결합하여 궁합을 살펴본다.

1 좋은 궁합과 나쁜 궁합

궁합은 「좋으냐, 나쁘냐」의 문제가 아니다. 궁합은 서로 간의 이해이며 조화이다. 지금까지의 궁합은 「원진살이 있어서 나쁘다, 혹은 충살이 있어서 상대를 잡아먹는 궁합이다, 합이 있으니 결혼하면 잘산다」 등 좋은 궁합과 나쁜 궁합 두 종류에 국한되어 있었다.

"궁합이 좋으니까 결혼하면 좋아."
"궁합이 좋으니까 동업하면 좋아."
"궁합이 나쁘니까 절대 결혼하지 마."
"궁합이 나쁘니까 동업하면 망해."

용하다는 점집을 찾아가 궁합을 물어보면 흔히 듣던 이야기이다. 결론적으로 말

하면, 궁합은 「좋다, 나쁘다」가 아니라 서로의 장단점을 분석하여 장점을 살려주고 단점을 보완해가면 된다. 서로 이해하는 것이 궁합인 것이다.

한 사람의 사주팔자에서 각각의 오행은 무존재, 고립, 발달, 과다, 태과다로 분류되는데, 궁합은 과다한 오행을 중심으로 분석한다. 태과다한 오행이 있으면 태과다의 성격 특성이 나타난다. 태과다가 없고 과다 오행이 있으면 과다의 성격 특성이 나타난다. 태과다와 과다가 없으면 일간 오행과 발달 오행의 성격 특성이 나타난다.

남녀 궁합, 부모와 자녀의 궁합, 동업자 간의 궁합은 사주팔자에 존재하는 오행, 육친, 신살을 분석하여 각자 강하게 나타나는 성향을 찾아낸다. 그리고 상대방과의 관계를 통해 장단점을 판단하는 것이 중요하다. 그런 이후에 장점은 살리고, 단점은 보완하거나 이해하는 것이다. 각자 다를 뿐, 나쁜 것은 없다. 서로 소통하게 만들면 된다. 여기서는 태과다나 과다, 발달, 일간의 오행을 결합하여 궁합을 살펴보고자 한다.

2 색의 배합과 궁합

색의 배합에 관한 연구는 색채연구가나 심리학자들 사이에서 흥미로운 주제였다. 미국 심리학자 길포드(Joy P. Guilford)는 지능과 창의성 연구에서 탁월한 성과를 이루었는데, 특히 지능구조 모형을 통해 설명하는 지능이론과 확산적 사고라는 개념을 탄생시켰다. 그리고 그의 후학들이 개념혼합, 연마이론 등의 창의성 설명기법을 만들어냈다.

길포드는 색의 배합을 끊임없이 실험하고 연구했다. 비슷한 색을 배합하거나 서로 다른 색을 배합했을 때, 그리고 중간 정도의 다른 색을 배합했을 경우 유쾌한 효과를 준다는 결과를 얻었다. 이는 특히 남성보다 여성에게 더 강하게 나타난다. 노란색은 비슷한 배합인 등황색이나 연두색, 전혀 다른 배합인 파란색, 남색,

보라색과 결합되었을 때 조화를 이루게 된다. 그러나 노란색이 주황색, 초록색, 빨간색 등과 결합되었을 때는 조화롭지 않았다.

이마다(M. Imada) 또한 색 배합에 관한 연구를 했는데, 아이들이 좋아하는 색의 배합은 빨간색과 노란색, 빨간색과 파란색이라는 결과를 얻어냈다.

윌리엄 월튼(William E. Walton)과 블라 모리슨(Beulah M. Morison)이 성인들을 대상으로 연구한 결과를 보면 파란색, 빨간색을 선호하는 사람이 가장 많았다. 이어 파란색과 초록색의 배합, 빨간색과 초록색의 배합, 호박색과 파란색, 호박색과 초록색, 빨간색과 호박색의 순으로 선호했다는 결론을 얻었다.

빨간색 RED

빨간색(RED) + 빨간색(RED)

열정과 정열이 만나 시너지효과가 나는 조합이다. 힘이 넘쳐 외향적이다. 무엇보다 활기찬 조합으로 새로운 모험, 새로운 도전, 새로운 시도, 새로운 변화를 즐긴다. 커플의 경우에는 자신들의 생각을 적극적으로 표현한다. 뜨거운 열정이 항상 잠재되어 있어서 새로운 일에 도전도 잘하지만, 감정을 절제하지 못하고 폭발하는 경향도 있다. 다툼과 갈등도 많은 조합이다.

빨간색(RED) + 주황색(ORANGE)

활기차고 생동감이 있다. 톡톡 튀는 발랄함과 애교스러움이 가득한 조합이다. 밝고 명랑하며 주변 사람들을 의식하지 않는 커플이다. 적극적으로 자신들의 감정들을 표현한다. 서로 대화가 술술 풀려가고 웃음이 끊이지 않는다. 생동감이 넘치고 활기차게 대화를 이끌어간다. 각자 대인관계의 폭이 넓어 타인과 관계가 이어지다 보니 두 사람만의 대화나 만남의 시간이 부족한 편이다.

빨간색(RED) + 노란색(YELLOW)

명랑하고 활기찬 조합이다. 원기왕성하며 에너지가 넘친다. 한 사람은 열정과 활기가 있고, 한 사람은 명랑하고 쾌활하며 밝은 커플이다. 두 사람이 만나면 대화가 끊이지 않고 명랑한 분위기가 고조된다. 빨간 색채에 해당하는 남자는 사람들과 관계 맺기를 좋아하며, 즐겁고 쾌락적인 관계를 만들어간다. 노란 색채의 여자는 애교가 많고 명랑하여 역시 사람들과 대화 나누기를 좋아한다. 각자 폭넓은 인간관계로 인해 두 사람만의 대화가 줄어들기 시작하는 단점도 존재한다.

빨간색(RED) + 초록색(GREEN)

이 조합은 열정적이고 활동적인 에너지와 청명하고 시원함이 넘친다. 여유롭고 적극적이며 관대하며, 친절함이 넘치고 서로의 생각과 행동을 조화롭게 주고받는다. 긍정적이고 희망적인 에너지를 방출하는 색채의 조합이다. 빨간색의 열정과 초록색의 따뜻한 성향의 만남으로 서로 간에 소통이 원활하다. 다만 빨간색의 남자가 자기 감정을 너무 쉽게 드러내서 버럭 화를 내는 상황에서는 초록색의 여자가 감정의 상처를 받게 되고 토라지는 상황이 반복될 수 있다.

빨간색(RED) + 파란색(BLUE)

빨간색은 열정과 모험의 색이다. 파란색은 배려가 많고 감성적인 색이다. 열정과 배려, 모험과 성장의 색으로 서로의 능력을 강화할 수 있는 조합이다. 빨간색은 자신의 감정을 감추지 않고 드러내고 표현한다. 파란색은 타인에 대한 배려와 사랑으로 자신의 감정을 쉽게 드러내지 않는 색이다. 빨간색이 자신의 감정과 생각을 조금 줄여가고, 파란색이 타인의 감정과 생각을 존중하며 자신의 감정과 생각을 적극적으로 표현할 수 있다면, 환상의 궁합이 될 수 있다.

빨간색(RED) + 보라색(VIOLET)

열정과 모험의 빨간색과 감성적이면서 특별함이 존재하는 보라색의 조합이다. 행동과 언어적 표현으로 자신의 감정을 드러내는 빨간색과, 감수성과 패션코드로 자신의 감정을 드러내는 보라색은 강력한 에너지가 서로를 자극하고 이끌어주는 작용을 한다. 각자가 지닌 개성을 통해 시너지효과가 나타나기도 하지만, 때로는 서로를 공격하고 상처 주는 상황도 발생할 수 있는 조합이다. 자신의 감정과 생각을 존중해주는 습관을 기르는 것이 두 사람의 관계를 긍정적으로 변화시키는 지름길임을 명심해야 한다.

빨간색(RED) + 흰색(WHITE)

열정의 색 빨간색과 개성이 유달리 강한 흰색의 결합이다. 빨간색은 자신의 감정이나 생각을 즉흥적으로 드러내는 타입이다. 반면 흰색은 자신의 감정과 생각을 계획하고 구조화시켜 완벽하게 분석하는 타입이다. 빨간색이 강압하는 단점이 있다면, 흰색은 비판하는 단점이 있다. 빨간색은 뒤끝 없이 금방 풀어버리는 장점이 있다면, 흰색은 해결할 때까지 감정을 유지한 채 마무리하는 장점이 있다.

빨간색(RED) + 검은색(BLACK)

모든 것을 겉으로 표현하는 빨간색, 그리고 생각과 감정을 마음에 저장하는 검은색의 만남이다. 행동하고 모험을 즐겨 하는 빨간색, 그리고 신중하게 검토하고 망설이는 검은색은 서로의 색깔이 뚜렷하면서도 정반대의 조화를 지닌 조합이다.

남자 빨간색은 적극적으로 자신의 의사 표현을, 여자 검은색은 참고 인내하는 타입으로, 겉으로는 서로 무난하게 보인다. 하지만 너무 과도한 빨간색 남자는 자기 위주로 대화를 이끈다. 검은색이 불만을 끝까지 드러내지 않고 계속 저장하는 모습을 보며 빨간색은 답답하다. 반대로 검은색 입장에서는 자기 감정을 조절하지 못하고 상대를 무시하는 듯한 빨간색의 태도가 난감하다.

주황색(ORANGE) + 주황색(ORANGE)

원기가 왕성하다. 같은 주황색의 조합은 생동감이 있다. 쾌활하고 적극적이다. 사교적이고 낙천적인 주황색과 주황색의 만남은 서로 쉽게 의사소통이 되고 쌓아두는 감정 없이 투명하다. 다만, 자신의 감정과 생각을 너무 쉽게 드러내다 보니 상대에게 상처를 주거나 말실수를 하기도 한다. 조금은 절제하고 자제하는 언어습관을 가져야 서로의 갈등과 다툼을 줄일 수 있다.

주황색(ORANGE) + 빨간색(RED)

사교적이고 유머감각이 뛰어난 주황색과 열정 및 활동성, 표현력이 뛰어난 빨간색의 만남은 훌륭한 조합이다. 둘 다 사교적이고 대인관계가 넓어 함께 취미생활을 한다면 무척 좋은 관계를 유지할 수 있다. 하지만 각자 친구, 선후배, 모임에 열심이다 보면 두 사람만의 대화와 소통의 시간이 현저하게 적어질 수 있다.

주황색(ORANGE) + 노란색(YELLOW)

명랑하고 유쾌한 주황색과 밝고 활기찬 노란색의 만남은 언제나 햇살처럼 해맑다. 밝고 유쾌함이 넘쳐나는 색상의 조합이다. 빨간색과 노란색의 결합으로 오렌지색(주황색)이 나왔으니 빨간색의 강렬함은 줄어든다. 그리고 노란색의 낙관적이고 관계적인 특징 또한 줄어들어 그 중간의 형태인 밝고 유쾌하고 어울림에 관심이 많은 색상이다.

주황색(ORANGE) + 초록색(GREEN)

태양의 열정과 강렬함, 담대함, 따뜻함을 지닌 오렌지색(주황색)과 초록색의 향연이 가득한 자연의 만남이 이상적이다. 봄, 젊음, 균형, 배려, 생명, 환경의 색인 초록색이 주황색과 만나 이색적이면서 다른 듯 조화로운 색의 조합이다. 자연의 열정과 담대하고 강렬한 초봄의 젊음이 만나 조화를 이룬다. 두 색 모두 자연에 대한 동경, 자연에 대한 순화가 함께하는 순수성, 자연성을 품고 있다.

주황색(ORANGE) + 파란색(BLUE)

정열과 열정, 자연처럼 투명하고 자연스러우면서 담대한 색이 주황색이다. 여기에 모험적이며 환상적인 깊고 짙은 바다의 색 파란색이 어울리면 신비롭다. 10년마다 인간세상에서 유행하는 색이 오렌지색이다. 괴테의 『색채론』에서 매력적인 무(無)의 색이라 불렀을 정도의 바다처럼 고요하고 하늘처럼 드넓은 순수한 파란색과 주황색이 만나면 사랑과 소통이 넘친다.

주황색(ORANGE) + 보라색(VIOLET)

주황색은 활기차고 담대한 에너지를 지녔다. 초가을의 햇살을 닮은 색상이며 자연의 따뜻하고 편안함이 가득한 색상이다. 보라색은 부드러움과 가여움과 죽음과 슬픔, 그리고 기쁨이 어우러진 색상이다. 주황색의 활기참과 담대함, 그리고 감정기복과 변화가 심한 보라색의 만남은 서로 전혀 어울리지 않을 듯하면서도 안정감을 준다. 주황색 입장에서는 보라색의 감정기복이 호기심을 일으키고, 보라색 입장에서는 주황색의 활기차고 열정적인 모습이 보라색의 우울함과 혼란스러운 감정을 안정감 있게 만들어주는 역할을 하게 된다.

주황색(ORANGE) + 흰색(WHITE)

주황색은 활기차고 여유가 있다. 명랑하면서 자유로운 색상이다. 흰색은 절대성과 극단성을 동시에 지니고 있다. 엄격하고 완벽을 꿈꾸는 만큼 경직되어 있고, 결벽증과 무관심의 성향을 가지고 있는 색상이다. 오렌지색과 화이트의 만남은 활기차고 자유로운 색상과 엄격하고 완벽한 성향의 만남이다. 서로 정반대의 느낌을 준다. 하지만 주황색은 자기 표현의 성향이 강한 편이고, 흰색은 자기 감정을 억제하고 절제하는 성향이다. 함께하면 서로의 단점을 보강하고 장점을 살려주는 특징이 있다. 열정과 자유로움을 추구하는 주황색의 입장에서는 틀 안에서 규칙을 정해 움직이길 강조하는 흰색이 답답해 보인다. 반면, 생각과 감정이 구체화, 계획화되어 있는 흰색의 입장에서 살펴보면 오렌지의 열정과 자유로움이 너무 방만해 보일 수 있다.

주황색(ORANGE) + 검은색(BLACK)

주황색은 활기차고 열정이 넘치고 개방적이다. 반면 검은색은 밤, 어두움, 죽음, 슬픔, 우울을 상징한다. 끝도 없는 깜깜한 동굴이나 심해처럼 깊은 검은색의 생각은 알 수 없다. 자기 생각을 솔직하게 드러내고 표현하기를 좋아하는 주황색과, 생각이나 감정을 감추고 드러내지 않는 검은색의 만남은 서로 궁합이 어긋난다. 다만, 남성이 주황색이고 여성이 검은색일 때는 나름대로 어울리는 조합이다.

노란색 YELLOW

노란색(YELLOW) + 노란색(YELLOW)

노란색은 유쾌하고 활발하며 밝은 모습으로 관계를 이끌어 나간다. 명랑하고 쾌활하며 적극적이다. 노란색과 노란색이 만나면 부드럽고 무리가 없다. 누구에게나 붙임성이 좋고, 따뜻한 성정을 지닌 색이다. 서로의 대화 코드가 잘 통한다. 노랑의 성향은 누구나 관계 맺기를 원한다. 대인관계의 폭은 넓지만, 가족 구성원은 서운한 감정이 들기도 한다. 가정보다는 사회활동을 잘하는 타입이다.

노란색(YELLOW) + 빨간색(RED)

대인관계가 좋은 노란색과 열정과 활동력, 표현력이 뛰어난 빨간색은 조화로운 조합이다. 은근한 고집과 끈기, 사람들과의 관계에 적극적인 유형의 노란색과 감정 표현이 적극적이고 활동적이면서도 마음 깊은 속에는 외로움이 함께하는 빨간색의 만남은 겉으로 보기에는 소통과 대화가 잘 이루어지는 듯 보인다. 다만, 각자 활동영역이 넓으므로 서로 간의 배려가 조금 더 따르지 않으면 화합되지 못하고, 자기가 하고 싶은 일이나 만나고 싶은 사람들에 몰입하여 각자 허전함을 느끼게 된다.

노란색(YELLOW) + 주황색(ORANGE)

활발하고 명랑하고 긍정적인 노란색이 주황색과 만났다. 따뜻하고 이해심이 깊고 원기왕성한 주황색이 힘을 더하는 조합이다. 붙임성 있고 명랑하고 밝은 노란색과, 늘 유쾌하며 사회성이 뛰어나고 대인관계가 좋은 주황의 만남은 조화롭다. 다만, 둘 다 관심을 받기를 원한다. 은근한 고집이 있어 이기적이고 경박스러운 모습이 노출될 수도 있다. 자신의 감정을 모두 드러내지 않고 상대의 감정을 헤아리는 연습을 하면 아주 좋은 파트너가 될 수 있다.

노란색(YELLOW) + 초록색(GREEN)

노란색은 명랑하다. 거기에 부드럽고 따뜻한 마음이 가득하다. 겸손하고 사려 깊은 초록색과의 만남은 좋은 조합이다. 노란색과 초록색이 만나면 신중하면서 건전하다. 적극적이며 명랑한 노란색과 인간미가 넘치고 이타심이 강한 초록색의 만남은 지극히 좋다. 모든 일에는 반드시 반향이 있는 법이다. 두 개의 색이 합해지면, 노란색의 성향은 적어져 대인관계가 위축될 수 있다. 오히려 드러내지 못하는 마음이 자라나 냉정함과 질투심이 확장될 수 있다.

노란색(YELLOW) + 파란색(BLUE)

노란색은 늘 밝고 명랑한 미소로 상대방에게 친근감을 준다. 한편 파란색은 자비롭고 헌신적이다. 의리가 있으며 감정조절 능력도 뛰어나다. 이 두 조합의 만남은 이상적이다. 둘이 만나면 노란색은 분위기를 쾌활하게 만들고, 파란색은 독창적인 사고를 통해 시시각각 재미있는 이벤트를 생각해내어 흥미진진하다. 파란색은 자연의 색으로 안정감이 있으며 여유롭고 차분하다. 감정 조절능력이 뛰어나고 평화로운 에너지가 강하다. 특히 인본주의적인 관심이 큰 색깔이다.

노란색(YELLOW) + 보라색(VIOLET)

밝고 자유롭고 고집과 야망이 있는 노란색과 섬세하고 신비롭고 다재다능하며 감수성이 발달한 보라색이 만나면 어떨까. 노란색은 우호적이며 지혜롭다. 보라색은 빨간색과 파란색이 혼합된 색으로, 감정을 마음껏 발산하고 표출하는 빨간색과 감정을 자제하고 조절하는 파란색의 이중성을 가지고 있다. 열정과 이성 사이에서 적당한 공간을 찾으면 딱 맞는다.

노란색(YELLOW) + 흰색(WHITE)

봄날을 상징하는 색은 노란색이다. 흰색은 순수하고 깔끔하다. 한겨울, 눈 덮인 대지가 봄날에 이르면 눈 녹듯 풍경이 살아나고 화사한 꽃이 피어난다. 밝고 명랑하며 적극적인 남자와 계획적이고 깔끔하고 자기 절제능력이 뛰어난 여자의 만남은 서로의 단점을 보완해준다. 다만, 흰색 입장에서 살펴보면 노랑은 다소 방만하고 자기 절제가 부족해 보인다. 반대로 노란색의 입장에서는 너무 깐깐하고 고집스러운 흰색 때문에 답답함을 느낄 수 있다.

노란색(YELLOW) + 검은색(BLACK)

재기발랄하고 낙천적이며 유머감각이 뛰어난 색이 노란색이다. 진지하고 생각이 많지만, 실천력이 떨어지고 지나치게 신중한 검은색과의 만남은 어떨까. 고집스러우면서도 활발한 관계를 이끌어가는 노란색의 성향과, 생각이 많고 아이디어와 창의성이 뛰어난 검은색의 만남은 순탄하다. 다만 노란색은 겉으로는 활발하게 표현하지만, 내면 깊숙한 속마음은 쉽게 드러내지 않는다. 이에 비해 검은색은 조용하고 얌전하다. 조용한 호수의 표면과도 같다. 처음에는 순탄한 듯 보이지만, 서로의 감정이 표출되기 시작하면 갈등이 생길 수 있다. 예기치 못한 사건 사고가 나타나기도 한다.

초록색 GREEN

초록색(GREEN) + 초록색(GREEN)

배려심이 많아 무척 이타적인 색이 초록색이다. 지극히 인간적이며 평화주의자이다. 창조와 치유에 관한 마음이 큰 색상이다. 초록색은 스스로 내면을 돌보는 자제력이 뛰어나다. 수없는 자기 반성을 통해 새롭게 변해가는 능력이 있다. 자신의 감정을 쉽게 표현하지 않으며, 때로는 엄격하고 때로는 한없이 부드러운 성품을 가지고 있는 색이다. 자존감이 강하고 상대를 너무 많이 배려하다 보니 스스로 스트레스를 안고 가기도 한다. 참을성도 있고 자기 절제능력도 있으며 친절하다. 끊임없이 남들을 도와주려고 하고 상상력도 풍부하다. 아이디어도 획기적이다. 초록색과 초록색의 만남은 서로의 배려가 넘쳐 행복하면서도 서로의 마음을 쉽게 열지 못하는 단점도 안고 있다.

초록색(GREEN) + 빨간색(RED)

열정적이고 활동적인 에너지를 지닌 초록색이다. 청명하면서도 시원시원함이 넘치는 색이다. 열정적 에너지의 화신인 빨간색과 만나면 어떨까. 빨간색의 남자와 배려가 많고 따뜻한 초록색의 여자가 만나면 소통이 잘 되고 대화가 매끄럽게 이어지는 환상의 조합이다. 다만 빨간색의 남자가 자기 감정을 너무 쉽게 드러내서 초록색의 여자가 상처를 받게 되고 토라지는 상황이 반복되게 된다.

초록색(GREEN) + 주황색(ORANGE)

태양의 열정과 강렬함, 담대함과 따뜻함이 담긴 주황색이다. 자연, 봄, 젊음, 균형, 배려, 생명, 환경의 색인 초록색과 주황색이 만나면 이색적이면서 다른 듯 조화롭다. 자연의 열정과 강렬함은 추진력이 된다. 거기에 자연의 순수하고 새롭게 시작하는 젊음의 초록색은 창의적이다. 열정과 창의가 합치면 좋은 결과물을 만들어낸다. 둘 다 자연에 대한 동경, 자연에 대한 순화가 함께하는 순수성, 자연성을 품고 있어 다툼이 있어도 비 온 뒤 땅이 굳어지듯 무난하게 정리된다.

초록색(GREEN) + 노란색(YELLOW)

명랑하고 쾌활하다. 희망적이고 부드러우며 따뜻한 노란색이 초록색을 만났다. 배려심이 많고 겸손하며 사려 깊게 행동하는 초록색은 노란색이 반갑다. 노란색과 초록색의 만남은 적당하며 신중하게 행동한다. 대인관계가 원만하고 희망적인 긍정의 컬러인 노란색과 겸손하고 배려하며 인간애가 강한 초록색의 만남은 평온하다. 반면 노란색과 초록색이 만나면서 발생하는 문제는 대인관계다. 서로의 마음을 무조건 이해하다 보면 냉정함을 통해 질투심이 생겨날 수 있다.

초록색(GREEN) + 파란색(BLUE)

초록색과 파란색은 안정적인 색이다. 자신의 감정을 쉽게 드러내지 않는다. 무엇보다 자기의 감정을 잘 조절하고 모든 면에서 사려가 깊다. 초록색은 둥글둥글한 모습으로 평온한 세상과 자유로운 세상을 꿈꾼다. 여기에 자비롭고 이지적이고 이상적인 인본을 꿈꾸는 파란색과의 만남은 오히려 밋밋할 수 있다. 늘 햇살만 가득한 세상은 가뭄이 오는 법이다. 타인에 대한 한없는 자비와 사랑, 타인을 돕고자 하는 이타심, 신중하게 생각하고 타인을 배려하는 행동, 창의성과 창조성 등 초록색과 파란색은 작은 차이만 존재할 뿐 거의 비슷하다. 자연의 색으로 하늘과 땅, 산과 들과 바다, 강에서 만날 수 있는 색이다. 광고에 함께 사용하기에 어려운 조합이기도 하다.

초록색(GREEN) + 보라색(VIOLET)

새로운 시작을 알리는 성장의 색이 초록색이다. 상대를 인정하고 배려하며 평화와 화목함을 깨지 않으면서 자유로움을 얻으려는 색상이다. 이런 초록색과 만나는 색은 보라색이다. 신비롭고 기이하며 감정의 색채가 다양하고 다채로우며 특별한 상상력이 가득하여 색의 별종으로 불리는 색이 보라이다. 따뜻한 마음, 친절한 마음, 배려의 마음과 더불어 상대를 성장시키고 싶은 멘토의 마음을 가지고 있는 초록색이 보라의 특별하고 신묘한 기질과 재능을 살려줄 수 있다면 환상적인 조합이 될 수 있다. 다만, 너무 강력한 변화와 너무 복잡다단한 특별함이 존재하는 보라색인 까닭에 주변 사람의 시선을 의식하는 초록색의 입장에서는 다소 부담을 느끼기도 한다.

초록색(GREEN) + 흰색(WHITE)

초록색은 친절하고 자상하다. 따뜻한 심성으로 타인의 어려움을 지나치지 못하는 성격이다. 자신의 감정을 조절하고 온순하면서 성숙한 인품이 녹아 있는 색이 초록색이다. 여기에 자기중심적이고 완벽주의자를 추구하는 흰색과의 만남은 어떨까. 서로의 단점을 보완해주는 관계라기보다 서로를 답답하게 생각하여 상처를 주는 경우가 많은 만남이다.

초록색(GREEN) + 검은색(BLACK)

초록색은 긍정의 색이다. 희망을 잃지 않고 세상을 바라본다. 서로 도와가면서 살아가는 이상을 꿈꾸며 행복한 삶을 꿈꾸는 초록색이 검은색을 만났다. 검은색은 생각이 많다. 순간적으로 떠오르는 아이디어가 뛰어나고 창의력이 다양하며 수리적 능력이 특별하다. 최대한 자유롭게 성장할 수 있도록 간섭하지 않고 지켜봐주는 초록색은 검은색을 인내한다. 생각이 많으며 걱정이 많고 안전에 대한 두려움이 강한 검은색은 초록색이 편안한 상대임을 인정한다. 하지만 초록색이 확실하게 표현하지 않고 우유부단한 느낌을 준다고 생각한다.

파란색 BLUE

파란색(BLUE) + 파란색(BLUE)

바다는 푸르다. 바라보기만 해도 마음이 편안해진다. 파란색은 자비로운 어머니의 품과 같다. 조건 없는 사랑을 주는 헌신성을 품고 있다. 평화와 안정을 추구하고 직관력이 뛰어나다. 지혜로운 사고와 행동으로 이상적인 삶과 세상을 꿈꾸는 색상이 파란색이다. 통찰력이 뛰어나고 이타심을 가지고 타인을 돕기도 한다. 자유로운 삶을 추구하는 인본주의자, 성직자 같은 따뜻함의 멘토 기질이 함께하는 색상이다.

파란색(BLUE) + 빨간색(RED)

열정과 모험의 색이 빨간색이다. 파란색은 상대방에 대한 배려가 많고, 사랑이 풍부한 색이다. 두 색 모두 생기가 넘치는 색상이다. 빨간색은 자신의 감정을 감추지 않고 드러내고 표현한다. 반면 파란색은 타인에 대한 배려와 사랑으로 자신의 감정을 쉽게 드러내지 않는다. 이 두 색의 조합은 환상의 궁합이다. 다만 빨간색이 자신의 감정과 생각을 조금 줄여가고 파란색이 지나치게 타인에 대한 감정과 배려에 온힘을 쏟지 않고 파트너에게 적극적으로 자신의 사랑을 표현할 수 있다면, 이보다 더 좋은 궁합은 드물다.

파란색(BLUE) + 주황색(ORANGE)

정열과 열정, 자연처럼 투명하고 자연스러운 담대한 색이 주황색이다. 깊고 짙은,

신비로운 바다의 색이 파란색이다. 파란색과 주황색의 만남은 정열의 자연과 신비로운 자연이 만나는 풍경이다. 그대로의 자연과 자연의 만남이다. 순수성만 잘 간직한다면 서로 간의 관계에 소통과 사랑이 넘쳐나는 궁합이다.

파란색(BLUE) + 노란색(YELLOW)

언제나 밝고 명랑하다. 명쾌하고 발랄하고 희망적인 노란색은 주변과도 잘 어울린다. 이런 노란색이 파란색을 만나면 어떨까. 배려 깊고 이타심이 많으며 인간중심적인 파란색과 만나면 어떨까. 노란색은 분위기를 띄운다. 명랑하고 유쾌하며 독창적인 사고력을 가지고 있으며 색다른 아이디어가 뛰어난 색상이다. 반면 파란색은 자연의 색이다. 안정감이 있으며 여유롭고 차분하다. 감정 조절이 뛰어나고 평화로운 에너지가 강하다. 헌신적이고 정직하니 노란색과 만나면 이상적인 조합이 될 것이다.

파란색(BLUE) + 초록색(GREEN)

균형감과 조화로움이 뛰어난 색이 초록색이다. 여기에 헌신적이며 이상적인 인간세상을 꿈꾸는 파란색과 만나면 어떨까. 자유세상을 꿈꾸는 색의 조합이다. 타인에 대한 한없는 자비와 사랑, 타인을 돕고자 하는 이타심, 신중하게 생각하고 타인을 배려하는 행동, 창의성과 창조성을 동시에 지닌 초록색과 파란색은 가족애가 강하다.

파란색(BLUE) + 보라색(VIOLET)

고요하고 깊은 바다 위로 신비한 보라색 물안개가 피어오른다. 사색의 폭이 넓고 광활한 파란색과 창의적이며 직관력이 뛰어난, 독특한 자기만의 세계에 빠져드는 보라색의 조합이다. 타인의 성장을 즐겨 돕는 이타심이 강한 파랑, 그리고 자신만의 특별한 재능을 가지고 있어 사람들에게 주목받는 보라색의 만남은 서로 조화를 이룰 수 있다.

파란색(BLUE) + 흰색(WHITE)

직관력이 뛰어나고 헌신적이다. 따뜻하고 부드러운 감정과 표현으로 꾸준하게 성장해나가는 파란색과, 언행일치가 분명하며 정확한 계획성을 갖고 미래를 분석하는 흰색의 만남은 어떨까. 자유로운 생각과 사고, 헌신적이고 배려가 많은 인품의 소유자인 파란색과 계획적이고 구조적인 흰색의 조합은 조금은 어긋난다. 인간중심형인 파란색과 일중심형인 흰색의 만남은 한편으로 어울릴 것 같다. 하지만 결국 근본적으로 생각의 차이를 지닌 이 둘의 만남은 서로 스트레스가 쌓여 상처를 받는 궁합이다.

파란색(BLUE) + 검은색(BLACK)

파란색은 긍정적이지만, 검은색은 다소 부정적이다. 파란색은 스스로 감정을 조절할 수 있는 평정심을 지녔다. 반면 검은색은 두려움과 걱정이 혼재되어 있지만, 억제하는 능력도 지녔다. 어떻게 보면 잘 어울리지 못한 조합이지만 의외로 조화롭게 헤쳐가는 타입이다. 스스로 성장하는 것을 권장하며 자유를 추구하는 파랑과, 누군가가 자신을 이끌어주면 든든한 버팀목이 되어주길 바라는 검은색은 장단점이 동시에 존재하는 조합이다.

보라색 VIOLET

보라색(VIOLET) + 보라색(VIOLET)

매혹적이고 고혹적인 보라색이 보라색을 만나면 무엇이 탄생할까. 신비롭고 기이한 재능이 빛난다. 예술성과 천재성, 특이성이 존재하는 색깔이다. 이 둘의 만남은 섬세함과 섬세함, 고혹적인 매력과 고혹적인 매력의 만남, 특별하고 특이함의 만남이라 자기 감정을 자제하거나 어느 순간 독특한 방법으로 자신을 드러내기도 한다. 따뜻함과 차가움이 동시에 존재하고 불안함과 안정감이 공존하는 색이다. 자신만의 세계와 자신만의 특별한 영감을 가지고 살아가는 타입이다. 요가, 귀농, 음악, 화가 등 자신만의 생각을 실천해 나가는 개성 있는 타입이다.

보라색(VIOLET) + 빨간색(RED)

열정과 모험의 색과 감성적이고 특별함이 존재하는 색의 특별한 만남이다. 행동과 매끄러운 화술로 자신의 감정을 여지없이 드러내는 빨간색과, 감수성과 패션코드로 자신의 감정을 드러내는 보라색의 만남은 강력한 에너지가 충돌한다. 서로를 자극하면서 부족함을 보완해가는 작용이 아름답다. 다만, 서로를 공격하고 상처주는 상황도 발생할 수 있는 색의 조합이다. 상대의 감정과 생각을 존중해주는 습관을 기르는 것이 두 사람의 관계를 긍정적으로 변화시키는 지름길임을 명심해야 한다.

보라색(VIOLET) + 주황색(ORANGE)

주황색은 활기차고 담대한 에너지를 지닌 색이다. 초가을 햇살을 닮은 색상이며 자연의 따뜻하고 편안함이 가득한 색상이다. 반면 보라색은 부드러움과 가여움과 죽음이 꿈틀댄다. 기쁨과 슬픔이 함께 공존하는 색이다. 주황색의 활기참과 담대함, 그리고 감정의 기복과 변화가 심한 보라색의 만남은 서로 전혀 어울리지 않을 듯하면서도 조화를 이루어간다. 주황색 입장에서는 보라색의 감정기복이 호기심의 발동과 색다른 모험심으로, 보라색 입장에서는 주황색의 활기차고 열정적인 모습이 보라색의 우울함과 복잡한 감정에 안정감을 주는 역할을 하게 된다.

보라색(VIOLET) + 노란색(YELLOW)

밝고 자유로우며 고집과 야망이 있는 노란색이 섬세하고 신비로우며 다재다능한 보라색과 만나면 어떨까. 특히 감수성이 풍부해 애정에 대한 욕구가 강한 보라색이 노란색을 만나면 흥미롭다. 노란색은 우호적이며 따뜻하다. 그러면서도 내면에는 야망이 있고 끈기와 고집이 센 색채이다. 보라색은 빨간색과 파란색이 혼합된 색으로, 감정을 발산하고 표출하는 빨간색과 감정을 자제하고 조절하는 파란색의 이중성을 내포하고 있다. 다소 직관적이며 감각적이다. 아주 잠시 외향적이며 내향적이다. 고상하면서 치밀하고 따뜻함과 차가움, 열정과 이성의 양면적 기질을 갖고 있다. 노란색이 남성, 보라색이 여성일 경우 조화롭다.

보라색(VIOLET) + 초록색(GREEN)

초록색은 성장의 색이다. 봄을 연상하면 자연스럽게 떠오르는 색이 초록색이다. 초록색은 늘 싱그럽지 않은가. 초록색은 평화와 화목함을 유지하면서 자유로움을 지닌 색이다. 반면 보라색은 기이하며 감정의 색채가 다양하다. 무척 다채로우며 특별한 상상력으로 주위를 놀라게 하기도 한다. 친절하면서 배려가 깃든 마음으로 상대를 성장시키는 역할을 한다. 보라색의 특별하고 신묘한 기질과 재능을 살려줄 수 있다면 환상적인 조합이다. 다만, 보라색은 너무 강력한 변화와 복잡한 특별함이 존재하는 까닭에 초록색은 조금 부담을 느낄 수 있는 궁합이기도 하다.

보라색(VIOLET) + 파란색(BLUE)

파란색은 고요하고 사색의 폭이 깊고 넓어 광활하다. 자신의 감정을 억제하고 심리적 안정감을 유지하면서 주변 사람들과 함께 조화를 이룰 줄 아는 색이다. 창의적인 사고와 직관력이 뛰어난 섬세함, 그리고 신비롭고 독특한 자기만의 세계에 빠져드는 보라색과의 만남은 특별하다. 배려가 많고 이타심이 강한 파란색은 보라색의 특별한 재능을 인정해주고 키워준다면 서로 조화로운 만남이다.

보라색(VIOLET) + 흰색(WHITE)

보라색은 지능이 뛰어나고 재주와 재능이 독특하다. 단순하지 않고 복잡하지만, 응용력이 뛰어난 보라색은 예술적 기질이 다분하다. 구조적이며 반듯한 계획성이 철저한 흰색과의 조합은 어떨까. 이성과 열정 사이를 수없이 왕래하며 불규칙한 감성 표출이 심한 보라색은 자신의 감정을 최대한 절제하면서 냉철한 흰색을 받아들이기 어렵고, 또 흰색은 보라색의 특별함을 받아들이기가 쉽지 않다. 생각의 틀에 들어오지 않는 보라색의 자유분방함을 이해하지 못한다.

보라색(VIOLET) + 검은색(BLACK)

보라색은 끊임없이 새로운 변화를 꿈꾸며, 꿈과 영감을 가지고 혼돈 속에서 우울과 환희를 반복한다. 예술적 기질이 있어 일상에서도 평범하지 않은 아이디어로 진화하는 능력이 탁월하다. 반면 생각이 많고 아이디어가 다양하며 창의력이 뛰어난 기질을 담고 있는 색상은 검은색이다. 보라색의 신비롭고 특이한 모험심에 검은색의 안정은 은근한 조화를 이룬다. 보라색은 꾸준하게 변화와 혼돈을 즐기는가 하면, 검은색은 재미있고 흥미롭게 안정감을 추구하며 균형을 이루기도 한다. 하지만 내면에 동시에 존재하는 근본적인 우울, 슬픔 같은 감정들은 서로 충돌할 수 있다. 서로 오랫동안 조화롭게 끌고 가기에는 거리가 있는 궁합이다.

흰색 WHITE

흰색(WHITE) + 흰색(WHITE)

자기 통제와 절제를 통해서 기품 있고 고귀한 모습을 보여주는 색이 바로 흰색이다. 주변에 결코 자신의 흐트러진 모습을 보이지 않을 정도로 깔끔하다. 고집이 세고 하고자 하는 일을 반드시 처리하고야 마는 완벽한 성품이다. 흰색과 흰색이 만나면 우선 빈틈이 없다. 일상생활이나 사회생활에서도 주위의 모범이 된다. 하지만 한 번 어긋나면 서로 화해가 힘들 정도로 완고한 기질을 지녔다. 과거를 되새기며 현재를 존중하는 타입이지만, 한 번 아니라고 판단하면 획기적인 변화를 주기도 한다. 내성적이며 고집이 세다. 폐쇄적이지만 공정하며 주관이 뚜렷한 색채이다.

흰색(WHITE) + 빨간색(RED)

생각과 감정을 마음에 담아두지 않고 밖으로 표현해야 직성이 풀리는 색이 빨간색이다. 그만큼 열정적이다. 좀처럼 자신의 감정을 드러내지 않고 다분히 계획적인 흰색과 빨간색의 만남은 어떨까. 빨간색은 분명 자신의 감정과 생각을 신중하게 생각하지 않고 즉흥적으로 드러낸다. 반면 흰색은 자신의 감정과 생각을 계획하고 구조화시켜 완벽하게 분석하는 타입이다. 빨간색은 주로 강하게 밀어붙이는 타입이고, 흰색은 이를 비판하는 타입이다. 빨간색은 뒤끝이 없이 금방 풀어버리지만, 흰색은 해결할 때까지 마음을 닫고 모든 것이 해소되었을 때 마음을 연다. 빨간색의 남성, 하양의 여성일 때 티격태격 조화를 이룬다.

흰색(WHITE) + 주황색(ORANGE)

주황색은 활기차고 여유로우며 자유로운 성향의 색이다. 반면 흰색은 절대성과 극단성을 지니고 있다. 엄격하면서도 완벽을 꿈꾸며, 결벽증과 무관심한 성향을 동시에 지니고 있다. 주황색과 흰색의 만남은 활기차고 자유로운 기질과 엄격하고 완벽한 성향의 만남이기에 서로 대치되는 느낌이 강하다. 주황색은 자기 표현이 왕성하고, 흰색은 자기 감정을 억제하고 절제한다. 서로의 단점을 보강하고 장점을 살려주는 특징이 있지만, 열정과 자유로움을 추구하는 주황색은 보이지 않는 울타리를 치고 생각하고 행동하는 흰색이 답답하다. 반면 흰색은 주황색의 대책 없는 열정과 자유로움이 불안하기만 하다.

흰색(WHITE) + 노란색(YELLOW)

노란색은 나비처럼 가볍고 부드럽다. 흰색은 순수하고 깔끔하며 매사가 반듯하다. 유쾌하고 적극적인 노란색의 남자와 계획적이고 깔끔하고 자기 절제능력이 뛰어난 흰색 여자의 만남은 서로 조화롭다. 관리능력이 부족한 남자의 단점을 여자가 빈틈없이 관리해주고 계획해준다. 다만, 흰색의 여성은 노란색의 남자가 낭만적이지만, 시간이 갈수록 방만해 보인다. 노란색의 남성은 자유분방한 자신에 비해 너무 간섭이 많고 깐깐한 흰색의 여성을 답답하게 느낄 수 있다.

흰색(WHITE) + 초록색(GREEN)

초록색은 친절하고 자상하다. 따뜻한 심성으로 타인을 돌보고 성장시키는 데 앞장서며 자신의 감정을 온유하게 조절할 수 있는 성숙미가 있는 색이 초록색이다. 자신의 틀을 만들어 놓고 완벽을 꿈꾸는 흰색이 초록색을 만나면 어떨까. 자유를 추구하면서 새로운 변화를 추구하는 초록색은 흰색을 감싸고 이끌어간다. 하지만 불확실한 미래보다 눈에 보이는 현재를 고집하고 지키려고 하는 흰색은 초록색의 자유로움이 달갑지 않다. 서로 단점을 보완하는 관계이면서도 코드가 달라 서로를 답답하게 생각하고 상처를 주기도 하는 조합이다.

흰색(WHITE) + 파란색(BLUE)

직관력이 뛰어나고 헌신적이며 배려가 많은 파란색이다. 따뜻하고 부드러운 감정과 표현으로 꾸준하게 성장해 나가는 색이다. 자기 중심이 뚜렷하고 확고한 흰색이 파란색을 만나면 어떨까. 계획적이고 구조화되어 있는 흰색은 성향상 정반대다. 모든 것이 구체적이어야 하는 흰색은 몽환적이기도 한 파란색과 엇박자를 낸다. 사람 중심인 파란색과 일 중심인 흰색은 서로의 단점을 보강하는 균형을 잡아주기도 하지만, 시간이 갈수록 조금씩 틈이 벌어진다.

흰색(WHITE) + 보라색(VIOLET)

지능이 뛰어나고 재주와 재능이 독특한 보라색이 고집 세고 완벽주의를 추구하는 흰색을 만나면 어떨까. 감정기복이 심하고 변화가 다채로운 보라색을 흰색은 감당하지 못한다. 타인에 대한 비판정신이 확고하며 계획이나 구조화되어 있지 않은 상태를 용서하지 않는 흰색은 보라색을 받아들이기 쉽지 않다. 절대 하나가 될 수 없는 차이가 존재하는 색상의 조합이다.

흰색(WHITE) + 검은색(BLACK)

자기 절제능력이 뛰어나고 계획적이며 구조적인 흰색이 생각 많고 창의력이 뛰어난 검정을 만나면 어떤 결과를 가져올까. 흰색은 깔끔하고 깨끗하다. 그러면서 순수하고 우직하게 구조화시킨 다음, 계획을 실행해 나가는 흰색이다. 반면 검은색은 생각이 많고 복잡한 생각과 아이디어를 가지고 있으면서 다양한 방법으로 접근하는 타입이다. 모든 일을 처음부터 차근차근 단계를 밟아가는 흰색은, 복잡하고 다양한 상상력과 아이디어를 가지고 움직이는 검은색과 조화를 이루면 큰 일을 해낼 수 있다. 검은색과 흰색은 내향적이라는 공통분모가 있지만, 일을 진행시키고 이끌어가는 방법은 전혀 다른 타입이다.

검은색 BLACK

검은색(BLACK) + 검은색(BLACK)

검은색은 겸손과 억제, 의존과 집착 등이 있다. 생각이 많고 창의성이 뛰어나며 아이디어가 다양하다. 작가적 창의성, 예술적 감수성, 음악적 재능 등 다양한 재능이 존재하는 색상이다. 매우 신중하고 겸손하며 진중하면서 꿈과 야망 그리고 상상력이 풍부하다. 그러나 계획은 많지만 쉽게 도전하지 못하고 생각에 머무르는 경우가 많다. 책상 앞에서 상상력과 아이디어로 작업하는 예술가가 어울린다.

작곡, 작사, 시나리오, 소설 등의 작가에 매우 적합한 색상이다. 검은색과 검은색이 만나면 서로 자신의 감정을 잘 드러내지 않는다. 깊이 감추고 있다 문제가 발생했을 때 해결할 능력이 부족하다. 검은색과 검은색은 대화를 나누고 있지만, 서로의 솔직한 감정 교류가 이루어지지 않는다. 서로 어울리는 궁합은 아니다.

검은색(BLACK) + 빨간색(RED)

자신의 감정을 있는 그대로 겉으로 표현하는 빨간색과 자신의 감정을 속으로 저장하는 검은색의 만남은 살얼음판을 걷는 것과 같다. 남자인 빨간색은 자신의 의사표현을 적극적으로 한다. 반면 여자 검은색은 참고 인내하는 타입으로 서로 무난하게 보이지만, 속으로는 스트레스가 쌓여간다. 빨간색의 남자는 속을 알 수 없는 검은색 여성이 답답하다. 또 검은색 여성의 입장에서는 지나치게 거침없는 빨간색의 남자가 제멋대로라는 느낌을 받는다. 서로 솔직한 대화가 필요한 타입이다.

검은색(BLACK) + 주황색(ORANGE)

주황색은 활기차고 열정이 넘친다. 그러면서 개방적이고 솔직한 성향의 색깔이다. 반면 검은색은 밤, 어두움, 죽음, 슬픔, 우울을 상징한다. 끝도 없는 깜깜한 동굴이나 심해처럼 검은색의 생각은 알 수 없다. 어떤 생각을 하고 있는지 분석하기 어려운 타입이다. 자기의 생각을 솔직하게 드러내고 표현하기를 좋아하는 색상인 주황색과 자신을 드러내는 것이 어색하고 조심스러운 검은색이 만나면 많은 이해가 필요하다. 주로 남성이 주황색이고 여성이 검은색일 때 조화를 이룰 수 있다.

검은색(BLACK) + 노란색(YELLOW)

재기발랄하고 낙천적이며 유머감각이 뛰어난 노란색과 진지하고 생각이 많은 검은색의 만남은 어떨까. 노란색은 은근한 끈기와 고집, 발랄하고 활발한 관계를 만들어간다. 반면 검은색은 아이디어와 창의성이 뛰어나다. 주변 사람들에 대하여 경계하거나 의존하는 타입이다. 둘의 만남은 의외로 어울리지 않는다. 노란색이 활발하게 표현하는 반면, 검은색을 만나면 자기의 감정은 쉽게 드러내지 못한다. 이에 검은색은 조용하고 얌전하게 받아들이는 것 같지만, 실은 내면으로 불만이 쌓이게 된다. 어느 한쪽도 풀려고 하지 않는 성향이 강하다. 내면의 감정이 어느 순간 밖으로 노출되는 순간 엄청난 갈등과 사건, 사고가 터지기도 한다.

검은색(BLACK) + 초록색(GREEN)

초록색은 이상을 꿈꾸고 온화한 삶을 꿈꾼다. 반면 검은색은 생각이 많고 아이디어가 반짝이며 창의력이 다양하다. 자유로운 생각을 지닌 초록색은 검은색이 가지고 있는 창의성을 간섭하지 않고 최대한 키워주려고 노력한다. 반면 내면에 두려움이 많은 검은색은 상대(초록색)가 편안하게 자신을 대해주는 것을 인정하면서도 보다 확실하게 표현해주기를 원한다. 초록색의 배려는 검은색 파트너에게는 오히려 우유부단한 성격이 아닐까 하는 느낌을 준다.

검은색(BLACK) + 파란색(BLUE)

파란색은 긍정적이고 밝은 성격이다. 감정조절 능력도 뛰어나다. 그런 까닭에 감정기복이 심하고 주변 환경에 대한 두려움과 근심이 많은 검정과의 만남은 부조화의 조화다. 남을 배려하는 마음이 가득하니 생각이 많고 복잡한 검은색의 근심을 감싸안는다. 자신의 창의성을 발휘할 수 있도록 기다려주고 지원할 수 있는 색은 파란색이다. 누군가가 자신을 이끌어주면 든든한 버팀목이 되어주길 바라는 검은색은 파란색의 존재가 무조건 반가울 것이다.

검은색(BLACK) + 보라색(VIOLET)

검은색과 보라색의 만남은 특별하다. 불안하기도 하지만, 잘 조화를 이루면 커다란 성공이 보인다. 새로운 변화와 뛰어난 영감을 가지고 현실과 환상 사이에서 번민하고 갈등할 때, 검은색의 감각적이고 예술적인 안목은 길잡이가 되어줄 것이다. 보라색은 신비롭고 특이한 모험심으로 가득하다. 검은색의 안정감은 서로에게 커다란 용기와 활력을 불어넣는다. 하지만 둘 사이에 흐르는 깊은 우울과 슬픔은 때로 그들을 걱정 속으로 몰고 간다. 그 걱정을 이겨낼 만큼 강한 사랑이 존재한다면, 걱정 끝에 커다란 기쁨이 다가올 수 있을 것이다.

검은색(BLACK) + 흰색(WHITE)

뛰어난 상상력을 소유하고 있으며 감성이 풍부한 성향을 지닌 색은 검은색이다. 검은색과 매사에 깔끔하여 완벽을 추구하는 흰색과의 조합은 조화롭다. 흰색은 깔끔하고 순수하다. 매사에 정직하며 계획을 구체적으로 진행시킬 수 있는 능력이 있다. 검은색의 창의력은 아쉽게도 실천에 약한 편이다. 그런 이유로 생각은 많지만, 이뤄내는 일은 별로 없다. 그런 단점을 채워주는 역할을 흰색의 성향으로 채워준다면 멋진 결과물을 얻어낼 수 있다. 그것이 사업의 성공이든 사랑의 완성이든.

3 색상궁합 배열법

색상궁합 배열법은 오행·천간·지지 카드를 활용하는 배열법, 육십갑자카드를 활용하는 배열법이 있다.

1) 오행·천간·지지 카드 배열법

카드를 셔플한 다음 2장을 뽑는다(2장 배열법). 카드는 내담자가 뽑을 수도, 상담자가 뽑을 수도 있다. 원칙적으로 내담자가 뽑아야 하지만, 원활한 진행을 위해 상담자가 대신 뽑아준다.

① 나　　② 상대

예 현재 사귀고 있는 남자친구와의 궁합을 보고 싶습니다.

甲　　子

나　　상대

나에 해당하는 갑목(甲木)은 초록색, 상대에 해당하는 자수(子水)는 검은색이다. 초록색(GREEN)+검은색(BLACK)을 찾아 읽어주면 된다.

초록색(GREEN) + 검은색(BLACK)

초록색은 긍정의 색이다. 희망을 잃지 않고 세상을 바라본다. 서로 도와가면서 살아가는 이상을 꿈꾸며 행복한 삶을 꿈꾸는 초록색이 검은색을 만났다. 검은색은 생각이 많다. 순간적으로 떠오르는 아이디어가 뛰어나고 창의력이 다양하며 수리적 능력이 특별하다. 최대한 자유롭게 성장할 수 있도록 간섭하지 않고 지켜봐주는 초록색은 검은색을 인내한다. 생각이 많으며 걱정이 많고 안전에 대한 두려움이 강한 검은색은 초록색이 편안한 상대임을 인정한다. 하지만 초록색이 확실하게 표현하지 않고 우유부단한 느낌을 준다고 생각한다.

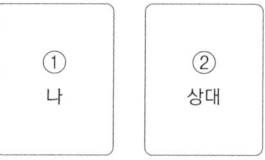

2) 육십갑자카드 배열법

육십갑자카드를 셔플한 후 내담자에게 1장을 뽑게 한다(1장 배열법).

예

현재 사귀고 있는 남자친구와의 궁합을 보고 싶습니다.

甲	나
子	상대

나에 해당하는 갑목(甲木)은 초록색, 상대에 해당하는 자수(子水)는 검은색이다. 초록색(GREEN)+검은색(BLACK)을 찾아 읽어주면 된다.

초록색(GREEN) + 검은색(BLACK)

초록색은 긍정의 색이다. 희망을 잃지 않고 세상을 바라본다. 서로 도와가면서 살아가는 이상을 꿈꾸며 행복한 삶을 꿈꾸는 초록색이 검은색을 만났다. 검은색은 생각이 많다. 순간적으로 떠오르는 아이디어가 뛰어나고 창의력이 다양하며 수리적 능력이 특별하다. 최대한 자유롭게 성장할 수 있도록 간섭하지 않고 지켜봐주는 초록색은 검은색을 인내한다. 생각이 많으며 걱정이 많고 안전에 대한 두려움이 강한 검은색은 초록색이 편안한 상대임을 인정한다. 하지만 초록색이 확실하게 표현하지 않고 우유부단한 느낌을 준다고 생각한다.

CHAPTER

5 색채를 활용한 배열법

KEY POINT

오행 · 천간 · 지지 카드와 육십갑자카드의 색상을 활용한 배열법을 소개한다. 다양한 실전 사례를 공부하는 동안 사주타로를 어떻게 배열하고 해석하는지 이해할 수 있을 것이다.

1 오행카드·천간카드·지지카드 배열법

오행, 천간, 지지가 상징하는 색상을 활용하는 배열법이다.

1장 배열법

카드를 서플한 후 내담자가 1장을 뽑는다.

예 오늘 남자친구를 소개받기로 했는데 어떤 색을 입는 것이 좋을까요?

경(庚)은 금(金)이고 금(金)은 흰색이기 때문에 흰색 계통 옷을 코디하면 좋겠다.

2장 배열법

카드를 셔플한 후 내담자가 2장의 카드를 뽑는다.

예

오늘 남자친구를 소개받기로 했는데 어떤 색을 입는 것이 좋을까요?

木	丁
첫 번째 카드	두 번째 카드

첫 번째 뽑은 카드는 하의 색상이고, 두 번째 뽑은 카드는 상의 색상이다.
목(木)은 파란색이기 때문에 파란색 계열의 옷을 주로 코디하면 좋겠다.
정(丁)은 화(火)이고 빨간색이기 때문에 빨간색 계열의 옷을 주로 코디하면 좋겠다.

예 **한국과 일본의 축구경기가 있는데 한국이 이길까요?**

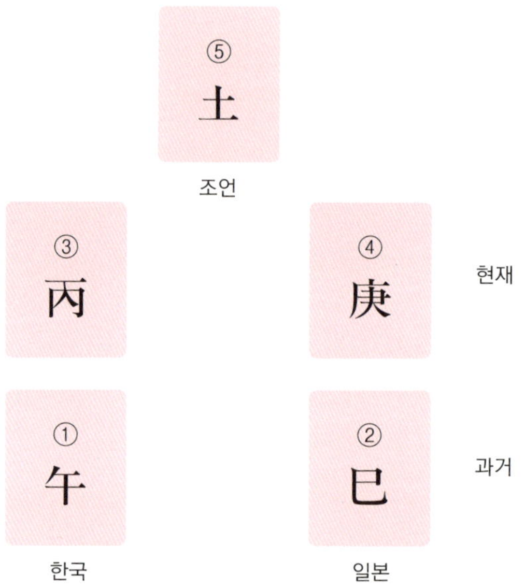

축구시합은 열정적으로 뛰어다녀야 하므로 빨간색과 노란색 계열이 유리하다.

- **과거** : 한국이 오화(午火)로 빨간색, 일본이 사화(巳火)로 빨간색이므로 일본과 한국의 실력이 비슷하였다.
- **현재** : 한국이 병화(丙火)로 빨간색, 일본이 경금(庚金)으로 흰색이니 한국이 일본에 승리할 것이다.
- **조언** : 노란색이니, 수비 위주의 축구보다는 적극적이고 공격적으로 밀어붙이는 공격 위주의 축구를 할 때 한국이 승리할 수 있을 것이다.

2 육십갑자카드 배열법

육십갑자의 천간과 지지의 색상을 활용하는 배열법이다.

1장 배열법

예

평창동에 집을 지으려고 하는데 실내와 실외를 검은색으로 하려고 합니다. 어울릴까요?

壬
申

검은색은 수(水) 오행이다. 신금(申金)은 임수(壬水)를 금생수(金生水)로 생하니 임수(壬水)가 왕성하다. 따라서 검은색이 잘 어울린다.

丙
戌

위의 질문에 만약 이 카드가 나왔다면 어떨까? 검은색에 해당하는 수(水)가 극하는 화(火), 수(水)를 극하는 토(土)이니 검은색이 잘 어울리지 않는다.

12장 배열법

예 1년 12달 각 달의 좋은 색상은 무엇인가요?

甲子	丙寅	乙卯	戊子	庚申	壬午
1월	2월	3월	4월	5월	6월
丁酉	己丑	戊戌	甲辰	癸巳	癸未
7월	8월	9월	10월	11월	12월

각 달은 양력 기준이다.

- **1월** : 갑(甲)은 파란색, 자(子)는 검은색
- **2월** : 병(丙)은 빨간색, 인(寅)은 흑남색
- **3월** : 을(乙)은 초록색, 묘(卯)는 파란색
- **4월** : 무(戊)는 노란색, 자(子)는 검은색
- **5월** : 경(庚)은 흰색, 신(申)은 분홍색
- **6월** : 임(壬)은 검은색, 오(午)는 빨간색
- **7월** : 정(丁)은 분홍색, 유(酉)는 흰색
- **8월** : 기(己)는 황토색, 축(丑)은 흑갈색
- **9월** : 무(戊)는 노란색, 술(戌)은 회갈색
- **10월** : 갑(甲)은 파란색, 진(辰)은 연두색
- **11월** : 계(癸)는 자주색, 사(巳)는 보라색
- **12월** : 계(癸)는 자주색, 미(未)는 주황색

3 근묘화실 배열법

근묘화실(根苗花實) 배열법은 사주팔자의 연주를 조부모, 월주를 부모, 일주를 나와 배우자, 시주를 자식으로 구분하여 분석하는 배열법이다. 오행·천간·지지 카드를 활용할 수도 있고, 육십갑자카드를 활용할 수도 있다.

근묘화실 배열법으로는 오늘의 가족 운세, 이번 주 가족 운세, 이번 달 가족 운세, 올해 가족 운세 등을 볼 수 있다.

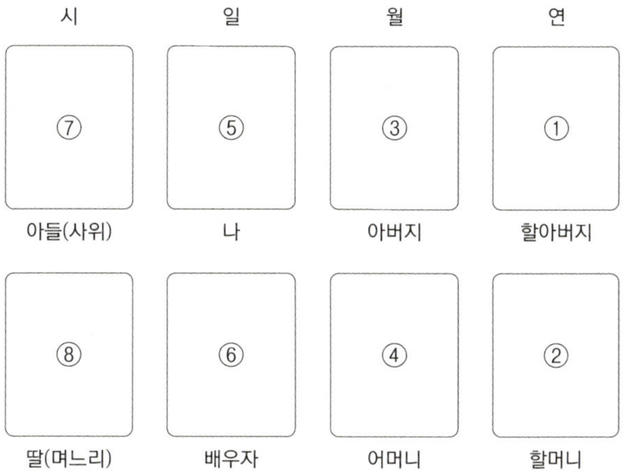

예 오늘의 가족 운세는 어떤가요?

시	일	월	연
⑦ 戊	⑤ 土	③ 癸	① 丁
아들(사위)	나	아버지	할아버지
⑧ 丙	⑥ 戊	④ 酉	② 未
딸(며느리)	배우자	어머니	할머니

오행·천간·지지 카드를 활용한 근묘화실 배열법이다.

① **할아버지 자리** : 정(丁)은 분홍색이니 따뜻하고 섬세하고 온화하고 활동적이고 섹시하고 감정적이고 낭만적인 하루가 될 것이다.

② **할머니 자리** : 미(未)는 주황색이니 창조적이고 열정적이며 활동적이고 시험적이고 유쾌하고 활발하고 낭만적이고 생명력이 넘치는 하루가 될 것이다.

③ **아버지 자리** : 계(癸)는 자주색이니 신비롭고 환상적이며 섬세하고 부드러우며 우아함과 섹시함과 화려함과 감수성이 풍부한 하루가 될 것이다.

④ **어머니 자리** : 유(酉)는 흰색이니 순수하고 투명하고 계획적이고 준비하고 빈틈없는 솔직한 하루가 될 것이다.

⑤ **나의 자리** : 토(土)는 노란색이니 긍정적이고 낙천적이고 사람들과 소통하고 관계적이고 적극적인 하루가 될 것이다.

⑥ **배우자 또는 애인 자리** : 무(戊)이니 노란색이고 긍정적이고 낙천적이고 사람들과 소통하고 관계적이고 적극적인 하루가 될 것이다.

⑦ **아들 자리** : 술(戌)이니 회갈색(황갈색)이고 가까운 사람과 소통하고 관계 맺는 것을 좋아하고 풍요롭고 풍부한 하루가 될 것이다.

⑧ **며느리 자리** : 병(丙)이니 빨간색이고 화려하고 적극적이며 활동적이며 자신의 감정을 적극적으로 표현하고 보여주는 화려한 하루가 될 것이다.

사주팔자 점으로 보는 운세 변화

4

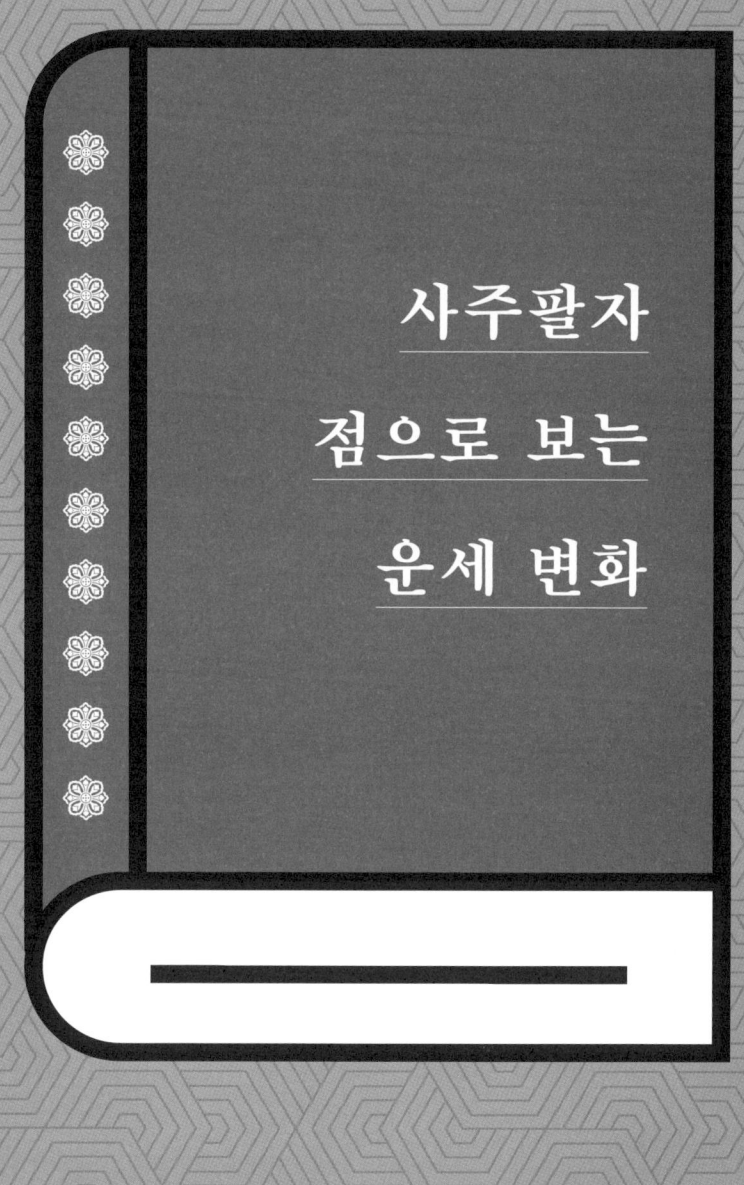

CHAPTER

1 사주팔자점의 이해

KEY POINT

점학은 순간적인 운명, 즉 순간적으로 결정되는 일들을 예측한다. 운전면허 시험 등의 합격 여부, 상거래 성사 여부를 알고 싶을 때 활용한다. 사주팔자점은 사주명리학 점학 중에서도 적중률이 높고 유용하며, 사주팔자 시간점과 사주팔자 일간점으로 나뉜다.

1 점학의 활용에 대하여

사주명리학을 비롯한 운명학에는 사주팔자를 분석하여 태어나면서 결정되는 성격, 기질, 적성 등을 분석하는 명학이 있고, 어려서부터 늙어 세상을 떠날 때까지 순간순간 스쳐 지나가는 인연과 같은 삶의 변화와 변동을 알려주는 운학이 있고, 명학과 운학으로는 도저히 알 수 없는 상황을 판단할 수 있게 도와주는 점학이 있다. 점학은 특히 순간적인 운명, 즉 순간적으로 결정되는 일들을 예측한다. 예를 들어 운전면허 시험과 같은 작은 시험이나 상거래에서 매매가 이루어질 수 있는지 궁금한 사람은 점학으로 성사 여부를 점칠 수 있다.

운세 예측 방법으로 다양한 이론이 있는데도 점학을 활용하는 이유는 사주팔자만으로는 사람의 인생 모두를 정확하게 분석해낼 수 없기 때문이다. 살다 보면 개인의 삶, 즉 사주팔자에 영향을 미치는 것들이 매우 많다. 우주의 변화, 세계의 변화, 국가의 운명, 사회의 변동, 가정의 조건 등 다양한 부분에서 우리의 삶에 영향을 미치지만, 사주원국이나 대운·연운 등으로는 해결할 수 없기 때문에 점학을 활용하게 된 것이다.

점학에는 동양의 주역점, 육임점, 육효점, 매화역수, 태을신수, 황극책수, 측자파자점, 윷점, 사주팔자점, 사주카드점, 꿈해몽 등과 서양의 타로카드점, 러시아의 집시카드점, 수정점, 구슬점 등이 있다.

사주팔자점은 사주명리학 점학 중에서도 적중률이 높고 이론적인 타당성을 갖추었기에 사주 상담가들이 활용하기에 유용하다. 사주팔자점은 직접 사람을 만나 상담을 할 때, 명과 운으로 해결할 수 없을 때 매우 유용하게 사용되는데, 사주팔자점을 제대로 보기 위해서는 사주원국과 대운·연운 등을 정확하게 이해하고 해석할 수 있어야 한다. 그리고 그다지 중요하지 않은 질문에 일일이 사주팔자점을 활용하거나 재미 위주로 점학을 활용하면 제대로 맞출 수도 없고, 오히려 상담 실패율만 높이게 된다. 사주팔자점은 매우 중요하고 최선의 노력을 기울인 문제에만 활용해야 한다. 순간 판단 점학의 일종인 주역점, 육임점, 육효점, 타로카드점도 같은 원리다.

2 사주팔자 시간점

1) 정의

사주팔자점에서 보는 사주팔자는 태어난 생년월일시로 만든 것이 아니다. 사주팔자점은 내담자가 타고난 사주팔자가 아닌 내담자가 사주팔자를 상담하기 위해 전화를 하거나 상담을 요청한 시간을 기준으로 뽑은 것이다. 즉 사주팔자점은 내담자가 마음속에 의문을 갖고 내담자 본인의 의지로 직접 상담실에 들어서는 그 순간을 질문하는 순간의 시간으로 환산하여 사주팔자의 여덟 기둥을 세우고, 시천간을 나로 삼고 연월일시 팔자를 육친으로 변환하여 내담자의 질문에 해답을 찾아준다.

사주팔자점은 시간(시천간)을 활용하는 시간점과 일간(일천간)을 활용하는 일간점이 있는데, 두 방법 모두 먼저 사주원국을 분석한 다음 사주팔자점으로 분석하는 방법을 병행해야 한다. 이 순서를 잘 지키면 적중률이 매우 높아질 것이다.

2) 해석

사주명리학에서는 사주팔자에 필요한 오행이나 육친을 용신이라고 한다면, 사주팔자점에서는 내담자가 알고 싶어하는 질문의 대상(목적)을 용신으로 삼아서 그 용신이 사주팔자점을 보기 위해 만든 사주팔자 안에서 어떤 역할을 하는지를 살펴서 해답을 찾는다.

먼저 사주팔자점에서 천간과 지지 네 기둥을 어떻게 해석하는지 알아보자.

① 연주

사주팔자점에서 연주는 아주 먼 과거의 상황을 알려준다.

첫째, 연주의 상황과 용신의 관계를 본다. 예를 들어, 연주가 용신을 도와준다면 먼 과거의 상황이 매우 긍정적이고 용신에게 유리한 상황이었음을 알려준다.

둘째, 연주의 육친관계와 용신의 관계를 살펴본다. 예를 들어, 내담자가 재물에 대해 알고자 했을 때 연주에 비견이나 겁재가 있으면 먼 과거에 재물의 손실이 매우 컸음을 뜻한다. 반대로 연주에 식신이나 상관이나 재성이 있으면 먼 과거에 재물의 이익이 매우 컸음을 알려준다.

② 월주

사주팔자점에서 월주는 가까운 과거를 알려준다.

첫째, 월주의 상황과 용신의 관계를 본다.

둘째, 월주의 육친관계와 용신의 관계를 본다.

③ 일주

사주팔자점에서 일주는 질문의 주제와 관련하여 아주 가까운 근래의 상황이나 현재 상황을 알려주거나, 질문의 주제가 발생한 원인을 알려준다.

첫째, 일주의 상황과 용신의 관계를 본다.

둘째, 일주의 육친관계와 용신의 관계를 본다.

④ 시주

사주팔자점에서 시주는 현재의 상황과 미래의 상황, 그리고 일의 결과를 알려준다.

첫째, 시주의 상황과 용신의 관계를 본다. 특히 시간(時干)은 용신과 더불어 매우 중요한 의미를 지니고 있으므로 꼼꼼하게 살펴야 한다. 사주팔자점에서는 시간이 내담자 자신을 나타내기 때문이다.

둘째, 시주의 육친관계와 용신의 관계를 본다.

⑤ 주의사항

대덕이 사주팔자 시간점을 발견하게 된 계기가 있다. 1980년대 초부터 지금까지 현장에서 상담과 임상을 병행했는데, 그중에서 10년 동안은 다양한 사람들을 만나면서 깊이 있는 임상을 할 수 있었다. 1990년대 초에 상담소를 열고 본격적으로 사주 상담을 시작하면서 매우 흥미로운 사실을 발견하였다. 일정한 날짜나 시간대에 오는 사람들의 고민이나 알고 싶어하는 것이 서로 비슷하다는 사실이었다. 어느 날은 부부문제로 오는 내담자가 대부분이고, 또 어느 날은 사업문제로 오는 내담자가 대부분이었던 것이다. 더불어 내담자의 질문이나 상담 내용이 상담 시간에 따라 구분되는 점도 발견할 수 있었다. 이렇게 오랜 기간 임상을 하면서 내담자의 방문 시간으로 그 사람의 질문이나 문제점 등을 확인하면서 사주팔자 시간점을 발견하게 되었다.

사주팔자점을 칠 때는 반드시 내담자의 궁금증만을 대상으로 순간적인 판단을 내려야 한다. 그러므로 내담자 한 사람에게 한 가지 궁금증을 풀어주는 것이 원칙이지만, 상황에 따라 두세 가지 질문에도 답변할 수 있다. 하지만 이런 경우에는 처음 답변보다 적중률이 확률적으로 떨어지는 단점이 있다.

다만, 내담시간으로 내담자의 운명점을 보려면 반드시 지켜야 할 규칙이 있다. 육임점이나 사주팔자점과 같은 순간판단점은 내담자가 시간에 구애받지 않고 마음대로 방문할 수 있어야 하고, 또한 상담소를 개방해 두어야 한다는 것이다.

3 사주팔자 일간점

사주팔자점에는 사주팔자 시간(時干)점과 사주팔자 일간(日干)점이 있다. 둘은 다른 부분은 모두 같고, 일간을 중심으로 보는지 시간을 중심으로 보는지의 차이만 있다. 앞에서 시간팔자점을 자세하게 설명했으므로 일간팔자점은 간단하게 설명한다.

사주팔자 일간점은 일간을 세(世), 즉 나로 보아서 분석하는 팔자점이다. 사주팔자 일간점이 언제부터 시작되었는지를 알 수 있는 정확한 문헌은 없지만, 대만의 사주명리학자인 하건충이 사용하여 한국에서도 조금씩 유행하고 있다.

사주팔자 일간점은 사주팔자를 보려는 사람의 사주팔자를 가지고 일간을 나로 보고, 더불어 질문의 주제나 목적을 용신으로 삼아서 오직 용신에 해당하는 육친으로 주변 상황을 고려하여 살핀다.

① 원리

- 질문을 보고 용신을 정한다.
- 연(年)은 먼 과거를 상징한다.
- 월(月)은 과거를 상징한다.
- 일(日)은 현재를 상징한다.

• 시(時)는 미래를 상징한다.

② **해석**

• 용신이 연주에 있으면 먼 과거에 용신복이 있었다. 용신을 극하는 육친이 연주에 있으면 먼 과거에 용신복이 없었다.

• 용신이 월주에 있으면 과거에 용신복이 있었다. 용신을 극하는 육친이 월주에 있으면 과거에 용신복이 없었다.

• 용신이 일주에 있으면 현재에 용신복이 있다. 용신을 극하는 육친이 일주에 있으면 현재에 용신복이 없다.

• 용신이 시주에 있으면 미래에 용신복이 있다. 용신을 극하는 육친이 시주에 있으면 미래에 용신복이 없다.

• 다만, 연월일시와 더불어 사주팔자 전체를 살펴서 용신에 해당하는 육친의 힘이 강하면 용신복이 있고, 용신에 해당하는 육친의 힘이 약하거나 고립되어 있으면 용신복이 없다고 본다.

CHAPTER 2

사주팔자점의 용신

KEY POINT

사주명리학에서는 사주팔자에 필요한 오행이나 육친이 용신이지만, 사주팔자점에서는 점(占)의 목적이나 질문의 주제가 용신이 된다. 육친은 사주 당사자의 인간관계와 사회성(사회관계)을 파악할 수 있는 열쇠이기 때문에, 용신을 알려면 육친을 잘 알고 있어야 한다.

1 용신의 정의

사주팔자점의 용신은 사주명리학의 용신과 다른 의미를 가지고 있다. 사주명리학에서는 사주팔자에 필요한 오행이나 육친을 용신이라고 하지만, 사주팔자점에서는 점(占)의 목적이나 질문의 주제를 용신이라고 한다.

사주 상담을 하러 오는 사람은 누구나 물어보고 싶은 일이 있어서 온다. 그들의 질문 중에서 어떤 것은 사주팔자나 대운과 연운 등을 통해서 해결할 수 있지만, 어떤 것은 해결하지 못하는 경우가 있다. 이때 그러한 질문을 해결해줄 수 있는 것이 사주팔자점으로, 내담자의 질문 목적이나 내담자 자신이 용신에 해당한다.

예를 들어, 아버지가 병환으로 위독한데 아버지의 사주팔자를 모르는 상태에서 회복 여부를 물어왔다면 사주팔자점의 용신은 알고 싶은 대상인 아버지(재성)가 된다. 또 다른 예로, 내담자 본인이 오늘 운전면허 시험을 보는데 합격할 수 있을지 알고 싶다면 당사자의 사주팔자로는 합격 여부를 알기 어렵다. 그래서 사주팔자점을 보는데, 이때는 본인의 점을 보러 왔으므로 본인에 해당하는 시간(時干)의 나와, 육친 중에서 운전면허를 의미하는 문서인 인성을 용신으로 본다.

2 용신으로 보는 육친 분석

용신을 알려면 육친을 알아야 한다. 육친은 사주명리학의 명학·운학·점학에서 모두 동일한 내용이고, 매우 중요하게 활용되기 때문에 사주명리학의 꽃이라고 할 만하다. 육친은 사주 당사자의 인간관계와 사회성(사회관계)을 파악할 수 있는 열쇠이다. 이 내용은 사주팔자점에서도 마찬가지다.

• 사주팔자점의 육친용신 도표

육친 용신	인간관계		사회관계	
	남성	여성	남성	여성
비견	동성친구 선후배 형제·자매 동업자 내 여자의 남자	동성친구 선후배 형제·자매 동업자 내 남자의 여자 시댁식구	남자에게 인기 있음 남자상사가 많은 직장에서 승진·천거 남자들의 도움	여자에게 인기 있음 여자상사가 많은 직장에서 승진·천거 여자들의 도움
겁재	형제·자매 동서, 며느리 이복형제 이종사촌 처형제의 남편 여형제의 시아버지 조카며느리 조카며느리의 여형제 친구, 직장동료 라이벌, 동업자 아내의 전남편 상사, 선배 거래인, 경쟁자	형제·자매 시아버지 내 남자의 여자(애인) 남편의 형수나 제수 동서, 시고모 시댁식구, 시어머니, 시누이 시큰아버지 시작은아버지 시백부, 시숙부 이종사촌 경쟁자, 동창생	본인 사교관계, 외교관계, 대인관계 재물관계, 건강관계, 연애관계 인기관계, 동성관계, 동업관계 경쟁, 거래, 함께하는 것	

식신	손자 증손자 손녀 장모 할머니 할머니의 형제 외할아버지 외할아버지의 형제 장모의 형제 증조할아버지 생질, 처조카 제자	자식(아들 · 딸) 남편의 자식 내 남자의 자식 할머니 할아버지	음식, 먹는 것 말하는 것, 언어능력 강의 강사, 웅변가, 음악가, 교육가
상관			관재수 구설수 모함 표현력 외교 사교 음식점 요식업 방송업 교직업 창의성 개발 · 아이디어 종교
편재 정재	아버지 애인 · 첩 아내의 형제 아내(부인) 큰아버지 작은아버지 양아버지 의붓아버지 부친 형수 · 제수	아버지 시어머니 큰아버지 작은아버지 의붓아버지 양아버지 수양아버지 시이모 외손자, 증손자 증손녀 오빠의 첩	사업, 재물(돈), 현금, 월급 금전거래, 채권관련 주식거래 금전 지출, 수입 부동산 매매 복권 판매, 구매 투자자, 중개업자 보험인, 금융인 직장인 관재수
편관 정관	자식 외할머니 서자 조카 의붓자식 수양아들 손자며느리 증손며느리	남편 남자 외할머니 간부(姦夫) 정부(情夫) 애인 며느리 조카며느리 남편의 형제	명예, 직업, 승진, 취직,임용 국가고시 합격 여부 전문직업 합격 여부 책임 당선 공공서 관재와 구설수 생사문제 국가기관 관련

편인	어머니, 계모 서모, 이모 유모 할아버지 큰어머니	어머니, 계모 서모, 이모 유모 할아버지 큰어머니	교육, 공부, 학문, 학업 학자, 대학 합격, 진로, 적성 문서, 도장 주택, 건물, 땅 등 부동산 전답 및 부동산 구입
정인	작은어머니 장인 백모, 숙모 증조할머니 처의 올케 처남의 아내	작은어머니 장인 백모, 숙모 손자, 손녀 사위의 형제 증조할머니	끼, 예술, 예술인 관재수, 구설수

3 육친 용신의 성격 분석

육친 용신의 기본 성격은 다음과 같다.

- **비견 용신** : 대인관계가 좋고 매사를 원만하게 이끌어 나가고 타협하려는 성격
- **겁재 용신** : 의리와 신용을 중시하며 타인에게 베풀고 양보하는 성격
- **식신 용신** : 재주와 재능과 기획력이 탁월하고, 논리적으로 표현한다. 주위와 화목한 관계를 유지한다.
- **상관 용신** : 재주와 재능, 순간적인 재치가 있다. 임기응변에 능하고, 언변이 좋아 설득을 잘한다.
- **편재 용신** : 사업가 기질이 강하고 풍류를 즐기는 타입으로 잘 벌고 잘 쓰는 편이다.
- **정재 용신** : 안정적이고 학자 같은 성품이다. 정직하고 근면하며 성실한 타입이다.
- **편관 용신** : 배짱과 자신감, 리더십, 순간적인 대처능력이 있다. 임기응변에 능하며 권모술수도 뛰어난 편이다.

• **정관 용신** : 정직, 성실, 합리주의적 사고, 원리원칙적인 기질이 특징이다. 실수가 거의 없는 완벽한 사람이다.

• **편인 용신** : 활동적이고 재치가 있다. 재능·재주, 빛나는 아이디어와 기획력이 있다. 어디를 가든지 인기를 독차지하는 사람이다.

• **정인 용신** : 안정적이고 성실하며 모범적인 타입이다. 학자적이고 선비적인 기질로 중도를 걸으며 모범적인 생활을 하는 사람이다.

4 육친으로 보는 성장기 자녀의 성격과 특성

사주팔자점으로 부모가 자녀의 공부운을 볼 때, 부모가 점을 치기 위해 방문한 바로 그 시간의 사주팔자에 나타난 육친을 본다. 사주팔자점의 육친으로 자녀의 현재 모습을 읽을 수 있다.

① 비겁 과다

청소년은 친구들과 놀기에만 바쁘거나 공부는 안 하고 패거리를 지어서 돈 쓰기를 좋아하며 학교 다니기를 싫어한다. 남녀 모두 부모와 마찰이 생기는데, 부모가 친구를 흉보는 것 등을 가장 싫어하며 친구를 감싸고 돈다. 한마디로 교우 문제와 돈 쓰는 문제이다. 이럴 경우에는 부모와 멀리 떨어져서 공부하는 것이 좋은데, 유학이나 하숙을 시키는 것도 좋다.

② 식상 과다

학생의 경우 식신운·식상운에는 학업능률이 오른다. 식상운과 상관운은 관성을 극하는데, 식상이 사춘기의 관성적 성질을 줄여주어 안정적이고 계획적인 성향이 된다. 특히 예체능 계통이 더욱 두드러진다. 표현력이 좋고 속의 것을 잘 끄집어내는 시기이다.

③ **재성 과다**

학생의 경우에는 공부를 방해하는 쪽으로 작용하며, 돈 쓰기 좋아하고 멋내는 것을 좋아한다. 이런 시기에는 예술·연예·방송 등의 끼를 발휘하게 해주면 좋다. 재성운은 놀고 싶고 꾸미고 싶어하는 운으로, 하지 말라는 짓은 편법을 써서라도 하고 가지 말라는 곳을 출입하다 들키는 경우가 많다. 재성운일 때는 단순히 놀이에 빠진다. 그저 공부가 싫은 것이다. 또한 부모에게 반항적이다. 공부에 집중해야 할 시기에는 결코 좋은 운이 아니다.

④ **관성 과다**

학생의 경우에는 뚜렷한 목표를 세우고, 다른 사람 앞에서 인정받고 싶은 무엇이든 자신이 주도하여 이끌어가고 싶어하므로 회장, 반장, 부장 등 감투를 맡기면 2배의 능력을 발휘하고, 모범생이며 철이 든다. 일찍 관성운이 오거나 관성이 연주에 있으면 조숙한 모범생으로「애늙은이」행세를 한다.

⑤ **인성 과다**

학생의 경우에는 공부에 열중하고 목표를 세운다. 공부하기 좋은 운으로, 시험에 합격하고 자격증을 취득한다. 인성 과다에 해당하면 시험공부 등 맡은 일을 열심히 한다.

5 육친으로 보는 성인의 단순 운세 판단

운세를 보는 것처럼 육친을 활용하여 성인의 단순 운세를 볼 수 있다. 육친 중에서 비견과 겁재, 식신과 상관, 편재와 정재, 편관과 정관, 편인과 정인은 거의 같은 작용을 한다. 그러므로 다음과 같이 구분해놓았지만 기본적으로는 동일하게 해석하는 것이 좋다.

비견

① 비견 과다

- 연예인이나 정치인처럼 다수의 사람들로부터 인기를 얻어야 하는 사람은 비견·비겁인 사람들에게서 인기를 한몸에 받을 수 있다.
- 비견 과다면 분가, 창업, 사업 확장의 충동이 생기는데 실패할 가능성이 높다.
- 비견 과다면 동업이 불리한데, 동업으로 사업을 시작하면 실패한다.
- 비견 과다면 친구를 믿고 돈거래를 하다 배신당하고 손재나 파산을 당할 수 있다. 친구나 형제에게 보증을 서지 말고 돈을 빌려주지 말아야 한다.
- 비견이 태왕하고 식상이 없는데 재성이 있는 사주는 군비쟁재(郡比爭財)가 되니 흉하다. 사주에 식상이 있으면 흉이 덜하다.
- 군비쟁재가 되면 파산 또는 배우자와 이별하고, 충이 있으면 상처를 할 수 있다.
- 비견 과다이고 지지에 재성이 고립되어 있으면 본인이 요절할 수도 있다.
- 비견 과다라도 사주의 관성이 힘이 있어 제압하거나 식상이 많아 설기되면 나쁘지 않다.
- 비견 과다에 사주의 재성을 파극하면 손재나 파산, 또는 아내가 사고를 당하거나 질병에 걸려 수술을 받을 수 있다.
- 비견 과다에 정관이 미약하면 명예가 실추된다.
- 비견 과다에 사주와 합으로 희신이 되면 처음은 나빠도 나중은 좋다.

② 비견 발달

- 비견 발달에 재성 발달이나 재성 과다면 재물을 얻거나 아내를 얻는다.
- 신약인데 비견 발달이고 관성이 많으면 주변의 도움으로 승진, 취직, 시험합격

을 한다.

- 비견 발달이면 동업으로 사업을 시작하면 좋다.
- 비견 발달에 관성 발달이면 주변의 도움으로 취직하거나, 직장인은 승진한다.

겁재

① 겁재 과다

- 겁재 과다는 동업을 제의받거나 공동투자할 일이 생긴다.
- 연예인이나 정치인처럼 다수에게서 인기를 얻어야 하는 사람은 비견·겁재에게서 인기를 얻을 수 있다.
- 겁재 과다는 가족 중에 애경사로 돈 들어 갈 일이 생긴다.
- 겁재 과다는 노력보다 결실이 적고, 금전 유통이 수월하지 않다. 사업 관계로 지출이 늘어나고, 동업자나 회사내에서 다툼이 생긴다. 경쟁(당첨·수주) 관계에서 떨어진다.
- 겁재 과다는 부친과 마찰이 일어난다(학생은 가출 우려). 금전문제로 가족끼리 다투거나 불화가 잦다. 독립하여 집을 떠난다.
- 겁재 과다는 친구나 동업관계에서 오해가 생긴다. 돈 버리고 친구 버리는 형국이다.
- 겁재 과다는 경쟁자가 생긴다.
- 겁재 과다는 귀가가 늦고 자기 일보다는 남의 일로 바쁘다.
- 겁재 과다는 부부간에 믿음이 없어진다(의부증·의처증).
- 겁재 과다는 연애 중에 다른 애인이 생기거나 애인이 배신한다. 여성은 유부남을 사귄다.
- 겁재 과다는 공부 외의 일들이 많아진다.

- 겁재 과다는 친구간에 다툼이 있거나 소외당할 수 있다.
- 겁재 과다에 편재와 합을 하여 겁재로 변화하면 재물을 잃는다.
- 겁재 과다에 상관 과다면 정관을 극하니 직장을 잃거나 명예가 손상당한다.

② 겁재 발달

- 겁재 발달인데 편재 발달이면 재물을 얻는다.
- 관성이 많고 겁재 발달이면 귀인의 도움을 받아 승진, 취직, 시험 합격을 한다.
- 겁재 발달이면 분가, 창업, 사업 확장을 하면 좋다.
- 겁재 발달이라도 합으로 기신으로 변하면 처음에는 좋다가도 결국 나쁘게 된다.

식신

① 식신 과다

- 식신 과다는 저축심이 강해지고 재테크에 힘쓴다.
- 식신 과다는 잘못하면 돈 때문에 관재와 구설수가 발생한다. 사업을 전환할 일이 생긴다.
- 식신 과다는 여행, 쇼핑 등의 눈요기를 즐긴다. 유흥 등 오락에 치중한다.
- 식신 과다는 집안에 돈 쓸 일만 생긴다. 돈이 모이지 않는다.
- 식신 과다는 인정을 베풀 일이 생긴다.
- 식신 과다는 실속 없이 남 좋은 일만 한다.
- 식신 과다는 자신을 알리기에 힘쓴다.
- 식신 과다는 인정을 받는다.
- 식신 과다는 성적 욕구가 생기고, 남녀 모두 애정문제(정신적인 문제)가 생긴다.
- 식신 과다는 공부가 잘된다.

- 식신 과다면 아내와 불화가 있거나 바람을 피운다.
- 식신 과다인 여성은 자식문제로 속을 썩인다.
- 식신 과다가 사주의 편관 희신을 극하면 명예가 실추되거나 직장을 잃는다.
- 식신 과다인 여성은 남편과 이별할 수 있다.
- 식신 과다에 편관 발달이고 합충이 많으면서 형살이 있으면 관재수가 있거나 송사, 구설수가 따른다.
- 식신 과다에 편인이 많은데 충이 되면 나쁘다.
- 식신 과다운이라도 사주와 합을 하여 희신이 되면 나쁘지 않다.

② 식신 발달

- 식신 발달이 신왕하면 재성을 생(生)하여 재물을 얻는다.
- 식신 발달에 사주의 칠살 과다를 견제하면 재물을 얻는다.
- 식신 발달에 사업가는 매출과 수익이 늘어난다.
- 식신 발달운에 승진하거나 월급이 오른다.
- 식신 발달에 여성은 결혼하거나 아이를 임신한다.
- 식신 발달에는 식욕이 생기고 마른 사람은 살이 붙는다.
- 식신 발달에 학생은 두뇌활동이 활발해져 성적이 오른다.
- 질병을 앓던 사람은 식신 발달운이 오면 병에 차도가 있다.
- 식신 발달이라도 합을 하여 과다가 되면 처음은 좋아도 나중은 흉하다.

상관

① 상관 과다

- 상관 과다는 공부 욕심이 크다.

- 상관 과다는 현재 만나는 상대를 바꾼다.
- 상관 과다는 파격적인 일을 감행하여 주위의 눈총을 사기도 한다,
- 신약 사주에 관살이 많은데 상관 과다가 되면 극설일강으로 흉하다.
- 상관 과다에 사업가는 매출이 떨어지고 손재가 발생한다.
- 상관 과다는 가정이 불화하고 심하면 이혼한다.
- 상관 과다가 사주의 미약한 관성을 충하면 관재, 송사, 시비 다툼이 발생한다.
- 상관 과다에 형충이 있으면 실직하거나, 질병(혈관 계통)이 생긴다.
- 상관 과다가 관성을 극하면 직장인은 감봉, 좌천되거나 직장을 잃는다.
- 상관 과다인 미혼 여성은 결혼이 어렵고 사귀던 사람과 헤어진다.
- 상관 과다인 기혼 여성은 남편의 사업이나 일이 잘 안되고 병이 들기도 한다.
- 상관 과다라도 사주와 합을 하여 발달이 되면 처음은 안 좋아도 나중은 좋다.

② 상관 발달

- 신왕 사주에 상관 발달이 재성을 생하면 재물을 얻는다.
- 상관 발달은 자식과 관련된 운이므로 미혼남녀는 결혼한다.
- 상관 발달에 기혼 여성은 출산한다.
- 정인 발달에 식신 과다를 만나면 상관을 견제하여 명예를 얻는다.

편재

① 편재 과다

- 연예인이나 정치인처럼 사람들에게 인기를 얻어야 하는 남성은 여성에게서 인기를 얻는다.
- 편재 과다면 가정에 불화가 있다.

- 편재 과다면 낭비벽이 발동하여 재물을 낭비하거나 투기, 도박으로 파산한다.
- 편재 과다에 합충이 많으면 친구, 친척들의 돈을 끌어다가 투기로 탕진하여 피해를 입힌다. 이런 운을 가진 사람에게 보증을 서주거나 돈을 빌려주면 안 된다.
- 편재 과다인 운에 재산을 탕진하면 비관하여 자살을 시도한다. 또는 사기를 당하여 파산할 수 있다. 아내나 여자로 인하여 손재, 파산할 수 있다.

② 편재 발달

- 편재 발달이면 재물을 얻는다.
- 편재 발달에 식상·상관이 생하여 도우면 더욱 좋다.
- 편재 발달에 인성 발달이면 문서 계약으로 재물을 얻는다.
- 편재 발달에는 사업을 확장하여 사업이 번창한다.
- 편재 발달에는 주식, 부동산 투자, 복권 등으로 횡재할 수 있다.
- 편재 발달에 미혼 남성은 결혼하고, 기혼 남성은 여자가 생긴다.
- 편재 발달에 사주의 관성을 도우면 아버지의 도움을 받아 취직하거나 재물을 바치고 취직, 승진, 영전한다.

정재

① 정재 과다

- 연예인이나 정치인처럼 사람들에게 인기를 얻어야 하는 남성은 여성이나 나이 많은 사람들로부터 인기를 얻는다.
- 정재 과다에 애정문제로 가정 파탄이 되거나 고부간(아내와 어머니) 갈등이 깊어진다.
- 정재 과다인데 사주의 편재를 만나면 낭비로 재산을 탕진한다.

- 정재 과다에 친구, 동료와 사이가 나빠질 수 있다.
- 정재 과다에 인성을 극하거나 고립하면 공부, 학문에 태만하여 성적이 나쁘다.
- 정재 과다에 남성은 여자문제로, 여성은 금전문제로 고통받는다.
- 정재 과다에 남녀 모두 아버지에게 문제가 생긴다.
- 정재 과다에 공직자는 좌천, 퇴직한다.
- 정재 과다라도 사주가 힘이 있거나 균형 잡혀 있으면 처음에는 나쁘지만 나중은 좋다.

② 정재 발달

- 정재 발달에 남성은 아내의 도움으로 재물을 얻을 수 있다.
- 정재 발달에 사업가는 자금 회전이 잘 되고 매출이 늘어난다.
- 정재 발달에 상관을 만나면 언변으로 재물을 얻는다.

편관

① 편관 과다

- 편관 과다면 질병으로 고통받는다. 특히 삼형을 겸하면 더욱 고통스럽다.
- 편관 과다 사주에 정관이 있으면 관살혼잡이 되어 매사가 복잡하고, 일이 뜻대로 되지 않는다. 충이 있으면 더욱 좋지 않다.
- 편관 과다인 사업가가 비겁을 충극하면 사업 확장 등 허욕을 부리다 파산한다. 이에 따라 소송, 압류, 채무독촉 등으로 도망다니는 신세가 된다.
- 편관 과다인 직장인은 좌천되거나 실직한다.
- 편관 과다인 여성은 사귀던 남자와 헤어지거나 강도, 겁탈 등 피해가 우려된다.

② 편관 발달

- 편관 발달인데 합을 하여 편관을 만나면 권력을 잡는다.
- 편관 발달이 식신 발달을 만나면 재물을 얻는다.
- 편관 발달인 미혼 여성은 결혼운이고, 기혼 여성은 남자의 도움으로 창업한다.
- 편관 발달에 취직하거나 직장인은 승진, 수험생은 합격한다.
- 편관 발달이라도 사주와 합을 하여 과다로 변하면 처음은 좋지만 나중은 나쁘다.

정관

① 정관 과다

- 정관 과다에 편인 발달은 주변 사람의 말을 믿고 투자하다 손재를 당하거나 실패한다.
- 정관 과다에 직장인은 좌천, 감봉, 실직한다.
- 정관 과다에 수험생은 시험에 불합격한다.
- 정관 과다운에 사주의 비겁 발달을 극하면 형제간에 불화가 있거나 의절한다.

② 정관 발달

- 정관 발달에 사주의 겁재 과다를 견제하면 취직, 승진, 영전한다.
- 정관 발달인 여성은 결혼하거나 남자를 만난다.
- 정관 발달인 사업가는 막혔던 일이 풀리고 관공서 쪽의 사업이 이루어진다.
- 정관 발달인 학생은 성적이 향상된다.
- 정관 발달인 사람은 명예를 얻는다.
- 정관 발달에 사주에 상관, 겁재가 과다하면 정관을 능멸하니 명예가 실추되고 고생한다.

편인

① 편인 과다

- 편인 과다에는 대체로 모든 일이 방해받아 되는 일이 없다.
- 편인 과다에는 사기, 도난, 함정, 배신, 모략을 조심해야 한다.
- 편인 과다에 사주의 미약한 식신을 파극하면 소화기계통의 질병이나 여성은 질환에 시달린다. 또는 우울증에 빠지기도 한다.
- 편인 과다에 학생은 성적이 향상되지만 학교 공부 외에 욕심이 클 수 있다.
- 편인 과다에 직장인은 감봉, 좌천, 실직한다. 수험생은 1차에 합격 못하고, 2~3차에는 될 수도 있다.

② 편인 발달

- 편인 발달에는 문서계약으로 집을 장만하거나 재산을 얻는다.
- 편인 발달에 계약으로 재물을 취득한다.
- 편인 발달에는 문학, 예술, 기술 분야에서 이름을 날린다.
- 편인 발달에는 막혔던 일이 잘 풀린다.

정인

① 정인 과다

- 정인 과다에는 재산, 문서 관계로 송사나 분쟁이 발생한다.
- 정인 과다에 사업가는 경영난을 겪고, 여성은 남편의 사업이 잘 풀리지 않는다.
- 정인 과다에는 부부간에 화목하지 않고 헤어질 수 있다.

- 정인 과다에는 가족간의 불화, 고부 갈등이 심해진다. 사주의 정재와 극충이 있으면 더욱 심하다.
- 정인 과다라도 사주와 합을 하여 희신이 되면 처음에는 나쁘지만 나중은 좋다.

② **정인 발달**

- 정인 발달에는 문서 계약으로 부동산이나 재산을 취득한다.
- 정인 발달에는 수험생은 시험에 합격한다.
- 정인 발달에는 윗사람의 도움을 받아 막혔던 일이 풀린다.
- 정인 발달에 사업가는 선배나 부모나 가족의 도움을 받아 사업이 잘 풀린다.
- 정인 발달에는 병을 앓던 사람이 차도를 본다.
- 신약한 사주에서 정인이 발달로 되면 결혼을 한다.

6 사주와 대운의 육친 기재법

사주팔자점을 볼 때, 다음과 같이 사주원국뿐만 아니라 대운과 연운에도 육친을 표시하여 사주원국과 대운의 상태를 살펴보면서 시간점의 사주팔자와 비교하면 편리하다.

시	일	월	연	
편인		비견	겁재	
甲	丙	丙	丁	(乾)
午	午	午	未	
겁재	겁재	겁재	상관	

아래는 재미교포 럭비선수인 하인즈 워드의 사주이다. 태어난 생년월일은 1976년 3월 8일생 술(戌)시로 원래의 육친 기재법을 쓸 수도 있고, 간략하게 양은 +로, 음은 −로 쓰는 약식 기재법을 활용해도 된다.

예) 육친 기재법

시	일	월	연
양목	음토	음금	양화
甲	己	辛	丙
戌	未	卯	辰
양토	음토	음목	양토

예) 약식 표기법

시	일	월	연
+木	−土	−金	+火
甲	己	辛	丙
戌	未	卯	丙
+土	−土	−木	+土

7 육친의 해석

운명을 판단할 때 육친이 차지하는 비중은 매우 크고 중요하다. 육친을 보면 다양하고 변화무쌍한 인생사가 한눈에 보인다. 따라서 이 육친을 어떻게 분석하고 활용하느냐에 따라 사주 상담의 성패가 좌우된다고 해도 틀리지 않다. 특히 육친이 편중되거나 과다할 때, 발달일 때, 고립일 때의 특성을 구분할 줄 알아야 한다. 더불어 육친의 합과 충, 그리고 형살과 신살의 영향도 고려해야 한다.

일반 이론에서는 다음과 같이 육친을 준용(準用)한다.

- 다비견(多比肩)이면 겁재에 준용한다.
- 다식신(多食神)이면 상관에 준용한다.
- 다정재(多正財)이면 편재에 준용한다.
- 다정관(多正官)이면 편관에 준용한다.

• 다정인(多正印)이면 편인에 준용한다.

8 상담에서 활용도 높은 용신들

① 부동산 구입 여부

인성 확장(발달·과다)이나 재성 축소면 긍정적이다.

② 부동산 매도 여부

인성 축소나 재성 확장이면 긍정적이다.

③ 수능 및 시험 합격 여부

인성 확장이나 식상 확장이면 긍정적이다.

④ 전문직 시험 합격 여부(의사·변리사·회계사·건축사 등)

관성 확장이나 재성 확장이면 긍정적이다.

⑤ 면접시험 합격 여부

- 여자가 여자가 많은 직장에 면접을 볼 때 : 비겁 확장이나 인성 확장이면 긍정적이다.
- 여자가 남자가 많은 직장에 면접을 볼 때 : 관성 확장이나 재성 확장이면 긍정적이다.
- 남자가 남자가 많은 직장에 면접을 볼 때 : 비겁 확장이나 인성 확장이면 긍정적이다.
- 남자가 여자가 많은 직장에 면접을 볼 때 : 재성 확장이나 식상 확장이면 긍정적이다.

⑥ 방송·연예·외국어 면접시험 합격 여부

식상 확장이나 비겁 확장이면 긍정적이다.

⑦ 형제 · 자매, 동업자, 동성 관련 질문

비겁 확장이나 인성 확장이면 긍정적이다.

⑧ (여성에게) 자식, 할머니, 장모, 남녀 모두에게 아랫사람, 사기, 도난, 분실수 관련 질문

식상이나 비겁이 30~70점이면 긍정적, 70~110점이면 부정적이다.

⑨ 아버지, 부인, 남성의 결혼 여부, 남성의 인기 여부, 남자연예인, 방송, 문화, 예술, 윗사람 관련 질문

재성 확장, 식상 확장이면 긍정적이다.

⑩ 남편 · 남성의 자식, 송사 여부, 관재 · 구설 여부, 여성의 결혼 여부, 여성의 인기 여부, 여성의 연예 · 방송 · 문화 · 예술 여부, 남자친구, 아랫사람 관련 여부

관성 확장, 재성 확장이면 긍정적이다.

⑪ 어머니, 부동산, 공부, 학문시험, 취미 관련

인성 확장, 관성 확장이면 긍정적이다.

⑫ 해외이민, 해외유학, 여행, 관광, 출장 관련

역마살이거나 각 육친이 확장이면 긍정적이다.

사주 상담을 하다 보면, 상담을 위해 방문하는 내담자마다 방문시점에 따른 특징이 있다. 이것은 시간점만이 가지고 있는 특징이다. 사주에서 시(時)는 2시간 간격으로 자(子)시부터 해(亥)시까지 구분된다. 그렇다면 동일한 시간에 방문하는 내담자는 모두 같은 질문을 할까? 답은「아니다」이다.

동일한 시간이라도 용신의 내용, 즉 질문의 주제는 내담자마다 다르다. 어떤 사람은 재물에 대해서 묻고, 어떤 사람은 승진 여부를 묻고, 어떤 사람은 시험합격 여부를 묻고, 어떤 사람은 배우자에 대해 묻고, 어떤 사람은 자식 문제를 알고 싶어한다. 동일한 시간의 시간점이라도 용신이 다르기 때문에 각각 다른 해석을 해야 한다. 그렇다면 같은 사람이 두 가지 이상의 질문을 한다면 어떻게 될까? 역시 아무런 문제가 없다. 두 가지 이상의 질문이라도 용신이 다르기 때문이다.

9 용신 육친의 점수 분석

용신 육친이 연월일시의 천간과 지지 중에서 어디에 위치하는가에 따라 점수가 다르게 배분된다. 총점은 130점이고, 월지와 시지에 가장 많은 30점씩을 주는 것이 특징이다. 사주원국의 점수 배분에서도 월지에는 총점 110점 중에서 30점을 주는데, 그 이유는 계절 변화를 가장 잘 드러내는 것이 월지이기 때문이다. 마찬가지로 사주팔자 시간점은 시(時)를 중시하기 때에 시지 또한 가장 많은 30점을 배분한다.

• **사주팔자 위치별 용신 점수**

천간	점수	지지	점수
연간	10	연지	10
월간	10	월지	30
일간	10	일지	20
시간	10	시지	30

만약 용신이 고립되었거나 용신 점수가 20점 이하이면 용신과 관련하여 부정적인 사건·사고와 변화·변동이 나타난다. 그러나 용신이 발달이거나 용신이 고립되지 않았을 때는 긍정적이지도 않고 부정적이지도 않은 중성적인 변화·변동이 나타난다.

10 월지와 시지의 점수 배분

1) 월지

① 인(寅)월

- 양력 2월 15일까지는 수(水) 30점으로 본다.
- 양력 2월 16일~2월 25일까지는 수(水) 15점, 목(木) 15점으로 본다. 수(水) 20점, 목(木) 10점도 무방하다.
- 양력 2월 26일 이후부터는 목(木) 30점으로 본다. 수(水) 10점, 목(木) 20점도 무방하다.

② 자오묘유(子午卯酉)월

모두 원래의 오행 그대로 30점을 준다. 즉, 자(子)월은 수(水) 30점, 오(午)월은 화(火) 30점, 묘(卯)월은 목(木) 30점, 유(酉)는 금(金) 30점을 준다.

③ 사해(巳亥)월

사(巳)월은 봄에서 여름으로 변화하는 시기이므로 본래의 오행인 화(火) 30점을 배정하고, 해(亥)는 가을에서 겨울로 변화하는 계절이므로 본래의 오행인 수(水) 30점을 배정한다.

④ 신(申)월

- 양력 8월 15일까지는 화(火) 30점으로 본다.
- 양력 8월 16일~8월 25일까지는 화(火) 15점, 금(金) 15점으로 본다. 화(火) 20점, 금(金) 10점도 무방하다.
- 양력 8월 26일 이후부터는 금(金) 30점으로 본다. 화(火) 10점, 금(金) 20점도 무방하다.

⑤ **축(丑)월**

수(水) 기운이 강하므로 수(水) 30점으로 본다. 1월은 아직 겨울의 기운이 강하기 때문이다.

⑥ **미(未)월**

화(火) 기운이 강하므로 화(火) 30점으로 본다. 7월은 여름의 기운이 강하기 때문이다.

⑦ **진(辰)월**

- 청명~청명 후 10일은 목(木) 20점, 토(土) 10점을 기본점수로 본다.
- 주변 상황에 따라서 주변에 토(土)가 아주 많으면 토(土) 30점, 적당히 있으면 토(土) 20점을 준다.
- 청명 후 11일~청명 후 20일은 목(木) 10점, 토(土) 10점, 화(火) 10점을 기본점수로 본다.
- 주변 상황에 따라서 주변에 목(木)이 많으면 목(木) 점수를, 주변에 토(土)가 많으면 토(土) 점수를, 주변에 화(火)가 많으면 화(火) 점수를 조금 더 준다.
- 청명 후 21일~입하 전은 토(土) 10점, 화(火) 20점을 기본점수로 준다.
- 주변 상황에 따라서 주변에 토(土)가 많으면 토(土) 점수를 조금 더 주고, 주변에 화(火)가 많으면 화(火) 점수를 조금 더 준다.

⑧ **술(戌)월**

- 한로~한로 후 10일은 금(金) 20점, 토(土) 10점을 기본점수로 본다.
- 주변 상황에 따라서 주변에 금(金)이 많으면 금(金) 점수를 조금 더 주고, 주변에 화(火)나 토(土)가 많으면 토(土) 점수를 조금 더 준다.
- 한로 후 11일~한로 후 20일은 금(金) 10점, 토(土) 10점, 수(水) 10점을 기본점

수로 본다.

• 주변 상황에 따라서 주변에 금(金)이 많으면 금(金) 점수를 조금 더 주고, 주변에 화(火)나 토(土)가 많으면 토(土) 점수를 조금 더 준다.
• 한로 후 21일~입동 전은 토(土) 10점, 수(水) 20점을 기본점수로 본다.
• 주변 상황에 따라서 주변에 화(火)나 토(土)가 많으면 토(土) 점수를 조금 더 주고, 주변에 수(水)가 많으면 수(水) 점수를 조금 더 준다.

2) 시지

• 축(丑)시는 해자축(亥子丑)월일 때는 수(水) 30점으로 본다. 겨울의 축(丑)시는 매우 춥기 때문이다.
• 미(未)시는 사오미(巳午未)월일 때는 화(火) 30점으로 본다. 여름의 미(未)시는 매우 덥기 때문이다.
• 진(辰)시는 인묘진(寅卯辰)월이고 사주원국에 목(木)이 많을 때만 목(木) 30점으로 본다.
• 술(戌)시는 신유술(申酉戌)월이고 사주원국에 금(金)이 많을 때만 금(金) 30점으로 본다.

월지와 시지가 진(辰), 술(戌)일 때는 주변 상황에 의해 오행이 달라지기 때문에 오행의 점수화가 가장 힘들다. 하지만 월지와 시지의 오행 점수 분석에서 점수 계산에 활용하기 위해서이지 오행 자체가 변하는 것은 아님을 주의해야 한다.

11 용신의 고립 · 발달 · 과다

사주팔자점에서는 시천간(時天干) 즉 시간을 내담자 본인으로 보고, 질문의 주제를 용신으로 본다. 특히 시간(時干)은 내담자 본인의 건강을 알고자 할 때 용신으로서 중요하게 취급되고, 내담자는 자신의 육친이 갖고 있는 사회성이나 인간관계를 주로 묻기 때문에 용신 또한 중요하게 사용된다. 이렇게 중요한 용신이므로 용신 해석 역시 매우 중요하다. 자칫 잘못하면 엉뚱하게 해석할 수도 있다. 사주원국에서 오행과 육친의 고립, 발달, 과다를 살폈던 것처럼 사주팔자점에서도 용신의 고립과 발달, 과다를 중심으로 용신을 해석한다.

① 용신의 고립

용신의 고립은 매우 중요하다. 용신의 고립이란 앞서 살펴본 사주원국의 고립과 같은 원리다. 타고난 사주팔자에서 고립된 오행이나 육친이 있는데 대운에서도 같은 고립이 일어나면 그 고립된 오행이나 육친에 문제가 생긴다. 더불어 고립된 오행 또는 육친 주변에서 고립을 시키고 있는 오행이나 육친은 고립을 발생시키는 원인이거나 문제점으로 작용한다고 해석할 수 있다.

사주팔자점에서 용신의 고립도 이처럼 해석할 수 있다. 사주팔자점을 볼 때 용신이 정해지면 용신의 상황을 살펴보아야 한다. 여기서 용신의 고립이 나타나면 용신의 부정적인 문제점이 발생한다고 본다. 대개 일의 실패나 건강 악화 등이 나타난다.

예를 들어 부동산을 매입하고자 할 경우, 첫째 문서의 확장 즉 인성의 발달이나 과다가 있거나, 둘째 재물의 축소 즉 재성의 합국으로 인한 감소가 필요하다. 왜 재물의 축소인지 혼동될 수 있지만, 부동산을 구입하려면 재물이 사라져야 한다는 사실을 떠올리면 이해가 쉬울 것이다.

② 용신의 발달

사주팔자점에서 용신이 발달한 경우 각 육친의 목표나 목적이 이루어진다. 즉 원하는 질문에 대해 긍정적인 결과가 있게 된다.

③ 용신의 과다

용신 자체의 점수가 과다이거나, 용신이 생을 받아 신왕해져서 과다해지는 경우를 용신 과다라 한다. 즉 사주팔자 점괘에서 용신이 50점 이상인 경우를 과다라 할 수 있다. 과다의 결과로 각 육친과 오행에 문제가 나타난다.

CHAPTER 3

사주팔자점의 활용

KEY POINT

사주팔자점은 진로 상담과 직업 적성 판단에 활용할 수 있다. 진로 선택에 도움이 될 수 있도록 학교나 학과 등의 특정한 이름을 오행별로 정리하였다.

1 진로 상담

현대에 와서 사람들이 가장 자주 질문하는 사주 상담 분야가 바로 진로와 입시일 것이다. 대덕은 이제까지 펴낸 〈사주명리학 시리즈〉를 통해 타고난 성격 특성과 진로 적성을 파악하는 방법을 제시하였다. 또한 사주명리학 심리 분석을 통해 사주원국에 나타난 진로와 적성을 탐색하는 방법을 설명하고, 타고난 성격·진로·적성·학과·직업 등을 분류하였다. 여기서는 진로를 선택할 때 꼭 확인해야 할 학교나 학과 등의 특정한 이름과 운명의 관계를 사주팔자점으로 해결할 수 있는지 알아본다.

고3이 되면 성적에 따라 지역과 학교를 선택해야 한다. 부산에서 고등학교를 다니는 수험생이 어느 정도 성적이 나왔다면 부산대학교를 가야 할까 아니면 서울에 있는 대학에 가야 할까. 둘 다 합격할 만한 점수라면 선택하기가 매우 어려울 것이다. 마찬가지로 서울의 일류대학을 갈 만한 실력을 갖추었다고 해도 그 일

류대학 중 어느 대학을 갈지 선택하는 것도 쉽지 않다.

이때 사주원국을 보고 대학을 선택할 수 있을까? 안타깝게도 쉽지 않다. 똑같은 날짜, 똑같은 시간에 태어난 수험생이 남녀 각 60여 명, 합쳐서 120여 명이나 되는데 이 사주의 주인공들이 똑같은 대학이나 똑같은 학과를 간다는 것은 불가능하고, 논리적이지도 않다. 이 경우 사주명리학보다는 사주팔자점을 보면 쉽게 해결할 수 있을 것이다.

사주팔자점으로 학교와 학과를 선택할 때는 시간(時干), 즉 시천간의 오행, 과다 오행, 발달 오행을 살펴야 한다. 그래서 시천간의 오행, 과다 오행, 발달 오행을 대학의 이름에 적용시킨다. 대학의 이름을 오행으로 어떻게 정할지가 문제인데, 이것은 발음오행과 자원오행의 두 종류로 바꾸어 정하면 된다.

발음오행이란 사람의 목소리를 오행으로 나타낸 것으로 ㄱ·ㅋ을 목(木)으로, ㄴ·ㄷ·ㄹ·ㅌ을 화(火)로, ㅇ·ㅎ을 토(土)로, ㅅ·ㅈ·ㅊ을 금(金)으로, ㅁ·ㅂ·ㅍ을 수(水)로 나타낸다. 발음오행을 파동오행, 호성오행, 음파오행이라고도 한다.

자원오행이란 한자의 각 글자가 가지고 있는 고유의 오행을 말한다. 자원오행은 글자의 부수에 따라 정하는데, 부수가 목화토금수(木火土金水)가 아닌 경우에는 본질적인 의미를 파악하여 정한다. 이 책에서는 학교별로 발음오행과 자원오행을 밝혀놓았기 때문에 편리하게 활용할 수 있다.

하지만 적성으로 선택해야 하는 인문 계열, 사회과학 계열, 사범 계열, 자연 계열, 공과 계열, 농과 계열, 예체능 계열 등의 구분은 사주팔자 시간점이 아닌 사주원국 자체를 분석하여 결정하는 것이 타당하다. 사주원국의 오행과 육친에 따라 그 사람의 성격과 직업 적성이 나타나기 때문이다.

1) 소재지별 방향오행

• 북쪽 지역(서울, 경기, 인천, 수원) : 수(水)

- 동쪽 지역(강원, 대구, 경북) : 목(木)
- 남쪽 지역(부산, 울산, 경남, 전남, 여수, 제주) : 화(火)
- 서쪽 지역(광주, 전북, 충남, 서부) : 금(金)
- 중앙 지역(충북, 충남, 대전) : 토(土)

2) 지역별 발음오행

- 목(木) : 경기, 강원, 경남, 경북, 광주
- 화(火) : 대구, 대전
- 토(土) : 인천, 울산
- 금(金) : 서울, 전남, 전북, 충남, 충북, 제주
- 수(水) : 부산, 마산

3) 학교별 자원오행

① ㄱ · ㅋ 발음 대학교

- 고려대학교(高麗-) : 화토(火土)
- 건국대학교(建國-) : 목수(木水)
- 경기대학교(京畿-) : 토토(土土)
- 경희대학교(慶熙-) : 화화(火火)
- 국민대학교(國民-) : 수화(水火)
- 광운대학교(光云-) : 화수(火水)
- 경북대학교(慶北-) : 화수(火水)
- 경남대학교(慶南-) : 화화(火火)
- 강원대학교(江原-) : 목토(木土)
- 건양대학교(建陽-) : 목목(木木)
- 경주대학교(慶州-) : 화수(火水)

• 계명대학교(啓明-) : 수화(水火)

• 공주대학교(公州-) : 금수(金水)

• 가천의과대학교(嘉泉醫科-) : 수수금목(水水金木)

• 강남대학교(江南-) : 수화(水火)

② ㄴ·ㄷ·ㄹ·ㅌ 발음 대학교

• 단국대학교(檀國-) : 목수(木水)

• 덕성여대학교(德成女子-) : 화화토수(火火土水)

• 대진대학교(大眞-) : 목목(木木)

• 대전대학교(大田-) : 목목(木木)

• 대불대학교(大佛-) : 목화(木火)

• 대구대학교(大邱-) : 목토(木土)

• 동아대학교(東亞-) : 목화(木火)

• 동신대학교(東新-) : 목금(木金)

③ ㅇ·ㅎ 발음 대학교

• 이화여자대학교(梨花女子-) : 목목토수(木木土水)

• 한국외국어대학교(韓國外國語-) : 금수화수금(金水火水金)

• 홍익대학교(弘益-) : 화수(火水)

• 연세대학교(延世-) : 토화(土火)

• 한성대학교(漢城-) : 수토(水土)

• 한양대학교(漢陽-) : 수목(水木)

• 한국예술종합학교(韓國藝術綜合-) : 금수목화목수(金水木火木水)

• 인하대학교(仁荷-) : 화목(火木)

• 용인대학교(龍仁-) : 토화(土火)

- 인천대학교(仁川-) : 화수(火水)
- 한신대학교(韓神-) : 금금(金金)
- 아주대학교(亞洲-) : 화수(火水)
- 영남대학교(嶺南-) : 토화(土火)
- 우석대학교(又石-) : 수금(水金)
- 한림대학교(翰林-) : 화목(火木)
- 한서대학교(韓瑞-) : 금금(金金)
- 호남대학교(湖南-) : 수화(水火)
- 원광대학교(圓光-) : 수화(水火)

④ ㅅ·ㅈ·ㅊ 발음 대학교

- 서울대학교(特別-) : 「서울」은 한자가 아닌 한글이므로 자원오행이 없다. 따라서 발음오행으로만 처리한다. 그 밖에 「서울」이 들어간 대학교 역시 「서울」은 빼고 자원오행을 찾는다.
- 서강대학교(西江-) : 금수(金水)
- 서울시립대학교(特別市立-) : ○○목금(木金)
- 서울여자대학교(特別女子-) : ○○토수(土水)
- 세종대학교(世宗-) : 화목(火木)
- 숙명여자대학교(淑明女子-) : 수화토수(水火土水)
- 상명대학교(祥明-) : 금화(金火)
- 삼육대학교(三育-) : 화수(火水)
- 서울교육대학교(特別教育-) : ○○금수(金水)
- 서울산업대학교(特別産業-) : ○○목목(木木)
- 성균관대학교(成均館-) : 화토수(火土水)
- 성신여자대학교(誠信女子-) : 금화토수(金火土水)

• 숭실대학교(崇實-) : 토목(土木)

• 중앙대학교(中央-) : 토토(土土)

• 추계예술대학교(秋溪藝術-) : 목수목화(木水木火)

• 수원대학교(水原-) : 수토(水土)

• 상지대학교(尙志-) : 금화(金火)

• 서원대학교(西原-) : 금토(金土)

• 순천대학교(順天-) : 화화(火火)

• 순천향대학교(順天鄕-) : 화화토(火火土)

• 조선대학교(朝鮮-) : 수수(水水)

• 전남대학교(全南-) : 토화(土火)

• 전북대학교(全北-) : 토수(土水)

• 충남대학교(忠南-) : 화화(火火)

• 충북대학교(忠北-) : 화수(火水)

• 청주대학교(淸州-) : 수수(水水)

• 제주대학교(濟州-) : 수수(水水)

• 세명대학교(世明-) : 화화(火火)

⑤ ㅁ · ㅂ · ㅍ 발음 대학교

• 명지대학교(明知-) : 화금(火金)

• 목원대학교(牧園-) : 토수(土水)

• 목포대학교(木浦-) : 목수(木水)

• 목포해양대학교(木浦海洋-) : 목수수수(木水水水)

• 부산대학교(釜山-) : 금토(金土)

• 포항공과대학교(浦項工科-) : 수화화목(水火火木)

4) 학교별 발음오행

① 목(木) : ㄱ · ㅋ 발음 대학교

- **서울** : 고려대, 건국대, 경기대, 경희대, 국민대, 광운대, 카톨릭대
- **지방** : 경북대, 경남대, 건국대(충주), 경희대, 고려대(조치원), 강원대, 건양대, 경주대, 계명대, 공주대, 가천의과대, 강남대

② 화(火) : ㄴ · ㄷ · ㄹ · ㅌ 발음 대학교

- **서울** : 단국대, 동국대, 덕성여대
- **지방** : 단국대(천안), 동국대(경주), 대진대, 대전대, 대불대, 대구대, 동아대, 동신대

③ 토(土) : ㅇ · ㅎ 발음 대학교

- **서울** : 이화여대, 한국외국어대, 홍익대, 연세대, 한성대, 한양대, 한국종합예술학교
- **지방** : 연세대(원주), 한국외대(용인), 한양대(반월), 홍익대(천안), 인하대, 용인대, 인천대, 한신대, 인천시립대, 아주대, 영남대, 우석대, 한림대, 한서대, 호남대, 원광대

④ 금(金) : ㅅ · ㅈ · ㅊ 발음 대학교

- **서울** : 서울대, 서강대, 세명대, 서울시립대, 서울여대, 세종대, 숙명여대, 상명대, 삼육대, 서울교대, 서울산업대, 성균관대, 성신여대, 숭실대, 중앙대, 추계예술대
- **지방** : 성균관대(수원), 중앙대(안성), 수원대, 상지대, 서원대, 순천대, 순천향대, 조선대, 전남대, 전북대, 충남대, 충북대, 청주대, 제주대, 세명대

⑤ 수(水) : ㅁ · ㅂ · ㅍ 발음 대학교

• 서울 : 명지대

• 지방 : 명지대(용인), 목원대, 목포대, 목포해양대, 부산대, 포항공대

2 직업 적성과 직업 판단

직업 적성과 직업 판단은 사주팔자점으로 결정할 수 있는 것이 아니다. 그것은 사주원국의 오행과 육친을 분석하여 발달과 과다를 보고 결정해야 한다. 하지만, 직업 적성을 판단하는 일은 진로 결정과 밀접한 관련이 있으므로 여기서 같이 묶어서 설명한다.

1) 용신오행별 직업과 학과

오행에는 사주 주인공의 심리적 특성이 나타나는데, 이러한 특성들이 모여 직업 적성을 형성한다. 따라서 오행용신을 보면 그 사람의 직업 적성이 어떤지를 알 수 있다. 단, 사주명리학 이론으로 사주를 판단할 때는 종합적인 판단이 필요하다. 단순 판단으로 그치는 경우도 있지만, 사주 내의 여러 가지 상황을 종합적으로 따져볼 때 사주팔자를 정확하게 판단할 수 있다. 사주팔자점으로 적성이나 직업을 알고 싶을 때 다음 오행별 용신 활용을 참고한다.

여기서는 오행별 심리적 특성을 설명하고 오행이 발달이나 과다일 때, 용신일 때를 구분하여 설명한다. 다만, 오행용신에 따른 사업을 하고 싶다면 음양, 오행, 육친, 격국 등으로 분석했을 때 사업가 기질이 있는 사주여야 가능하다. 사업가 기질이 없다면 오행이 발달했거나 과다할 때의 직장생활이 좋다.

木 〈목〉

① 성격

- 목(木)은 기본에서 벗어나지 않으면서 자신의 욕망과 명예를 추구하는 타입으로, 땅에 뿌리를 내린 채 뻗어 나가려고 하므로 안정감이 있다. 꼼꼼하고 치밀한 것에는 흥미가 없고, 전체를 폭넓게 관조하고 이해하는 데 강점이 있다.
- 발달은 미래지향적이고 집중력이 강하다.
- 과다는 명예욕이 강하고 독립적이며, 자유로움을 선호하고, 복잡하고 섬세한 것을 싫어한다.

② 발달이나 과다일 때의 직업

- **특징** : 명예를 얻는 직업, 자유로운 직업, 타인에게 봉사하는 직업
- **분야** : 문화, 종교, 문서, 자선, 복지, 상담, 출판, 인쇄, 서점, 미술, 그림, 교육(교사·교수), 역술, 역학, 문화사업, 기획, 인사, 언론, 신문, 정치, 비서, 변호사, 작가, 커플매니저, 직업상담사, 공무원, 평론가, 목사, 스님, 도서관, 사무직, 법학, 행정, 방송

③ 용신일 때의 직업

- **특징** : 나무와 관련된 직업, 청색 계통과 관련된 직업
- **분야** : 목재, 임업, 종이, 인쇄, 출판, 가구, 의류, 섬유, 가죽, 포목, 의약품, 식료품, 문화산업, 서점, 꽃, 식물, 축산, 수의사, 동물병원, 문구, 목장, 조경, 정육점

④ 학과

- 정치학과, 법학과, 행정학과, 어문학과, 신문방송학과, 청소년학과, 교육학과, 교육대학, 사범대학

火 〈화〉

① 성격

- 화(火)는 자신감이 넘치고 열정적이며, 적극적이다. 그러나 감정 기복이 심하고, 겉모습은 화려하지만 속은 여리다.
- 발달은 자유롭고, 행동에 자신감이 있고, 활동적이고 적극적이며, 감정을 잘 표현하지만 절제도 잘하고, 겸손하며 양보심이 강하다. 글솜씨가 좋고 예술 분야에서 끼를 발휘한다.
- 과다는 다혈질로서 정열적이고 화려하며, 꾸미는 것을 좋아하고, 예술적 끼와 감각이 있다. 화를 잘 내며 성질이 급하고, 뒷마무리를 잘 못하고, 자존심이 너무 강하다.

② 발달이나 과다일 때의 직업

- **특징** : 활동적인 직업, 예술적인 직업, 아름다움을 추구하는 직업
- **분야** : 예술, 연극, 영화배우, 연예인, 의복, 도안, 장식, 미용, 미술, 공예, 무대조명, 화장품, 성형외과, 스포츠댄스, 안무가, 방송, 정치인, 연설가, 평론가, 무용가, 메이크업, 헤어디자이너, 패션디자이너

③ 용신일 때의 직업

- **특징** : 불과 관련된 직업, 적색 계통과 관련된 직업
- **분야** : 전기, 가스, 보일러, 난방, 전자, 컴퓨터, 조명설비, 무대조명, 화장, 화장품, 미용, 그림, 방사선과, 의상, 꽃, 패션디자이너, 메이크업, 헤어디자이너, 불고기집

④ 학과

- 무용과, 스포츠학과, 디자인학과(응용디자인 · 헤어디자인 · 의상디자인), 피부미용학과, 연극영화과, 컴퓨터그래픽과, 건축설계학과

土 〈토〉

① 성격

- 토(土)는 목화(木火)처럼 적극적이지 않고, 금수(金水)처럼 사색적이지도 않고 별다른 특성이 없는 듯하지만, 중간을 선호한다.
- 발달은 믿음직스럽고 은근히 고집이 있으며, 겸손하고 중후한 타입으로 신용을 중시하고 신용을 지킨다. 중간에서 사람과 사람을 연결해주거나 사람들에게 무엇인가 알려주는 역할을 한다.
- 과다는 고집이 세고 자신의 의지대로 살아가려고 하므로 주변과 갈등을 빚는다. 감정 기복이 심하고, 비밀이 많고 자신의 감정을 쉽게 내보이지 않는다. 한 번 믿으면 끝까지 믿는 편으로 돈거래나 보증을 서 큰 어려움을 겪기도 한다.

② 발달이나 과다일 때의 직업

- **특징** : 사람과 사람을 연결하는 직업, 지식을 활용하는 직업, 동산이나 부동산과 관련된 직업
- **분야** : 무역, 교육, 상담, 목회, 스님, 전도사, 커플매니저, 연예인, 변호사, 운동선수, 건설, 건축, 토목, 부동산, 농업, 창고, 장의업, 임대업, 자원봉사자, 사회복지사

③ 용신일 때의 직업

- **특징** : 흙과 관련된 직업, 황색 계통과 관련된 직업

- **분야** : 농업, 토지, 도자기, 묘지업, 건축(흙), 건축, 조경, 농장, 목장, 임대업, 산림업, 황토사업

④ **학과**

- 부동산학과, 건축토목학과, 임업과, 외교학과, 어문학과, 관광학과, 법학과, 항공학과

金 〈금〉

① **성격**

- 금(金)은 겉과 속이 다르지 않고, 흐트러지지 않으며 한번 정한 것은 끝까지 밀고 나간다. 그래서 자칫 고집으로 보일 수도 있지만 대개는 의리로 평가받는다. 오행 중 가장 강하고 날카로운 것이 금(金)이다.
- 발달은 상황을 대처하는 판단력이 빠르고 결단력이 있다. 신속하게 추진하고 마무리가 확실하며, 의협심이 강하고, 의리파이며, 봉사정신이 강하다.
- 과다는 날카롭고 매섭다. 고집불통에 독불장군이며, 자신의 생각을 주위에 강요한다. 비판정신이 강하다.

② **발달이나 과다일 때의 직업**

- **특징** : 맺고 끊는 것이 정확한 직업, 기획력과 계획성이 필요한 직업, 정확성이 필요한 직업, 원리원칙을 지키는 직업
- **분야** : 기술, 회계, 은행, 세무, 컴퓨터, 편집, 군인, 경찰, 교도관, 의사, 정치인, 문화평론가, 정치평론가, 영화평론가, 문학평론가, 소설가, 구성작가, 방송작가, 프로그래머, 기획업무, 헤어디자이너, 패션디자이너

③ **용신일 때의 직업**

- **특징** : 금속과 관련된 직업, 백색 계통과 관련된 직업
- **분야** : 금속, 기계, 광업, 철공장, 무기제조, 치과의사, 외과의사, 정형외과의사, 성형외과의사, 간호사, 과학기술, 교통, 정육점, 금은시계세공(귀금속세공), 보석상

④ **학과**

- 기계공학과, 금속학과, 섬유공학과, 산업공학과, 항공공학과, 자동차학과, 체육학과, 의예학과, 경찰학과, 육사·해사·공사, NGO학과

水 〈수〉

① **성격**

- 자신을 낮추고 쉽게 드러내지 않으며, 보이지 않는 곳이나 작은 집단에 있기를 원한다. 매사 심사숙고하고 생각이 많다 보니 지혜가 발달한다. 화(火)가 생각에 앞서 행동한다면, 수(水)는 생각을 먼저 하고 상대방을 배려한다. 자신의 생각을 드러내지 않고 감추다 보니 스트레스가 쌓여 우울증이나 자폐증을 부를 수도 있다.
- 발달은 지혜롭고 총명하며 두뇌회전이 빠르다. 매사 기획력과 계획성이 있고, 치밀하며, 식견이 높다. 배움에 대한 의욕이 강하고 아이디어 뱅크이다. 성격이 예민하고 침착하며 내성적이다.
- 과다는 음모술수를 꾀하려 하고, 생각이 많아 자신감이 부족하다. 우울증·자폐증으로 발전할 수 있다. 남에게 지기 싫어하고, 과도한 욕심 때문에 구설수가 따른다.

② 발달이나 과다일 때의 직업

- **특징** : 머리(지혜)를 사용하는 직업, 움직임이 적은 직업, 계산을 하는 직업, 정확성이 필요한 직업
- **분야** : 과학, 생물, 화학, 수학, 물리, 수의학, 의학, 컴퓨터, 금융, 기술, 경제학, 회계학, 통계학, 외국어, 헤어디자이너, 패션디자이너

③ 용신일 때의 직업

- **특징** : 물과 관련된 직업, 흑색 계통과 관련된 직업
- **분야** : 수산, 어업, 선원, 목욕탕, 음식점, 생수, 다방, 커피숍, 카페, 술집, 온천, 사우나, 냉동사업, 수영, 냉수, 빙과, 해산물, 레스토랑

④ 학과

- 경제학과, 회계학과, 무역학과, 물리학과, 수학과, 생물학과, 미생물학과, 전자계산학과, 정보처리학과, 전산통계학과, 전자과, 전자공학과, 정보관리학과.

- **오행의 직업 분류**

직업 / 오행	발달이나 과다일 때	용신일 때
목(木)	문화, 종교, 문서, 자선, 복지, 상담, 기획, 인사, 출판, 인쇄, 서점, 미술, 그림, 교육(교사·교수), 역술, 역학, 비서, 변호사, 작가, 커플매니저, 직업상담사, 공무원, 문화사업, 언론, 신문, 정치, 평론가, 연설가, 목사, 스님, 도서관, 사무직, 법학, 행정, 방송	목재, 임업, 산림업, 종이, 인쇄, 출판, 가구, 의류, 섬유, 가죽, 포목, 의약품, 식료품, 문화산업, 서점, 꽃, 식물, 축산, 수의사, 동물병원, 문구, 목장, 조경, 정육점, 판매업, 쇼핑몰
화(火)	예술, 그림, 연극, 영화배우, 연예인, 의복, 도안, 장식, 미용, 미술, 공예, 무대조명, 화장품, 성형외과, 정치인, 연설가, 평론가, 무용가, 스포츠댄스, 안무가, 방송, 메이크업, 헤어디자이너, 패션디자이너	전기, 가스, 보일러, 난방, 전자, 컴퓨터, 조명설비, 무대조명, 메이크업, 화장품, 미용, 그림, 방사선과, 의상, 꽃, 패션디자이너, 헤어디자이너, 불고기집, 엔터테인먼트, 영화산업, 광고기획업, 방송사업

토(土)	무역, 교육, 상담, 목회, 스님, 전도사, 커플매니저, 연예인, 변호사, 운동선수, 건설, 건축, 토목, 부동산, 농업, 창고, 장의업, 임대업, 자원봉사자, 사회복지사	농업, 토지, 도자기, 건축, 묘지업, 건축(흙), 조경, 농장, 목장, 임대업, 산림업, 황토사업, 건설업, 무역업, 중개업, 해외투자업, 판매업, 쇼핑몰
금(金)	군인, 경찰, 교도관, 의사, 기술, 회계, 은행, 세무, 컴퓨터, 편집, 정치인, 문화평론가, 정치평론가, 영화평론가, 문학평론가, 소설가, 구성작가, 방송작가, 프로그래머, 기획업무, 헤어디자이너, 패션디자이너	금속, 기계, 광업, 철공장, 무기제조, 치과의사, 외과의사, 정형외과의사, 성형외과의사, 간호사, 과학기술, 교통, 정육점, 금은시계세공(귀금속세공), 보석상, 조선업, 철도업, 항공업, 반도체업, 전자제품업, 컴퓨터
수(水)	과학, 생물, 화학, 수학, 물리, 수의학, 의학, 컴퓨터, 금융, 기술, 경제학, 회계학, 통계학, 외국어, 헤어디자이너, 패션디자이너	수산, 어업, 선원, 생수, 목욕탕, 음식점, 다방, 커피숍, 술집, 온천, 사우나, 냉동사업, 수영, 냉수, 빙과, 해산물, 레스토랑, 카페, 조선업, 해양업, 연구업, 반도체업

2) 육친별 학과

- **비견** : 연예, 예술, 방송, 군인, 경찰, 경호, 이벤트, 레크리에이션, 어문학, 교육, 정치
- **겁재** : 연예, 예술, 방송, 어문학, 교육, 군인, 경찰, 이벤트, 레크리에이션, 경호, 정치
- **식신** : 교육, 종교, 예체능, 방송홍보, 연극, 영화, 보육학, 통역, 어문학, 외교, 언론
- **상관** : 연예, 예술, 방송, 교육, 방송홍보, 통역, 어문, 외교, 법학, 정치, 광고, 무역, 언론
- **편재** : 연예, 예술, 방송, 외교, 정치, 회계, 경제, 경영, 무역, 금융, 증권, 관광
- **정재** : 행정, 교육, 세무, 회계, 경제, 수학, 과학, 물리
- **편관** : 사업, 경영, 법학, 정치, 의예, 회계, 경제
- **정관** : 행정, 교육, 법학, 정치, 외교, 경영, 사범, 경제, 의예
- **편인** : 예술, 기술, 종교, 철학, 의예, 스포츠, 문화, 방송, 언론, 부동산, 교육

- 정인 : 연구, 교육, 학문, 문학

3) 신살별 학과

- 괴강살·백호대살·양인살 : 사업, 정치, 교육
- 괴강살·백호대살·양인살·천문성·현침살·활인성·천의성 : 법학, 의학, 수의학, 심리학, 역학
- 도화살·명예살·문창성 : 예체능, 문학
- 역마살 : 외교, 관광, 홍보, 어문, 무역, 항공학
- 문창성 : 문학, 창작, 시범, 교육, 어문, 예술
- 천문성·천의성 : 의학, 한의학, 약학, 법학, 종교, 역학
- 천문성·양인살·명예살 : 종교, 신학, 법학, 역학
- 명예살·역마살 : 외교, 정치
- 명예살·편관 : 정치, 행정, 경영, 법학

CHAPTER

KEY POINT

4 사주팔자점 실전사례

실제 상담사례를 통하여 사주팔자점을 어떻게 봐야 하는지 알아본다.

사주팔자점은 내담자의 방문시간 또는 질문자의 질문시간의 연월일시를 사주팔자로 뽑아 그 사람의 질문에 답을 얻는다. 상담자는 미리 어떤 방법을 선택할 것인지를 생각하고, 자기가 생각한 분석법을 활용하여 해석하면 된다.

1 육친 또는 시천간으로 분석

동일한 질문에 대해 각각 육친과 시천간으로 답을 찾을 수 있다.

예 ①

2024년 11월 11일 빼빼로데이에 남자친구를 소개받기로 했는데 만남이 잘 이루어질까요?

내담자가 상담하러 온 시간을 보니 2024년 11월 5일 오후 4시였다. 이 시간으로 사주팔자를 뽑으면 다음과 같다.

시	일	월	연
庚	癸	甲	甲
申	酉	戌	辰

① 육친으로 분석

사주팔자점은 시천간이 나에 해당한다. 시천간은 경금(庚金)이고 남자에 해당하는 관성은 화(火)이다. 내담자가 상담하는 시간의 사주팔자에는 관성 화(火)가 없고, 월지 술토(戌土)는 지장간에 정화(丁火) 관성이 있지만 너무 약하다. 합이 되기 전은 현재의 상황이고, 합이 된 후는 미래의 상황이니 신유술합금(申酉戌合金), 신유합금(辰酉合金), 술토(戌土) 속의 화(火)는 합으로 사라졌다. 즉 소개팅을 할 남자는 현재 미팅에 오고 싶은 생각도 없고, 다른 여자친구가 있다.

② 시천간으로 분석

용신(질문의 주인공 또는 질문 당사자)을 시천간으로 정해놓고 시천간의 기운이 강하면 긍정적인 일들이, 시천간의 기운이 약하면 부정적인 일들이 발생한다고 파악하는 방법이다.

시천간 경금(庚金)이 시지에 신금(申金), 일지에 유금(酉金), 월지에 술토(戌土), 연지에 진토(辰土)를 깔고 있어서 매우 강성하다. 「남자친구를 소개받기로 했는데 만남이 잘 성사될까?」에 대한 답으로 대화가 잘 통하고 매력 있는 남자를 만나게 될 것이다.

예 ② 중학교 3학년 아들이 방학을 했는데, 친구들과 어울려 놀다가 아버지에게 꾸지람을 듣고 집을 나갔어요. 지금까지 소식이 없는데 오늘 중으로 돌아올까요?

2024년 8월 5일 오전 10시 질문한 시간의 사주팔자를 뽑으면 다음과 같다.

시	일	월	연
癸	辛	辛	甲
巳	丑	未	辰

① 육친으로 분석

아들의 일로 상담을 하러 온 40대 여성은 시천간 계수(癸水)에 해당하고, 아들은 식상에 해당하는 연천간 갑목(甲木)이다. 갑목(甲木) 주변에 도와주는 목(木)과 수(水)가 없으니 고립되어 있다. 아들은 오늘 중으로 돌아오지 않을 것이다.

② 시천간으로 분석

용신, 즉 질문의 주인공 또는 질문 당사자를 시천간으로 보고 시천간의 힘이 강하면 긍정적인 답변으로, 시천간의 힘이 약하면 부정적인 답변으로 해석해야 한다. 계수(癸水)가 월간 신금(辛金), 일간 신금(辛金)의 생을 받고 있다. 신금(辛金)이 20점, 계수(癸水)가 10점으로 두 배의 생을 받으니 생고립이다. 따라서 아들은 집에 들어오고 싶은 마음은 있지만 망설이고 있다고 해석한다.

예 ③

새벽에 친구에게서 전화가 왔습니다. 어제 저녁에 부인과 말다툼 끝에 화가 나 가전제품을 발로 차 부수었고, 부인은 폭력적인 남편과 살 수 없다며 집을 나갔는데 새벽까지 전화가 꺼져 있고 연락이 안 된다고 합니다. 오늘 중으로 연락이 되거나 집으로 돌아올까요?

질문한 시간인 2024년 11월 11일 새벽 4시로 사주팔자를 뽑는다. 이 질문은 시천간으로 분석한다.

시	일	월	연
丙	己	乙	甲
寅	卯	亥	辰

시천간 병화(丙火)가 나에 해당하고, 병화(丙火)가 극하는 금(金)이 재성 부인에 해당하는데 사주팔자 여덟 글자에도 없고 지장간에도 없다. 오늘은 부인에게 연락이 오지 않을 것이다.

예 ④

직장 동료가 지속적으로 플러팅을 합니다. 회사 밖에서 다른 여자와 있는 모습을 몇 번 봤는데도 그래요. 여자친구가 있는데 왜 나에게 치근덕거리냐고 물으니 회사 밖에서 만난 여자는 여동생이라고 합니다. 이 남자는 어떤 사람인가요? 여자친구가 없나요?

내담자가 사무실에 들어오는 순간 또는 질문한 순간 중 미리 하나를 선택하여 시간을 뽑는다. 질문한 시간이 2024년 5월 18일 11시 40분이다. 이 질문은 시천간으로 분석한다.

시	일	월	연
丙	壬	己	甲
午	午	巳	辰

위 사주팔자에서 관성은 일천간 임수(壬水)인데 화(火)와 토(土)로 둘러싸여 고립되어 있다. 화(火)는 비겁에 해당하고 토(土)는 식상에 해당한다. 이 남자는 여자와 자식으로 둘러싸여 있는 사람으로 유부남 또는 이혼남 또는 바람둥이 남자이다. 플러팅을 절대 받아주면 안 된다.

2 시천간과 연천간으로 분석

시천간과 연천간으로 보는 사주팔자점은 양자택일에서 사용하는 방법이다.

- **시천간** : 나, 우리나라, 우리 팀, A아파트, 나
- **연천간** : 상대, 다른 나라, 다른 팀, B아파트, 동업자

예 ① **친구랑 동업을 하려고 하는데 그래도 될까요?**

질문한 시간인 2024년 12월 15일 오후 3시로 사주팔자를 뽑는다.

시	일	월	연
己	癸	乙	甲
未	卯	亥	辰

위 사주팔자에서 시천간 기토(己土)가 나에 해당하고, 연천간 갑목(甲木)이 상대가 된다. 합이 되기 전이 현재이고, 합이 된 후가 미래가 된다.

먼저 현재를 분석한다. 현재는 기토(己土), 미토(未土), 진토(辰土)이고, 현재 상대는 갑목(甲木), 을목(乙木), 묘목(卯木), 해수(亥水), 계수(癸水)이다. 현재 동업의 조건은 나와 상대가 비슷하지만 상대가 조금 유리한 편이다.

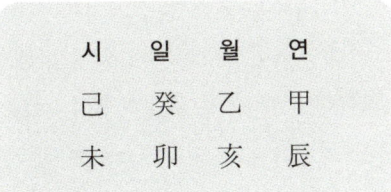

이어서 미래를 분석한다. 미래의 나는 기갑합토(己甲合土), 미래의 상대는 해묘미합목(亥卯未合木), 묘진합목(卯辰合木), 계수(癸水)이다. 친구와 동업을 하게 된다면 미래는 대다수의 지분이 상대의 것이 될 것이다.

예 ② **아파트를 구입하려고 하는데 A아파트가 좋을까요, B아파트가 좋을까요?**

질문한 시간인 2024년 12월 5일 오전 8시로 사주팔자를 뽑는다.

시	일	월	연
丙	癸	乙	甲
辰	卯	亥	辰

A아파트는 시천간의 병화(丙火)가 된다. B아파트는 연천간의 갑목(甲木)이 된다. 오행의 기운이 더 강한 쪽이 좋은 아파트이다. 합이 되기 전이 현재이고, 합(合)이 된 후가 미래가 된다.

현재 A아파트는 병화(丙火), 묘목(卯木), 을목(乙木), 갑목(甲木)이고, B아파트는 갑목(甲木), 묘목(卯木), 을목(乙木), 해수(亥水)이다.

이어서 미래를 분석한다. 미래의 A아파트는 병화(丙火), 해묘합목(亥卯合木), 묘진합목(卯辰合木), 을목(乙木), 갑목(甲木)이고, 미래의 B아파트는 갑목(甲木), 을목(乙木), 해묘합목(亥卯合木), 묘진합목(卯辰合木), 계수(癸水)이다. 미래는 A아파트나 B아파트 모두 매우 좋은 곳이니 어느 아파트를 구입해도 괜찮을 것이다.

3 시천간과 시천간이 극하는 오행으로 분석 또는 시천간과 시천간을 극하는 오행으로 분석

시천간과 시천간을 극하는 오행 또는 시천간이 극하는 오행으로 분석하는 사주팔자점은 운동경기에서 많이 사용한다. 한국과 일본의 축구, 한국과 독일의 축구, 손흥민의 토트넘과 리버플의 축구, 한화 이글스와 LG트윈스의 야구, 최두호와 랜드웨어의 UFC 경기 등을 예측하고 분석하는 데 적합한 분석법이다.

- **한국이 우세할 경우** : 시천간이 한국, 시천간이 극하는 오행이 상대 국가
- **한국이 열세일 경우** : 시천간이 한국, 시천간을 극하는 오행이 상대 국가

그러나 사주팔자점은 어떤 분석법이든 상담자가 정성껏 점을 치면 가능하다는 것을 알아두어야 한다. 무조건 시천간을 한국(상대의 실력과 상관없이), 시천간이 극하는 오행을 상대로 연관하여 분석할 수도 있다.

예

2025년 3월 1일 오후 6시 한국과 일본의 야구 경기가 있습니다. 한국이 승리할 수 있을까요?

사주팔자점은 경기가 있는 날의 사주팔자를 뽑아서 분석하는 것이 아니다. 내담자 또는 질문자가 질문한 시점의 연월일시 사주팔자를 뽑아서 분석한다. 따라서 위의 질문을 한 시간이 2025년 1월 1일 낮 12시라면 그 시간의 사주팔자를 뽑아야 한다.

시	일	월	연
壬	庚	丙	甲
午	午	子	辰

합이 되기 전은 현재의 경기 결과이다. 한국은 시천간 임수(壬水)이고, 일본은 임수(壬水)가 극하는 병화(丙火)에 해당하니 병화(丙火), 일지 오화(午火), 시지 오화(午火), 갑목(甲木)이 일본이다. 따라서 현재는 일본이 우세한 편이다.
합이 된 후는 미래의 경기 결과이다. 시천간이 한국에 해당하니 임수(壬水), 자진합수(子辰合水), 경금(庚金)이 한국이다. 시천간이 극하는 화(火)가 일본에 해당하니 병화(丙火), 일지 오화(午火), 시지 오화(午火), 갑목(甲木)이 일본이다. 즉 대등한 경기 결과를 보여줄 것이고, 초반에는 일본이 우세하다가 월지가 한국에 해당하니 한국이 역전승을 할 것이다.

한 권으로 마스터하는 **사주타로**

글쓴이 | 김동완 · 이서
펴낸이 | 유재영
펴낸곳 | 주식회사 동학사
편　집 | 나진이
디자인 | 임수미

1판 1쇄 | 2025년 8월 25일

출판등록 | 1987년 11월 27일 제10-149

주소 | 04083 서울 마포구 토정로 53(합정동)
전화 | 324-6130, 324-6131 / 팩스 | 324-6135
E-메일 | dhsbook@hanmail.net
홈페이지 | www.donghaksa.co.kr
www.green-home.co.kr

ISBN 978-89-7190-915-7 13180